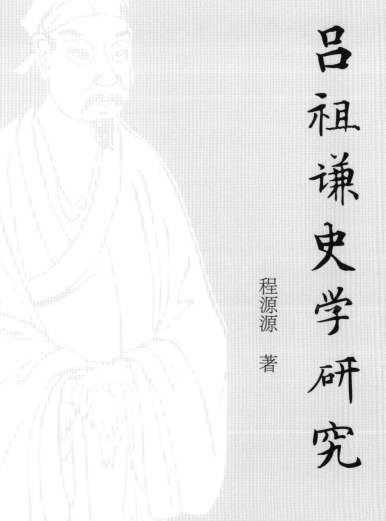

吕祖谦史学研究

程源源 著

中国社会科学出版社

图书在版编目（CIP）数据

吕祖谦史学研究／程源源著. —北京：中国社会科学出版社，2023.4
ISBN 978 - 7 - 5227 - 1944 - 3

Ⅰ.①吕…　Ⅱ.①程…　Ⅲ.①吕祖谦（1137 - 1181）—史学—研究
Ⅳ.①K092.442

中国国家版本馆 CIP 数据核字（2023）第 096002 号

出 版 人　赵剑英
责任编辑　吴丽平
责任校对　吴焕超
责任印制　李寡寡

出　　　版　中国社会科学出版社
社　　　址　北京鼓楼西大街甲 158 号
邮　　　编　100720
网　　　址　http://www.csspw.cn
发 行 部　010 - 84083685
门 市 部　010 - 84029450
经　　　销　新华书店及其他书店

印刷装订　三河市华骏印务包装有限公司
版　　　次　2023 年 4 月第 1 版
印　　　次　2023 年 4 月第 1 次印刷

开　　　本　710×1000　1/16
印　　　张　18
字　　　数　251 千字
定　　　价　96.00 元

序

　　程源源的博士学位论文《吕祖谦史学研究》即将由中国社会科学出版社出版，付梓之际，索序于我。作为指导导师，我见证了论文的撰写过程，参与了论题以及一些具体问题的讨论，多少有些体会，也想借此机会谈谈我的一些思考与想法。

　　确定该博士学位论文的论题，主要是从学科知识基础作考虑的。源源博士本科是英语专业，硕士研究方向是徽学，虽然属于历史专业，却距离博士研究方向中国史学思想史有较大跨度，要想三年内按时完成博士论文写作实非易事。有鉴于此，我希望她能聚焦于某个具体史家的研究，这样材料相对集中，把握起来相对容易一些。经过反复讨论，最后选定了以吕祖谦史学为研究对象。

　　应该说这是一个体量适中、有学术价值和具有可持续性的选题。从体量来讲，吕祖谦是南宋著名的史学家，一生著述颇丰，在历史编纂学、历史文献学和历史教育等领域都取得了非凡的成就，其史学研究不但内蕴了丰富的史学思想，而且治史方法对后人也多有启迪，完全够得上一篇博士学位论文的体量；从学术价值来讲，迄今为止学术界关于吕祖谦的研究成果非常丰硕，然而这些研究大多是从思想史和学术史等方面展开的，对其史学的研究虽然也有一些成果，但总体上比较零散，很不充分，与吕祖谦的史学地位很不相称。从可持续性来讲，博士学位论文作为多数人学术生涯的起点，它像是一口井，要能不断地深挖后，能持续从中汲取到水源。吕祖谦一身多任，他上承北宋中原文献之传，下启浙东学术，于经史子集皆有丰富著述，以这样一个人物为起点，是非常好的学术开端，不但可以继续深耕其史学与史学思想，而且可以以四部学的视野来关照其学术，探究其史学与其经学、子学、文学之间的关系。

源源经过三年的努力，不但按时完成了这篇博士学位论文的撰写，而且具有较高的学术质量。作者在原有学科知识储备不够充分的情况下，能够在短短的三年里取得这样的学术成就，自然是付出了很多辛勤与汗水，我作为导师是倍感欣慰的。纵观该书的学术特点，主要表现在以下两个方面。

其一，对吕祖谦史学作出了迄今为止最为全面、系统的研究，大大推进了学术界对其史学的研究。吕祖谦是一位研究领域极广的学者，由于他在理学上有较高的学术地位，甚至被有的学者视为乾淳时期的道学领袖，学术界对于他的研究，往往以思想史视角解读者居多，史学只是被视为其学术特色的一个方面，没有引起足够的重视。该书与以往研究不同，完全从史学视角对吕祖谦展开研究，分别从吕祖谦历史编纂学、历史文献学、历史教育活动与实践以及史学思想等方面，对其史学进行了迄今为止最为全面、系统的探讨。在历史编纂学上，对于吕祖谦之于编年体的创新，人物传记、类书、史抄等各类史书体裁的发展，以及重视运用史书体裁、体例等进行了肯定；在历史文献学上，对于吕祖谦"中原文献之传"的文献学地位、重视对前史的考定与训诂，以及《左传》学的具体文献学成就等作了论述；在历史教育上，重视叙述吕祖谦历史教育的实践活动，深入阐发其历史教育思想；在史学思想上，对吕祖谦的天人关系论、历史通变观以及求真与致用思想作了系统阐发。这样的探讨无疑是全面而深入的，有力地推动了学术界关于吕祖谦史学的研究。

其二，在具体研究上能够抓住吕祖谦史学的主要关节，有助于加深对其史学特点的认识。首先是重视从经史关系的视角观照吕祖谦史学。两宋是理学化经学思潮兴起的时代，理学与史学相互渗透，使得重视宣扬天理史观成为这一时期史学义理化的突出表现。吕祖谦是南宋史学家，也是最重视史学的理学家，在经史关系上主张经史并重、以史明理和以史事功。他一生用力最勤的《左传》学，本身就具有浓厚的亦经亦史的特色。在吕祖谦的学术中，宗经和重史成为两种张力，时而弥合，时而分途，共同形成了他的学术思想特色。该书抓住了吕祖谦这一学术思想特色，在对其史学进行系统研究的过程中，注意从经史关系的视角出发，探究理学化经学之于吕祖谦史学与史学思想的具体影响。吕祖谦的这一治史特点，也为后世浙东学术所继承并发扬，形成了"言性命必究于史"的学术传统。其次是彰显吕祖谦在历史教育上的卓越建树。重视历史教育，是吕祖谦史学的主要特点之一。吕祖谦不但创办了南宋四大书院之一的丽泽书院，而且常年在书院进行讲学，书院无疑是吕祖谦从事历史教育的主要场所。出于书院历史教学的需要，吕祖谦编纂的著述中，很大一部分是为学子读史而作的，其中像《左氏博议》等，不但成为当时读书人的重要教材，而且盛行于明清，并东传至朝鲜，在东亚历史教育上都发挥了很大的作用。吕祖谦的历史教育普及性特点非常鲜明，在他编写的历史著作中，其中就有不少属于大众通俗历史读物，除《左氏博议》外，像《大事记·解题》《十七史详节》《西汉精华》《东汉精华》《唐鉴音注》等，皆属这类历史普及读物。吕祖谦的这些著述有明确的受众群体，虽然从学术性来评判其价值有限，但从这些著述的流行和影响来看，无疑都是非常成功的历史教育著述。再次是重视揭示家学对于吕祖谦史学的影响。家学传承是中国古代学术传承的重要形式。吕祖谦出身于一个世代仕宦又以书传家的家族，其学术思想深受家学的影响。具体来讲，吕祖谦的家学有两个重要特征：一是"中原文献之传"，二是"多识前言往行以蓄德"。"中原文献之传"作为一种治学方法，使得吕祖谦在学术研究中不尚空谈，重视考订和训诂，所论皆有根柢，这就与史学求实的特色结合起来了；"多识前言往行"，就要对过去的治乱兴衰和人事有广泛的了解和思考，由此形成了一种重史的精神。

当然，吕祖谦作为南宋著名学者与史家，其学术涉猎领域非常广泛，经史子集互相渗透，学术思想博大精深。从总体来看，该书对于吕祖谦史学与其各个学术门类之间的相互影响之探讨还稍显薄弱。现在呈现出的研究成果还只是一个开始，未来的研究之路还很长。期望源源博士能继续努力，不断取得新的研究成果。

是为序。

汪高鑫

2023 年 5 月 25 日

于京师园寓所

目　　录

前　言

　　宋代是中国史学繁荣时期，陈寅恪认为"中国史学莫盛于宋"。①
这一时期的编年体史书一改隋唐时衰退局面，官修史书中实录和日历
作为编年史书的重要部分得到了充分发展，出现了《资治通鉴》《建
炎以来系年要录》《续资治通鉴长编》等编年体巨著；产生了一批新
的史书体裁，主要有袁枢《资治通鉴纪事本末》创立的纪事本末体、
朱熹《资治通鉴纲目》创立的纲目体等。金石学的发展扩宽了史料
学的内涵，欧阳修的《集古录》开始将金石文普遍作为史料使用，
此后赵明诚的《金石录》标志金石研究正式成为一门学问。目录学
上出现了以郑樵《通志》为代表的重视书籍分类的著作；以晁公武
《郡斋读书志》、陈振孙《直斋书录解题》为代表的注重目录解题的
著作，两派对目录学的发展都起到了推动作用。文献的考异与纠谬也
取得了新的进展。司马光著《资治通鉴考异》，将其在编修《资治通
鉴》过程中对史事的考订按编年顺序一一收录，开创了自注自考的新
体例。吴缜的《新唐书纠谬》和《五代史记纂误》，纠正了《新唐
书》460 条错误，列出《新五代史》200 余条谬误。

　　吕祖谦的史学是宋代史学的重要组成部分，他的史学成就是多方
面的。一是编年叙述。吕祖谦通过对《左传》的研究，撰成有《左
氏博议》《左氏类编》《左氏传说》三部著作；他的《大事记》是一

----

① 陈寅恪：《金明馆丛稿二编》，上海古籍出版社 1980 年版，第 240 页。

部编年体通史，该书始于周敬王三十九年（公元前 481 年），迄于汉武帝征和三年（公元前 90 年）。《大事记》十二卷、《通释》三卷和《解题》十二卷，《通释》是纲领，《解题》类似于传。二是重视典志。所著典志体史书《历代制度详说》，涉及学校、赋税、漕运、田制、兵制等各个方面的制度沿革。三是注重史论。吕祖谦的《左氏博议》《左氏传说》《左氏传续说》三部书中，都有不少史论内容。《左氏博议》随事立义，《左氏传说》对议论的阐发更为详尽。吕氏还曾作《六朝十论》《考古论》《历代圣君论》等系列性史论著作。除此之外，吕祖谦还有《史说》一书，被列入《郡斋读书志附志》的《史评类》一目中，其书虽不能得见，但从《丽泽论说集录》的《门人集录史说》中，可见吕祖谦史论的部分内容，如对编年、纪传二体优缺点的认识，对读史的方法总结等。四是改编史书。吕祖谦的史钞作品丰富，其中《十七史详节》和《两汉精华》更是精品。从编纂目的来看，可把吕祖谦的史钞作品分为两类：一类是以《十七史详节》为代表，还包括《资治通鉴详节》《吕氏家塾通鉴节要》《宋通鉴节要》，它们是对旧史的节抄，其编纂体例受到原作的限制；一类是以《两汉精华》为代表的随笔杂抄，还包括《新唐书略》《诸史类编》《议史摘要》，这些或是吕祖谦读史时的心得体会，或是方便学子学习的讲义摘要，由于没有体例上的限制，其所收录内容更加丰富。史钞虽不是作者的原创，但其中蕴涵了作者丰富的史学思想，是值得学者深入挖掘研究的。五是历史文献成就。一方面对史书和人物的考订。吕祖谦对范祖禹的《唐鉴》加以音注，将原本十二卷的《唐鉴》析为二十四卷，后世以《东莱先生音注唐鉴》之名刊行，其音注简要不烦，通达治体，先标明音义，再行注释，其褒贬也皆以原著为本。《欧公本末》是吕祖谦为欧阳修所作的史传类著作，吕祖谦在读《欧阳公集》中有感而发，考订欧阳修的生平交游历仕情况，随书还附有欧阳修之诗文，并参考其他人物的人物传记，对当时时贤具有记述，这在传记类著作中是一大创新。另一方面注解精详，注重对原书原文的保留。以《大事记》为例，其所引书目有近八十种，包括《左传》、历代史书、《皇极经世》、《稽古录》、《通鉴目录》等。他的《十七史详节》所用的底本精良，更可为现存的"十七史"从版本上互为参照。

宋代史学的发展与理学关系非常密切，突出表现在史学受理学影响出现义理化倾向。[①] 两宋时期不少史学家也是理学大家，如欧阳修、司马光、范祖禹、朱熹、吕祖谦、李焘、李心传等，宋代史家群体一身多任的特点，使得他们的史作展现了更深层次的哲理思考。理学家对天理的追求，使得史学注重贯通意识，通史撰述发达；史家普遍以天理为评判史事的标准，道德色彩浓厚，《春秋》笔法得到重视；理学对道统的宣扬，反映在史学上就是史家注重正统论。在吕祖谦这里，史学与理学的关系更是紧密。首先，吕祖谦的史著中研究《左传》的专著就有三部，集说明史实与阐发义理于一身，在品评史事时以义理为准绳；其次，理学影响史学的价值追求。吕祖谦重视史学的劝惩与鉴戒功能，强调史学要有益于整饬风俗人心，他为《唐鉴》这样春秋笔法浓厚的史著做注即是一例；最后，不同于一般理学家的荣经陋史，吕祖谦主张经史并重，在普遍强调理学的氛围中，吕祖谦认识到了史学不可被取代的价值并加以发扬，形成了具有自身特色的经史之学。

吕祖谦是集理学家、史学家、教育家于一身的学者，他的史学既有理学家义理化的特点，同时也吸收了事功学派经世致用的主张，并结合了"得中原文献之传"的家学传统，在当时吕学即与朱熹的朱学、陆九渊的陆学并称，流传后世而成为浙东史学的源头之一。吕祖谦在史学上的成就与特色令人瞩目，但是至今学术界还只是停留在个案研究上，尚无对吕祖谦史学进行系统的、综合性研究。本书选取吕祖谦史学作为研究对象，旨在对吕氏史学作出系统研究，揭示其史学

---

① 参见汪高鑫《中国经史关系史》，黄山书社 2017 年版，第 18 页。

的主要特点，以及在宋代史学史上的地位，这便是本书选题的缘由。

对吕祖谦史学的研究意义主要有以下几点：首先，有助于加深对吕祖谦史学成就的研究与认识。吕祖谦在史学上的成就是多样的，他在历史编纂学、历史文献学、史学思想、历史教育、通俗史学等方面俱有建树，形成了自身的学术体系。从整体上来把握吕祖谦的史学特征，不但能将前人对吕祖谦的研究吸收进来，也有助于有争议性问题的解决。尤其要注意的是吕祖谦的历史教育与通俗史学，历史教育属于历史学与教育学的交叉学科，以往学者关注较少；通俗史学在以往也不是学者关注的重点，这些是进一步研究吕祖谦史学的方向所在。

其次，有助于深化对宋代史学史的认识。吕祖谦在两宋史学史上具有重要地位，因而对他的史学研究具有很高的学术价值。吕祖谦的史学著作博大精深，数量众多。吴怀祺先生认为："吕祖谦的史学是两宋史学发展的标志之一，又是理学化史学蜕变的先兆。"① 在史学日益义理化的情形下，吕祖谦坚持史学经世的传统，这在历史文献学、史书编纂体裁、史书体例上都有所反映。有关吕氏史学成就的研究，对揭示南宋初期史学的变化具有重要意义。

再次，有助于对经史关系的研究。吕祖谦经史并重的学术特色使得他在经史关系发展史上占有重要地位。在经史关系上，宋人主流态度是"荣经陋史"，但到了吕祖谦这里，不拘泥于经、史相分的藩篱，将经学中的典籍也当作史来加以研究，开"六经皆史"论的先河。对吕祖谦史学的深入研究，其中也包括经学典籍的史学解读，有助于进一步揭示吕祖谦的经史关系论。

最后，可充实对吕祖谦的全面研究。现有的关于吕祖谦研究，多是从理学、教育学、治学特色等方面展开，对吕祖谦的史学研究还不够充分，不少学者提及吕祖谦只是把他作为朱熹的学友，相比于朱学研究的蔚为大观，吕祖谦研究可说还只是星星之火。究其原因，一是

---

① 吴怀祺：《宋代史学思想史》，黄山书社 1992 年版，第 198 页。

吕祖谦杂博的为学特点容易给人以其学没有宗旨之感，二是与其过早的去世，著作没有详加整理编排有关。史学是吕祖谦著作中的大宗，通过对史学的研究，有助于全面了解吕祖谦的学术成就与学术特点。

一　学术史回顾

20 世纪 70 年代以来，对吕祖谦的研究开始起步，这一阶段主要是中国台湾学人的研究成果，从 80 年代开始，大陆学者在吕祖谦的学术思想研究领域作出了突出贡献，进入 90 年代，学界研究成果逐渐增多，研究范围不断扩宽，具体的研究综述如下。

（一）吕祖谦的著述整理与历史文献学研究

吕祖谦著述丰富，涵盖经、史、子、集部四种类别，由于去世较早，不少著述是由其弟吕祖俭、侄子吕乔年以及门生后学整理刊刻的，流传后世版本众多，再版刊刻也不绝如缕，但始终缺乏全面的整理。

对吕祖谦的著作进行全面整理是在 2008 年，由浙江古籍出版社出版的 16 册《吕祖谦全集》正式出版，这是由黄灵庚、吴战垒先生主持整理的。同年，由黄灵庚先生主持点校的《十七史详节》（8 册）由上海古籍出版社出版，这两部书的出版，将吕祖谦的著述进行了全面的整理，为进一步深化对吕祖谦的研究打下了坚实的文献基础。

《吕祖谦全集》（16 册）包括《吕东莱全集》《丽泽论说集录》《古周易》《周易音训》《周易系辞精义》《近思录》《少仪外传》《东莱书说二种》《吕氏家塾读诗记》《春秋集解》《左氏博议》《左传类编》《左氏传说》《左氏传续说》《两汉精华》《大事记》《欧公本末》《东莱音注唐鉴》《历代制度详说》《东莱集注观澜文集》《东莱标注三苏文集》《古文关键》《皇朝文鉴》《丽泽集诗》《诗律武库》《卧

游录》《续增历代奏议丽泽集文》。该书每种书前皆附《点校说明》，交代其书基本面貌，版本流传情况，选择某本为底本的理由，开列对校本、参校本以及参证书目等。每卷之后附有校记，每书之尾附有《附录》，其内容为该书历代书录解题、评述、版本序跋、藏书家题记等。

《十七史详节》分为《史记详节》《汉书详节》《后汉书详节》《三国志详节》《晋书详节》《南史详节》《北史详节》《隋书详节》《唐书详节》《五代史详节》，这是吕祖谦为方便初学者掌握正史要义而编纂的史钞类读物。《十七史详节》卷帙浩繁，不同版本各有错漏，因而对《十七史详节》加以点校整理是很有必要的，2008 年上海古籍出版社的《十七史详节》，是以明正德十五年（1520 年）刘弘毅慎独斋刊本为底本，以《四库全书存目丛书》本据元刻印影印本为对校本进行整理的，其校记和附录与《全集》相同。

对吕祖谦历史文献学的研究也取得丰硕成果。首先是对吕祖谦历史文献学特点的概括与总结。吴怀祺先生在《中国史学思想通史·宋辽金卷》中指出吕祖谦在历史文献学上有以下特点：一是重文字训诂；二是重传注，这与一般宋儒不同，吕祖谦认为汉儒的传注不能一概否定；三是重视版本校雠；四是重视史实考订。[①] 李洪波在博士学位论文《吕祖谦文献学研究》中分析了家学传统对吕祖谦文献撰述和思想的影响，并总结吕祖谦历史文献编纂学上的特点为对体例和编排的创新、对文献材料选择独具慧眼、讲究源流与统纪、严谨的编纂态度。[②] 其次是对吕祖谦历史文献学的专题研究。目录学上，冯春生对吕祖谦的丁部著述从历代解题、内容、藏书情况等方面入手，梳理了 8 种著述。[③] 版本和校勘上，《左氏博议》流传广泛，因而版本众

① 吴怀祺：《中国史学思想通史·宋辽金卷》，黄山书社 2002 年版，第 375—377 页。
② 李洪波：《吕祖谦文献学研究》，博士学位论文，北京大学，2013 年。
③ 冯春生：《吕祖谦丁部文献目录版本考述》，《浙江师范大学学报》2006 年第 2 期。

多，慈波对《左氏博议》版本源流进行了考察，梳理了录文 168 篇的全本系统与录文 86 篇的句解本系统，并介绍了日本和刻本的情况。①汤元宋将《吕祖谦全集》整理出版中校勘中的问题逐一录出，分为形近、音近而误，标点、分段不当，未核典籍原文而误，文义欠通而误，失校、漏校等，并加以分析。②慈波对《左氏博议》录文 168 篇的全文系统和录文 86 篇的句解本系统进行梳理，并对《左氏博议》在日本的流传情况和刻本作了介绍。③辑佚和辨伪上，杜海军的《〈四库全书存目丛书〉收录〈卧游录〉问题商榷》一文认为，吕祖谦两个截然不同版本的《卧游录》现在已经难辨真伪，而《四库全书存目丛书》却只录一家，这种做法从保留文献的角度来说有失妥当。④黄灵庚《吕祖谦佚文补遗》在《全宋文》所收吕祖谦遗文的基础上增补 6 则，并加以考证。⑤杜海军的《〈欧公本末〉的发现及其文献与学术价值》一文，认为这本吕祖谦临终前完成的书刊行较少且流传不广，是在黄灵庚先生主编《吕祖谦全集》时才整理出版的，这部书具有这几个方面价值：一是补充现存关于欧阳修文献不足的情况；二是为研究欧阳修的文献提供参考；三是该书记载详细，对研究欧阳修、吕祖谦都具有一定的文献价值。⑥李洪波也关注到了《欧公本末》的价值，认为这本书的撰述具有创造性，主要表现在通过"以文存人"的方式来考述欧阳修生平经历与交游，具有多种文献价值，但同时也指出书中体例不合处，以及衔接不紧密的地方。⑦在吕

---

①　慈波：《吕祖谦〈左氏博议〉版本源流述考》，《浙江社会科学》2016 年第 8 期。

②　汤元宋：《〈吕祖谦全集〉校读劄迻》，《儒家典籍与思想研究》第 8 辑，北京大学出版社 2016 年版。

③　慈波：《吕祖谦〈左氏博议〉版本源流述考》，《浙江社会科学》2016 年第 8 期。

④　杜海军：《〈四库全书存目丛书〉收录〈卧游录〉问题商榷》，《广西师范大学学报》（哲学社会科学版）2007 年第 3 期。

⑤　黄灵庚：《吕祖谦佚文补遗》，《古籍整理研究学刊》2008 年第 1 期。

⑥　杜海军：《〈欧公本末〉的发现及其文献与学术价值》，《浙江师范大学学报》（社会科学版）2011 年第 4 期。

⑦　李洪波：《〈欧公本末〉考论》，《学术交流》2013 年第 3 期。

著的注解方面，孙建元《吕祖谦〈音注河上公道德经〉记略》认为，吕氏音注反映了汉语语音演变的一些现象并予以列举。① 随后他在《吕祖谦音注三种研究》一文中认为，《中国丛书综录》中记载的吕氏音注不是出于吕祖谦之手，因而不能用以考察吕氏所定之音，应该以《唐鉴音注》《毛诗集解释音》《音注河上公老子道德经》为准。② 刘治立的《吕祖谦〈唐鉴音注〉的内容和价值》一文指出，这本古代唯一的一种《唐鉴》注本，对原书中的字词音义、典章制度、史实典故多有发明，并予以说明。③ 在吕著的考证方面，张宗友在《吕氏〈春秋集解〉十二卷本作者与流传之探索》一文中认为，十二卷本《春秋集解》作者应为吕本中，而三十卷本是在十二卷本基础上增加的。④ 黄觉弘认为今传《春秋集解》是加入了吕本中《春秋解》的论说，并经后人增补，而吕祖谦的《春秋集解》已经失传了。⑤

　　除此之外，学者还对吕祖谦得"中原文献中传"进行了阐发。杜海军在《吕祖谦年谱》的前言中，以"论吕祖谦中原文献之传"为题，认为吕祖谦的"中原文献之传"有两个主要特点：一是以广大为心，二是以践履为实。⑥ 王建生认为吕祖谦对中原文献南传做出了突出贡献，秉持家学兼容并包的精神，调和朱、陆分歧并自觉承担传承中原文献的任务。⑦ 而蒋伟胜则对"中原文献"有不同的理解：他认为南宋时期，得"中原文献之传"是指"学有渊源，所习之业与

---

① 孙建元：《吕祖谦〈音注河上公道德经〉记略》，《古汉语研究》1996 年第 3 期。
② 孙建元：《吕祖谦音注三种研究》，《广西师范大学学报》（哲学社会科学版）1998 年第 4 期。
③ 刘治立：《吕祖谦〈唐鉴音注〉的内容和价值》，《红河学院学报》2011 年第 6 期。
④ 张宗友：《吕氏〈春秋集解〉十二卷本作者与流传之探索》，《中国典籍与文化》2009 年第 4 期。
⑤ 黄觉弘：《今传〈春秋集解〉作者非吕祖谦考辨》，《中国典籍与文化》2010 年第 1 期。
⑥ 杜海军：《吕祖谦年谱》，中华书局 2007 年版，第 1—17 页。
⑦ 王建生：《吕祖谦的中原文献南传之功》，《浙江师范大学学报》（社会科学版）2015 年第 3 期。

北宋中原学术有着传承、授受关系，延续了儒学复兴以来的思想"。①因而吕祖谦得"中原文献之传"应该是指继承张载、二程之学。

（二）吕祖谦的家族、生平与交游研究

其一，对吕祖谦家族的研究。吕祖谦的家族是宋代历史上令人瞩目的世家大族。吕蒙正、吕夷简、吕公弼都是北宋有影响力的宰相，不仅如此，其家族成员在学术上造诣也很高，全祖望说："吕正献公家登《学案》者七世十七人。"②吕祖谦作为吕氏家族的一员，在学术上发扬了家学特点，因而对其家族研究是学界关注的焦点之一。吕祖谦的家学传统中，即有"不明一师，不私一说"的特点，吕祖谦更是从学交友广泛，加上他性格宽厚平正，当时学者多与其相善。张瑾在其硕士学位论文《北宋吕氏官僚家族问题研究》中认为，河南吕氏是吕祖谦家族的源流，并对此进行了研究。根据家族变迁情况，他分为三个阶段来论述家族发展特点：庆历之前是吕氏家族初兴和崛起时期，庆历到绍圣年间是家族势力鼎盛时期，绍圣元年到北宋末年，是吕氏家族在政治上走向衰落的阶段。③杨松水则认为吕祖谦家族来源于寿州吕氏，他在博士学位论文中，从整体上对吕氏家族兴衰与学术传承作出研究，并对家族学人著述作了考述和提要。④冯春生在《吕祖谦上溯十世考述》一文中，考察了吕祖谦的先世源流，论述了吕祖谦以上的十世祖先。⑤赵璐在《宋代东莱吕氏家族教育研究》一文中，认为吕氏家族之所以能数十代人才辈出，主要得益于重视宗族教育。作者将吕氏宗族教育分为前后期加以论述，前期主要是侧重于从政教育，强调忠政、勤政、廉政；后期则致力于培养学者，

①　蒋伟胜：《吕祖谦"得中原文献之传"考辨》，《浙江工商大学学报》2016 年第 4 期。

②　黄宗羲、全祖望：《宋元学案》卷十九《范吕诸儒学案》，中华书局 1986 年版，第 789 页。

③　张瑾：《北宋吕氏官僚家族问题研究》，硕士学位论文，西北大学，2001 年。

④　杨松水：《两宋寿州吕氏家族著述研究》，博士学位论文，安徽大学，2009 年。

⑤　冯春生：《吕祖谦上溯十世考述》，《浙江社会科学》2005 年第 5 期。

重视家族规约的制定。① 姚红的《宋代东莱吕氏家族及其文献考论》一文中，对东莱吕氏渊源、世系、姻亲关系做一梳理，并考察作为整体的吕氏家族在宋代政权建设中的作用和成绩，还对吕氏家族的著述进行了全面整理和考察。② 罗莹在《宋代东莱吕氏家族研究》一书中，重点论述了东莱吕氏家族的政治与学术交游和家族特征，并从文学研究的角度分析了吕本中和吕祖谦两位典型人物。③ 汤元宋在《政治、家世与学问——以吕祖谦的灾异观为例》一文中，以吕祖谦的灾异观为例，考察吕氏家族先人吕公著与王安石的"天变不足畏"的论争，并以吕祖谦后学王应麟的灾异观为参照，揭示政治、家世对吕祖谦学问的影响。④

其二，对吕祖谦生平研究。潘富恩、徐余庆在《吕祖谦评传》中，对吕祖谦的生平分别从"从师问学"和"从政、讲学、私生活"这几个方面叙述，将吕祖谦四十四年的生涯分为两个阶段：绍兴七年（1137年）到绍兴三十二年（1162年）为第一阶段，在这二十六年中，吕祖谦主要是从师问学。隆兴元年（1163年）到淳熙八年（1181年）为第二阶段，这一阶段吕祖谦主要活动是讲学、著述、交游。⑤ 徐儒宗的《婺学之宗——吕祖谦传》一书以吕祖谦生平经历为线索，详细论述了吕祖谦的家学、仕宦生涯、讲学经历、学术交游、后继之学等内容。⑥ 值得一提的是杜海军的《吕祖谦年谱》的编撰，该书是以宋人编修的《吕太史年谱》为本，广泛搜集材料，将吕祖谦年谱由四五千字扩充至二十万字，这为系统地了解吕祖谦的生平事

---

① 赵璐：《宋代东莱吕氏家族教育研究》，硕士学位论文，华东师范大学，2009年。
② 姚红：《宋代东莱吕氏家族及其文献考论》，博士学位论文，浙江大学，2009年。
③ 罗莹：《宋代东莱吕氏家族研究》，人民出版社2011年版。
④ 汤元宋：《政治、家世与学问——以吕祖谦的灾异观为例》，《北京社会科学》2016年第2期。
⑤ 潘富恩、徐余庆：《吕祖谦评传》，南京大学出版社1992年版。
⑥ 徐儒宗：《婺学之宗——吕祖谦传》，浙江人民出版社2005年版。

迹提供了便捷。① 此外，刘玉民在博士学位论文中，从学术经历这一角度论述了吕祖谦的生平。② 程小青在《吕祖谦〈左传〉学研究》中，从"不名一师，广交学友"和"勤奋好学，著作等身"两个方面论述了吕祖谦的生平。③

其三，对吕祖谦交游的研究，是学者研究的一大热点。刘玉民的《吕祖谦与南宋学术交流——以吕祖谦书信为中心的考察》一文，以吕祖谦与学友的书信为主要考察对象，分析了吕祖谦与湖湘学派、吕祖谦与朱熹、吕祖谦与陆九渊、吕祖谦与陈亮之间的学术交流，认为吕祖谦的学术交流推动了南宋学术的繁荣，同时吕祖谦也汲取百家之长，成为著作等身、泽被后世的学术宗师。④ 随后，刘玉民在论文《南宋区域学术互动研究——以吕祖谦为中心的考察》一文中，着重从地域角度来论述南宋前中期的学术交流。⑤ 邱鸣皋的《陆游、吕祖谦、韩元吉关系考述》一文，梳理了三人间的亲缘与交游过程，认为他们同属"元祐党籍"的后人，政治上的遭遇密切了他们的思想感情交流。⑥ 王法贵在《陆九渊、吕祖谦关系探微》一文中考察了陆、吕二人的交往，吕祖谦对陆九渊颇多提携，二人彼此欣赏之下建立深厚友谊，吕陆之交的历史性贡献，在于发现并成就了一代心学大师陆九渊。⑦ 陈开勇在《唐仲友与东莱学派》一文中，分析了吕祖谦与唐仲友之间既非对立，又从无往来的特殊关系，认为这主要是由于家族

①　杜海军：《吕祖谦年谱》，中华书局2007年版。

②　刘玉民：《吕祖谦与南宋学术交流——以吕祖谦书信为中心的考察》，博士学位论文，华中师范大学，2013年。

③　程小青：《吕祖谦〈左传〉学研究》，博士学位论文，福建师范大学，2015年。

④　刘玉民：《吕祖谦与南宋学术交流——以吕祖谦书信为中心的考察》，博士学位论文，华中师范大学，2013年。

⑤　刘玉民：《南宋区域学术互动研究——以吕祖谦为中心的考察》，《贵州社会科学》2016年第7期。

⑥　邱鸣皋：《陆游、吕祖谦、韩元吉关系考述》，《齐鲁学刊》2001年第6期。

⑦　王法贵：《陆九渊、吕祖谦关系探微》，《浙江海洋学院学报》（人文科学版），2012年第6期。

之间的矛盾，加之唐仲友性格孤傲、双方思想迥异共同造成的。① 黄灵庚注意到了吕祖谦最著名的交游活动——鹅湖之会，在其《吕祖谦与鹅湖之会》中，论述了吕祖谦在鹅湖之会中的特殊地位和作用，指出了鹅湖之会对当时和对后世的积极意义。② 周纪焕、童献纲对长期以来学界对"三衢之会"的时间、具体地点的分歧进行了考辨，从历史地理的角度，明确了朱、吕"三衢之会"时间是在淳熙三年（1176 年）三月二十八日，地点是衢州东二十里的石岩寺，历时十天。③ 方勇的《吕祖谦朱熹共讲月泉说质疑》一文，则对地方志中记载的吕祖谦与朱熹一同在浙江浦江县的月泉书院讲学一事进行了考辨，认为是子虚乌有，并不可信。④

（三）吕祖谦的学术思想、治学风格研究

吕祖谦的学术思想、治学风格在中国历史的长河中产生了重要影响。他在学术上以"杂博"著称，这既是家学渊源在他身上的体现，也是时代思潮的反映。吕祖谦折中朱陆又汲取永嘉经世致用之学，打破了各学派间的门户之见，其宽宏的学术风格，居正持平的学术态度，得到了当时学者们的尊重，也受到后世学者的敬仰。吕祖谦的学术特点在经史关系上表现为主张经史并重，吕祖谦对史学的重视，又与他务实经世的实学思想密不可分。专门研究吕祖谦的学术思想的论文较早的是中国台湾吴春山的博士学位论文《吕祖谦研究》，这是论述吕祖谦学术思想的专门性著作。⑤ 专著较早的有潘富恩、徐余庆的《吕祖谦思想初探》，该书分为六章，依次介绍了"吕祖谦的生平和

---

① 陈开勇：《唐仲友与东莱学派》，《浙江社会科学》2014 年第 10 期。
② 黄灵庚：《吕祖谦与鹅湖之会》，《浙江师范大学学报》2005 年第 4 期。
③ 周纪焕、童献纲：《朱熹、吕祖谦"三衢之会"若干问题考辨》，《人文中国学报》（第二十一期），上海古籍出版社 2015 年版。
④ 方勇：《吕祖谦朱熹共讲月泉说质疑》，《浙江大学学报》（人文社会科学版）2006 年第 5 期。
⑤ 吴春山：《吕祖谦研究》，博士学位论文，台湾大学中文所，1979 年。

学术活动""吕祖谦的社会政治思想""吕祖谦的哲学思想""吕祖谦的伦理思想""吕祖谦的教育思想"和"吕祖谦的历史观"。① 这本书后来经过修订和整理，于 1992 年以《吕祖谦评传》在南京大学出版社出版。该书主要从吕祖谦的思想这一角度来论述，对吕祖谦的史学研究主要是思想层面的启发。田浩在《朱熹的思维世界》一书中，认为吕祖谦代表的是理学中不同于朱熹的路数，包含着学术发展的更宽广的可能性，作者认为吕祖谦是乾淳之际学术的执牛耳者，是当时最有影响力的老师。② 陈荣捷在《朱子新探索》一书中，充分肯定了吕祖谦道学硕儒的地位，对《宋史》不将吕祖谦列入《道学传》而入《儒林传》的做法，认为是门户之见所致。作者认为朱、吕所异者小，所同者大，不应过分强调二人的差异性。③ 束景南在《朱子大传："性"的救赎之路》一书中，在"鼎足分合：朱吕陆三会"一章中，论述了寒泉之会和鹅湖之会中吕祖谦的学术主张，在寒泉之会中朱吕二人合著了《近思录》，作者认为吕祖谦对待永嘉之学和陆九渊的心学态度与朱熹不同，吕祖谦是要求同而会归于一，朱熹则是要别其异而同化于己。正是由于吕祖谦抱着求同存异的态度，最终促成了鹅湖之会的举办。④

吕祖谦的实学思想。实学即是提倡经世致用、贵实行的学问。潘富恩、徐余庆在《吕祖谦的实学思想述评》中总结了四个方面：一是正视现实，肯定社会改革是"向前则有功"；二是认为历史发展的动力是"合群策，集事功"；三是重视客观认识在认识论上的作用；四是教育上主张"育实才而求实用"。⑤ 蔡方鹿在《论吕祖谦的经世致用思想》一文中，认为吕祖谦的经世致用思想主要表现在务实躬

① 潘富恩、徐余庆：《吕祖谦思想初探》，浙江人民出版社 1984 年版。
② 田浩：《朱熹的思维世界》，陕西师范大学出版社 2002 年版。
③ 陈荣捷：《朱子新探索》，华东师范大学出版社 2007 年版，第 377 页。
④ 束景南：《朱子大传："性"的救赎之路》，复旦大学出版社 2016 年版。
⑤ 潘富恩、徐余庆：《吕祖谦的实学思想述评》，《复旦学报》（社会科学版）1992 年第 6 期。

行，在学术上通经致用；重视日用之学，批评浮夸学风；在天理人欲的命题上肯定人欲，主张义利结合。① 杨林则从政治、经济、国防、教育等方面分析吕祖谦经世思想的构成，分别是政治上主张君臣持身、广开言路、举贤授能；经济上取民有制、分民授田、富恤贫足；军事上谋定主战、寓兵于农、用兵伐谋；教育上明理治心、德行兼备、求同存异、存疑持养。②

吕祖谦学术思想的其他方面。潘富恩在《论象山与东莱思想之异同》一文中，以朱陆之辨这一公案来论述陆九渊和吕祖谦思想的异同，重新认识朱陆之辨在学术史上的意义。作者认为，吕、陆二人的历史观与朱熹的重经轻史不同，他们肯定历史的变化是遵循规律的，陆九渊的"理势合一"说，吕祖谦的"有因有革"说，都包含对历史的朴素辩证法思想。③ 邵建东在《陈亮与吕祖谦政治思想比较》一文中认为，陈亮与吕祖谦既有相近的学术宗旨和性质，又存在明显的观点分歧和思想差异，他们不同的家庭出身、个性特征、政治实践、师承渊源是造成差异的主要原因。④ 杜海军在《论吕祖谦研究中的偏见》一文中认为，后人研究吕祖谦的学术思想时，常常颠倒吕祖谦在学术传承中的次序，将吕祖谦的理学思想和心学思想归于朱熹和陆九渊，将吕祖谦的功利思想归于陈亮、叶适，这是不符合历史实际的。⑤

对吕祖谦学术风格的研究。潘富恩在《论吕祖谦"兼容并蓄"的学术思想》一文中认为，吕祖谦兼容并蓄的学术思想体现在一是对待学术问题上的求同存异态度，二是提倡学者对不同学术观点要泛观交接，这有利于学术风气的良性循环；他对苏轼和王安石的评价力求

① 蔡方鹿：《论吕祖谦的经世致用思想》，《中共宁波市委党校学报》2014 年第 3 期。
② 杨林：《吕祖谦的经世思想》，硕士学位论文，浙江大学，2007 年。
③ 潘富恩：《论象山与东莱思想之异同》，《朱子学刊》2004 年第 1 辑。
④ 邵建东：《陈亮与吕祖谦政治思想比较》，《金华职业技术学院学报》2010 年第 2 期。
⑤ 杜海军：《论吕祖谦研究中的偏见》，《浙江师范大学学报》（社会科学版）2008 年第 4 期。

公允，超脱于门户之见上，对与他关系密切的学者治学中的缺点，他能提出中肯的批评建议。这种博采众长的学风对后世也有较大影响，其后学王应麟深得吕学治学方法，为中国学术思想源流提供了很多有价值的资料。① 陈国灿认为吕祖谦在学术态度上"平易近人"；在学术交往中泛滥交接，没有门户之见；在治学上兼采众说而能成一家之言，学术体系呈现"广""博""通"的特点；在为学取向上讲究实用，与正统理学流派不同。② 姚培锋认为吕祖谦学术思想博而杂，自成一体，开浙东学派的先声，其为人平和，展现出的人格魅力为后世所敬仰。③ 方同义认为吕祖谦淳厚、笃实、宽平的人格形成了他学术上的"委曲拥护""泛观交接""兼取其长""宽容开放"的特色。作者从吕祖谦与朱熹的学术和人格的比较中进一步肯定吕祖谦的学术风格。④ 黄灵庚在《经、史并重的吕学特色》一文中指出，经史并重是吕学区别于"朱学""陆学"的基本特色，他结合吕祖谦的史论著作《六朝十论》，指出其中所论虽为六朝历史，但类比南宋之偏安一隅，实际上是切中时弊之作，体现了吕祖谦"治道必究其源"的务实精神。⑤

（四）吕祖谦的《左传》学研究

《左传》作为一部先秦典籍，被认为是《春秋》的三传之一，在东汉时影响很大，唐代《左传》被列入"九经"。宋代由于理学注重直求经义，专门研究《左传》的著作不多，但宋儒为《左传》学的研究开拓了新的视野，特别是吕祖谦的《左传》研究，成果丰硕，特点鲜明。其著作主要有《左氏博议》《左氏传说》《左氏传续说》，

---

① 潘富恩：《论吕祖谦"兼容并蓄"的学术思想》，《中国哲学史》1992 年第 1 期。

② 陈国灿：《吕祖谦的学术风格》，《浙江社会科学》2005 年第 5 期。

③ 姚培锋：《吕祖谦的学术思想与处世风格》，《敦煌学辑刊》2005 年第 2 期。

④ 方同义：《论吕祖谦的人格气度和学术特色》，《宁波大学学报》（人文科学版）2008 年第 6 期。

⑤ 黄灵庚：《经、史并重的吕学特色》，《浙江社会科学》2005 年第 5 期。

被称为"左氏三传"。

学界专门对吕祖谦《左传》学进行研究，较早有张卫中的《吕祖谦〈左传〉研究论析》，该文认为宋儒虽试图打破《左传》从属于经学的局面，但只有吕祖谦明确指出《左传》是可与《史记》《汉书》相提并论的伟大史书，吕祖谦还以专著的形式，对《左传》中的史实进行了深刻的研究，为后世的《左传》学研究提供了新的途径。①

进入新世纪以后，学界对吕祖谦的《左传》学关注颇多，成果丰硕。首先是对吕祖谦《左传》学整体性研究。程小青在博士学位论文《吕祖谦〈左传〉学研究》中，归纳了吕祖谦研究《左传》的轨迹：从成书仓促的《左氏博议》，到修订前著不少观点的《左氏传说》，再到多讲典章制度、行文简约的《左氏传续说》，吕祖谦对《左传》学的研究经历了不断深入、不断修正的过程。其《左传》学的特点一是在经学方面，主张经史并提，影响了后世"六经皆史"的命题；二是吕祖谦重视《左传》研究中的史学价值，对春秋时期历史发展规律有深刻认识，并总结了春秋历史经验教训。吕祖谦研究《左传》的目的是"以史为鉴"，重视历史对现实的指导作用。② 李建军在博士学位论文《宋代〈春秋〉学与宋型文化》中，把吕祖谦对于《左传》学的研究置于宋代《春秋》经学的史学化大背景下，从观史、论史、考史、鉴史四个方面考察了吕祖谦的《左传》学研究，深入《左传》文本具体分析，是《左传》史学研究的功臣。他认为吕祖谦高度肯定《左传》是由于左氏的史才和史笔，而对于左氏的思想和《左传》的义理却并不认可。③ 朱宏秋的硕士学位论文《东莱吕氏〈左传〉学发微》，把吕祖谦的《左传》学放在整个宋学的整体

---

① 张卫中：《吕祖谦〈左传〉研究论析》，《绍兴师专学报》1992年第1期。
② 程小青：《吕祖谦〈左传〉学研究》，博士学位论文，福建师范大学，2015年。
③ 李建军：《宋代〈春秋〉学与宋型文化》，博士学位论文，四川大学，2007年。

学术环境中来考查，从吕氏《左传》学与宋代学术关系的角度，具体分析了吕氏《左传》学的疑古与宗经，吕氏《左传》学的理说与心说，吕氏《左传》学的史学风格。他认为，吕氏《左传》学的独特之处，在于其史学倾向远远超过性理的倾向，从而与真正的理学家有了区分。吕氏《左传》学并不是为了纯粹发挥义理之说，而是为了经世致用，这种对史学价值的追求，最终形成了混合经学、史学与性理之学的《左传》评说体系。① 李卫军的博士学位论文《〈左传〉评点研究》以吕祖谦的"左氏三书"为例，从史学角度对其观《左传》之方法、论《左传》之内容、习《左传》之功用、论《左传》之价值进行了剖析，认为其开辟了以史论《左传》的治学途径，对后世以史评《左传》者影响深远，并《左传》评点学上产生了较大影响。②

其次是对吕祖谦关于《左传》学某一著作的分析。许庆江的硕士学位论文《吕祖谦〈左氏博议〉研究》从史学角度出发，认为相比于一般的史论，《左氏博议》更加游离于历史之外，具有更多的发挥性和引申性，对历史上的人物事件进行评价之时，吕氏往往要求颇高，有"判官"之嫌，一旦涉及现实之人物的评价，则吕氏要宽容许多。③ 孙巧云则关注到了《左氏博议》中的君子修身论，在《吕祖谦〈左氏博议〉中的君子修身论》一文中指出，吕祖谦主张在"正本心"的基础上，安于贫贱，谨言慎行，为家庭、社会和国家的发展贡献力量，吕祖谦将修身论寄寓在经典的解读中，对《左传》所载史事进行评论发挥，形成了很多新颖独特的见解。④《左氏传说》是吕祖谦另一本受到学者关注的《左传》学著作，程小青指出，《左氏传说》相比《左氏博议》，更客观平实，较少理学说教，重视对历史

---

① 朱宏秋：《东莱吕氏〈左传〉学发微》，硕士学位论文，江西师范大学，2008 年。
② 李卫军：《〈左传〉评点研究》，博士学位论文，华东师范大学，2008 年。
③ 许庆江：《吕祖谦〈左氏博议〉研究》，硕士学位论文，北京师范大学，2007 年。
④ 孙巧云：《吕祖谦〈左氏博议〉中的君子修身论》，《晋中学院学报》2014 年第 1 期。

真实的挖掘，反映了学者走向成熟的气度。① 王兴国指出吕祖谦的
《左氏博议》与王夫之的《续春秋左氏传博议》之间有承接关系，但
认为在哲学和伦理思想方面，又存在明显差异，这是人类对历史认识
不断提高的结果。②

（五）吕祖谦的史学思想研究

吕祖谦的历史观和史学观是学界研究的重点之一。孙方明在《吕
祖谦史学思想初探》中认为，吕祖谦把深刻的辩证逻辑思想运用于历
史研究，认识到历史是连续的、不断前进的过程，对历史进程中各种
因素的联系作用上，提出了很多精辟的见解。③ 李同乐在《试论朱熹
与吕祖谦历史观之异同》一文中，通过与朱熹历史观的比较研究，认
为吕祖谦更重视实效，这一分歧体现在二人对历史人物和史家评价、
史家自身修养上，其根本原因是两人治学路径和历史哲学的差异。④
潘富恩在其自选集中收录了《论吕祖谦的历史哲学》一文，首次将
吕祖谦的历史哲学特色概括为朴素唯物辩证法思想，具体体现在三个
方面：一是"当如身在其中"的观史方法，二是"合群策、集事功"
为历史发展的重要因素，三是"有因有革"的历史发展观。这种观
点的提出影响了其后对吕祖谦历史哲学的研究。⑤ 杨金鑫在《"鹅湖
之会"新述——兼论吕祖谦的哲学思想》一文中，通过对鹅湖之会上
吕祖谦学术主张的辨析，认为吕祖谦的史学研究不尚空谈，开一代历
史哲学的风气。⑥ 董平在《论吕祖谦的历史哲学》中，进一步指出吕

---

① 程小青：《从〈左氏博议〉到〈左氏传说〉》，《福建工程学院学报》2014 年第 2 期。

② 王兴国：《从吕祖谦的〈博议〉到王夫之的〈续博议〉》，《湖南民族职业学院学报》2015 年第 1 期。

③ 孙方明：《吕祖谦史学思想初探》，《西南师范大学学报（人文社会科学版）》1985 年第 2 期。

④ 李同乐：《试论朱熹与吕祖谦历史观之异同》，《社会纵横》2012 年第 9 期。

⑤ 潘富恩：《潘富恩自选集》，重庆出版社 1999 年版，第 496 页。

⑥ 杨金鑫：《"鹅湖之会"新述——兼论吕祖谦的哲学思想》，《湖南师范大学社会科学学报》1988 年第 5 期。

祖谦将天道的追寻贯彻于社会历史的全部领域，实现了历史学与哲学的融合，实际上形成了"历史哲学"学派，吕祖谦成为这一学派观念的系统表达者，他开辟了历史哲学的研究维度，将历史学从单纯的史料的批评或史实的"还原"转变为历史的哲学批评，并对后来浙东学派的发展影响深远。^①潘富恩在《论吕祖谦朴素辩证法思想的历史贡献》一文中认为，吕祖谦发展了中国古代朴素辩证法思想，在历史观上提出了"有因有革"和"向前则有功"的观点。^②汤元宋在《论吕祖谦的天道观》一文中，以天道观作为吕祖谦学问的根基，在形而上的问题上，吕祖谦并没有回避，而是有意识地以传统中国哲学的"天道"为基础，构建了至公至明、自然无伪、生生不息的天道观，这也是吕祖谦历史哲学的基石。^③

对于吕祖谦史学观的研究，吴怀祺先生在《中国史学思想通史·宋辽金卷》一书中，专设"吕祖谦的史学思想"一章，详细论述了吕祖谦的历史盛衰论、蓄德致用的思想、历史编纂学思想和文献学观点。吕祖谦认为总结历史的兴衰需要从大处着眼，并将中国与周边国家的盛衰消长联系起来看，他认为决定历史兴衰的是天理人心，但同时他也有史学家重人事的一面。关注历史的兴衰，是吕祖谦蓄德致用思想的一方面，蓄德致用思想还包括提倡修身养性和从历代制度中总结经验。吕祖谦的历史编纂学思想包括：一是重视春秋笔法，讲求史书义例；二是吕祖谦并不认可《春秋》字字褒贬的说法，他虽重视义例，却能不拘于义例，而能从明天理、蓄德致用的根本编纂要求出发。^④胡昌智在《吕祖谦的史学》中，将吕祖谦的史学一分为二：一方面是受时代及环境影响的一面，如吕祖谦史著中表现出的夷夏观

---

① 董平：《论吕祖谦的历史哲学》，《中国哲学史》2005 年第 2 期。

② 潘富恩：《论吕祖谦朴素辩证法思想的历史贡献》，《中共宁波市委党校学报》2008 年第 3 期。

③ 汤元宋：《论吕祖谦的天道观》，《浙江学刊》2016 年第 1 期。

④ 吴怀祺：《中国史学思想通史·宋辽金卷》，黄山书社 2002 年版，第 343—390 页。

念、名分思想；另一方面，作为史学家的吕祖谦，在处理史料时的批评、考订原则，继承"礼"的传统，其表现在对典制、风俗的重视。① 李炳泉在《吕祖谦的史学思想》中认为，吕祖谦史学思想最闪光的地方，在于提出了"通变"的历史进化观点，他关注历史事物由"渐"到"变"的发展，注意到了事物在发展过程中的质变。他的治史态度以求实考信为核心，注重历史文献的搜集整理，并发展出自己的考史方法和取材原则。吕祖谦的史学思想是以儒家思想为核心，主张维护君臣名分和以民为本，代表着史学发展的新方向。② 陈居渊在《吕祖谦的正统史观与〈三国志详节〉》一文中，聚焦吕祖谦的史钞作品《三国志详节》，作者认为吕祖谦的撰述旨趣在于运用前人的成果阐释三国的历史，这其中寄托着吕祖谦对史学当代价值的挖掘。③ 王飞在《吕祖谦的史学思想研究》中分析了吕祖谦治史的态度和方法，相比李炳泉的文章增加了"推崇史观的崇史之心"，吕祖谦务实的学风和经世致用的为学特点对后人影响很大，他的代表性史著"左氏三书"和《大事记》，在以"圣人"为标准的史德基础上，结合自身的史才、史学、史识，表达出丰富的思想性和艺术性。④ 刘雅静在《吕祖谦史鉴思想研究——以〈东莱博议〉为中心的探讨》一文中，首先结合南宋时期的政治、社会、思想等背景，分析了吕祖谦史鉴思想形成的原因。之后阐述了吕氏史学鉴戒思想的主要内容，包括民本思想、抗金理念等内容。最后对吕祖谦重视史学鉴戒作用的思想、方法及旨趣进行阐述。⑤

---

① 胡昌智：《吕祖谦的史学》，《书目季刊》1976 年第 2 期。

② 李炳泉：《吕祖谦的史学思想》，《烟台师范学院学报》（哲学社会科学版）1989 年第 3 期。

③ 陈居渊：《吕祖谦的正统史观与〈三国志详节〉》，《中共宁波市委党校学报》2009 年第 4 期。

④ 王飞：《吕祖谦的史学思想研究》，硕士学位论文，河北大学，2014 年。

⑤ 刘雅静：《吕祖谦史鉴思想研究——以〈东莱博议〉为中心的探讨》，硕士学位论文，曲阜师范大学，2014 年。

（六）吕祖谦的历史教育研究

吕祖谦作为教育家，讲学不辍，培养了诸多人才，不仅在当时影响很大，也泽被后世，影响了后世学术发展方向。他在教学过程中留下了丰富的历史著述，如书院教育的《丽泽讲义》、童蒙教育的《少仪外传》，为诸生课试而作的《左氏博议》，等等。在教育思想上，他重视经世致用和道德教育；在教育内容上，注重践履和经史并重；在教育实践上，开创了南宋四大书院之一的丽泽书院。

第一，对吕祖谦蒙学历史教育研究。蒙学教育是指当儿童心智开蒙之际所应该接受的教育，由于儿童心智不全，因而对儿童的教育主要是了解基本的伦理道德，宋代理学兴起，更注重对童蒙的伦理教育，蒙学有了进一步的发展。李良玉在《中国古代的蒙学历史读物》一文中，将蒙学历史读物分为典故类、讲史类、综合类三大类，吕祖谦的《少仪外传》被归为综合类中，其特点是选取历史故事和历史人物的嘉言善行编辑而成，并集识字训练、道德训诫和各种知识教育为一体。①姜凌宇在硕士学位论文《宋代蒙学中的历史教育》一文中，将吕祖谦的《少仪外传》编写特点归为语录式，其特点是通俗直白，借古人的言行传播历史知识，进行历史教育。② 李鹏在硕士学位论文《吕祖谦童蒙教育思想研究》中，分析了宋代重视童蒙教育和吕祖谦的家学渊源，并指出在这两个因素影响下，吕祖谦的童蒙教育形成了自己的独特风格。文中具体分析了吕祖谦的童蒙著作《少仪外传》，它帮助读者形成正确的律己、待人、临事方法，以便形成良好的素养，其中虽有消极内容，但是在童蒙教育中发挥的作用是不能被抹杀的。③

第二，对吕祖谦通俗史学的研究。徐蜀在《史钞的起源和发展》一

① 李良玉：《中国古代的蒙学历史读物》，《阜阳师范学院学报》（社会科学版）2006年第6期。
② 姜凌宇：《宋代蒙学中的历史教育研究》，硕士学位论文，曲阜师范大学，2011年。
③ 李鹏：《吕祖谦童蒙教育思想研究》，硕士学位论文，河北大学，2013年。

文中指出，宋代以后史钞的取材不再限于纪传体正史，吕祖谦的《通鉴节要》即是一例。《十七史详节》是宋代删节纪传体正史作品中影响较大的一部，它的史文极为精简，同时还注意保持原书的格局，如在《隋书详节》中就保留了各《志》，以简略的文字对重要史实进行勾勒。①李红岩在《史钞及其与中国传统史学之普及》一文中，将吕祖谦的《西汉精华》和《东汉精华》归为"采摭文句而编之"，是吕祖谦读两《汉书》时摘录其中的事例文句，虽然纪传表志沿袭原书，但是顺序与原书并不相同。吕祖谦的《十七史详节》则归为"简汰而刊削之"，将原书材料进行删减，以使重点突出，与今世简本相类似。史钞类史书对历史教育的发展产生影响，吕祖谦在教授门人时使用的教材就有《十七史详节》。②刘天振、李进在《吕祖谦〈十七史详节〉"艺文志"节录特点述评》一文中指出，《十七史详节》中对"艺文志"的节录存在明显缺陷，如只录序论而不著书目，摒弃道、释文献，轻视唐代文献，等等，这与此书由师徒合纂的成书方式有密切联系，出于众手则学术思想、选择标准彼此存在差异，难以保证很高的质量。③

第三，对吕祖谦历史教育思想的研究。刘贵杰认为吕祖谦的人格教育思想主要有以下几点：第一，明确人格教育的意义是在使学生具备高尚的人格品德。第二，吕祖谦人格教育的基础是性善论，但人天生存有偏狭之处，需要教育来改变。第三，吕祖谦强调人格涵养的重要性。④冯春生在总结吕祖谦的教育思想为"正道为学，实在为用""刻苦为学，功夫无穷""礼贤下人，不耻下问""因材施教、愤启悱发"。⑤蒙小英认为吕祖谦教育哲学思想是以"道与心一"为根本观

---

① 徐蜀：《史钞的起源和发展》，《史学史研究》1990 年第 2 期。

② 李红岩：《史钞及其与中国传统史学之普及》，《河南社会科学》2008 年第 4 期。

③ 刘天振、李进：《吕祖谦〈十七史详节〉"艺文志"节录特点述评》，《浙江师范大学学报》（社会科学版）2015 年第 3 期。

④ 刘贵杰：《吕祖谦的人格教育思想》，《社会科教育学报》2004 年第 7 期。

⑤ 冯春生：《吕祖谦教育思想蠡测》，《浙江师范大学学报》（社会科学版）2008 年第 4 期。

点，人性论则是"人性本善，气质有偏"，理想人格论是"内圣成德，外王事功"。① 最后是对吕祖谦经世致用的教育思想的研究。李丽萍在硕士学位论文《论吕祖谦的实学教育思想及其价值》中，将"实学"定义为"研究切用于世的学问"，其实学教育涉及历史教育内容为"历史观教育""国计民生教育""军事教育""吏治教育""爱国教育""科举教育""社会教化"。其实学教育有几个基本特征："重视道德教化""强调经世致用""不拘门户之见""坚守家学传统""教学与科研并进""重践履"。② 田浩聚焦儒家教育中师生之间的关系，认为吕祖谦将家族伦常仪式带入书院的管理中，注重公约和纪律，同时他的教学方法强调寻求新奇有创意的观点，而不是受传统知识的束缚，他经世致用的思想反映到教育中，创造性地将学生所学与当代问题相结合。③

（七）吕祖谦与浙东史学研究

何炳松先生在《浙东学派溯源》一书中，认为浙东学派起源于程颐，而后分为金华、永嘉两支，金华一支包括吕祖谦、唐仲友、陈亮，永嘉一支先后有郑伯雄、薛季宣、陈傅良、叶适等人。作者认为吕氏家传学问出自胡程两氏一脉，也是本于程颐的。④ 吴怀祺先生在《中国史学思想通史·宋辽金卷》一书中，于"吕祖谦的史学思想"后附《宋代的地区性史学的特征的形成和浙东史学、蜀中史学》一文，作者围绕两个学界有争议的问题提出了自己的看法：一是中国史学史上有没有浙东学派，二是如果有浙东史学，那么浙东史学的渊源是什么。对第一个问题，作者认为，浙东学派的提法是不准确的，浙

---

① 蒙小英：《吕祖谦教育哲学思想管窥》，《科技信息》2009 年第 3 期。
② 李丽萍：《论吕祖谦的实学教育思想及其价值》，硕士学位论文，河南大学，2008 年。
③ 田浩：《儒家教育是自我实现抑或既有智慧的传承？——对吕祖谦和朱熹有关学生学习理论构建之探讨》，《古今论衡》2009 年第 19 期。
④ 何炳松：《浙东学派溯源》，上海古籍出版社 2012 年版。

东地区两宋时期出现众多学派，这些学者们治学路径不一、宗旨不同，合而称为浙东学派并不妥当，章学诚称之为"浙东学术"更符合实际情况。针对"浙东史学"的问题，作为浙东学术的一个主要方面的浙东史学，其渊源可上推至吕祖谦。浙东史学有"言性命必究于史"、讲求经世致用、重视文献的特征。①

潘富恩在《吕祖谦与浙东史学》一文中，分析了作为金华学派创立者的吕祖谦与浙东史学之间的密切关系。首先吕祖谦经史并重的观点对浙东史学影响很大；其次吕祖谦的民本思想贯彻于历史观中，清初浙东学派对此多有发挥；最后吕祖谦学术思想上不抱门户之见影响到了黄宗羲、全祖望等浙东史家。②闵泽平在《朱熹与"浙学"》一文中，试图还原"浙学"最初使用的语境，"浙学"一词最早出于朱熹之口，近代以来，"浙学"一词被认为是指永康之学和永嘉之学，回到朱子本身进行考察，实际上"浙学"往往是指吕祖谦的婺学。③杜海军在《谈吕祖谦浙东学术的领袖地位》一文中，肯定了吕祖谦作为南宋学术大家的身份，从陈傅良、叶适受教的经历来看，吕祖谦是婺学、事功学派的一个学术源流，对浙东学术的发展方向产生潜移默化的影响。④杜海军在《吕祖谦门人及吕学与浙东学术的发展关系》一文中考察了吕祖谦的教育成就，认为吕祖谦门下多俊杰，对宋元社会发展作出了重大贡献，同时也使得吕祖谦的学术对后代的影响发挥了出来，浙东学术的发展壮大与吕祖谦的倡导和实践密不可分。⑤王锟在《吕祖谦的心学及其对浙东学术的影响》一文中认为，吕祖谦在"万物一体"的宇宙观上，主张世界"皆吾心之发见"，强调"天机"和"良知良能"的能动性，进而得出"求心性于经史之间"

---

① 吴怀祺：《中国史学思想通史·宋辽金卷》，黄山书社 2002 年版。
② 潘富恩：《吕祖谦与浙东史学》，《孔子研究》1992 年第 1 期。
③ 闵泽平：《朱熹与"浙学"》，《浙江海洋学院学报》（人文科学版）2009 年第 4 期。
④ 杜海军：《谈吕祖谦浙东学术的领袖地位》，《中国哲学史》2012 年第 2 期。
⑤ 杜海军：《吕祖谦门人及吕学与浙东学术的发展关系》，《浙江师范大学学报》（社会科学版）2014 年第 2 期。

的心学史观，这对以后的浙东学术产生了重要影响。①

（八）吕祖谦的理学与史学

理学作为两宋时期的时代思潮，对史学的发展产生了深远的影响，尤其吕祖谦身兼理学家和史学家的双重身份，故其理学上的观点主张不可避免地对史学观点产生影响。同时他对史学的重视也影响了他的理学观点与治学路径，这是他有别于一般理学家之处。

学界对吕祖谦理学与史学的研究，较早的是《宋明理学史》中以"吕祖谦的理学思想及其后学"为章，论述了吕祖谦的理学派别、天理说和心说、认识论、致用思想、史学思想和后学王应麟，其中"史学思想"一节论述了吕祖谦对史学的重视，从史学中得出了盛衰变化的普遍规律。② 田浩在《朱熹的思维世界》这部思想史的著作中，分析了吕祖谦的理学与史学之间的关系：吕祖谦认为读史的目的之一便是要吸收道德教训，是有益于个人修养的提升的。吕祖谦用史家的眼光看待儒家经典，开"六经皆史"论的先河，他把《左传》当成史书来看，而不是《春秋》的注解。③ 田雨青在硕士学位论文《新文化视野下的吕祖谦理学思想研究》一文中，将吕祖谦理学思想精华概括为"融通文史以为学"，他的史论著作和策问、劄子、奏表都是他运用史学阐发理学思想的著述。④ 汪高鑫在《中国经史关系史》中，认为理学直接影响到宋代的历史编纂学，《春秋》学的兴盛带来了编年体的振兴，吕祖谦的《大事记》即是编年系月记载春秋之后事，这是宋代大量的编年史书撰述中的一部。⑤

吕祖谦作为"东南三贤"之一，学者经常将三人比较研究，这样

---

① 王锟：《吕祖谦的心学及其对浙东学术的影响》，《中国哲学史》2013年第4期。

② 侯外庐、张岂之、邱汉生：《宋明理学史》，人民出版社1984年版。

③ 田浩：《朱熹的思维世界》，陕西师范大学出版社2002年版。

④ 田雨青：《新文化视野下的吕祖谦理学思想研究》，硕士学位论文，苏州大学，2011年。

⑤ 汪高鑫：《中国经史关系史》，黄山书社2017年版。

能反映出时代共性和具体不同人物的个性。潘富恩的《论"东南三贤"理学思想之异同》中，认为三人师承渊源有密切联系，三人思想上的异同，是发挥了二程的不同学说导致的。三人在天理观和理欲观上颇有不同，具体来说，吕祖谦主张心理并重，在治学观上主张经史并重。① 朱宏秋在《浅论吕祖谦〈左传〉学之经史观》一文中，认为吕祖谦不仅把《左传》作为史书看待，也把《诗》《书》《春秋》当作史，吕氏在经史观上，合则"经史无分"，分则"经史并重"。② 丁为祥在《从经史异趣到同体异用——宋明理学对经史关系的探讨及其启示》一文中，认为朱熹和吕祖谦学术上的分歧实际上是经史关系的一种表现形式，朱熹对吕祖谦重视史学的批评是与两汉以来今古文经学的不同治学路径密切相关，朱熹是站在今文经学的立场上，吕祖谦是站在古文经学的角度的。③

综上所述，目前学界对吕祖谦的研究取得了相当的成就，主要表现在：一是普遍关注到了吕祖谦的家族和家学对其学术的影响，"得中原文献之传"的家学特色对史学的影响是巨大的；二是对吕祖谦史学思想的研究取得了长足的进步，对吕祖谦的历史观、史学观、历史哲学的探讨非常丰富；三是对吕祖谦《左传》学的研究取得了丰硕的成果，吕祖谦从史学的维度研究《左传》，也正因此吕祖谦服膺于《左传》的史才、史笔，而对《左传》义理解读并不认同；四是对吕祖谦学术风格的研究。已有的研究为吕祖谦的史学研究奠定了基础，但也存在一些不足：一是多为个案研究，系统性不够；二是对吕祖谦的历史教育研究不足；三是对吕祖谦的史学史地位讨论还不够充分。以上也是本书努力的方向。

---

① 潘富恩：《论"东南三贤"理学思想之异同》，《甘肃社会科学》1991 年第 5 期。
② 朱宏秋：《浅论吕祖谦〈左传〉学之经史观》，《华北水利水电学院学报》（社科版）2009 年第 1 期。
③ 丁为祥：《从经史异趣到同体异用——宋明理学对经史关系的探讨及其启示》，《广西大学学报》（哲学社会科学版）2017 年第 1 期。

二　重难点及创新点

（一）重难点

1. 学术思想特点的把握

吕祖谦学术思想特点的形成，主要受到学术传承与学术交谊等方面的影响。从学术传承而言，吕祖谦究竟受到哪些学者或学派学术思想的影响？影响的程度又如何？从学术交谊来讲，吕祖谦与朱熹、陈亮、李焘等人交谊颇深。理学集大成者朱熹以天理陶铸历史，陈亮讲究事功，李焘更具史家本色。吕祖谦的学术则兼综各家，既重视讲明义理，又重视史学经世，呈现出博杂性的特点。对此，需要有一个准确的把握。

2. 史学地位的确定

宋代史学发达，著名史家众多。吕祖谦一生治史勤奋，历史著述颇丰。本书对吕祖谦在史学上取得了哪些具体的成就，他的治史具有怎样的方法与特点，他的史学思想有何具体内涵，他的史学在当时和后世产生了哪些具体的影响，如此等等，需要通过回归到原始资料的认真解读、研判与评述中去，在此基础上对其史学地位作出评判。而如何准确定位吕祖谦的史学地位，则无疑既是重点也是难点。

3. 文献的收集、归纳与分类

吕祖谦流传下来的著述众多，版本及流传情况复杂，这为材料的搜集增加了不少困难。同时对数量如此庞大的文献如何利用也是颇有难度的。古代的学术分类与现代的学科分类存在明显差异，如理学与史学的交错问题等，使得在对吕祖谦历史文献的整理和归纳过程中，会遇到不小的难度。

（二）创新点

1. 探讨了吕祖谦史学产生的深层的社会与学术背景

吕祖谦史学与时代政治经济形势、理学思潮的兴起、史学与史学思想的发展以及知识精英政治兴趣的转向之时代背景都有密切的关系；同时也与吕氏家学的影响分不开，吕祖谦兼采众家、重视学术交游，以及重视文献与史学等学术特点，都打上了吕氏家学的深深烙印。

2. 总结了吕祖谦史学的主要成就

学术界关于吕祖谦的研究，集中于其学术思想与哲学思想，对其史学的研究相对比较薄弱。本书则从历史编纂学、历史文献学、历史教育与史学思想四个方面，对吕祖谦史学的具体成就作出了系统的总结与论述，从而加强对于吕祖谦学术的全面研究。

3. 揭示了吕祖谦史学的主要特点

吕祖谦"得中原文献之传"，文献功底深厚，重视对北宋诸子学术思想的继承；重视历史教育，为书院教学编写历史教材，为社会人士编写通俗历史读物；讲究史学经世，主张将读史"作有用看"，肯定史学是一门有用之学。强调经史并重，与当时理学风气下"荣经陋史"观念不同，吕祖谦认为经学讲明义理有助于社会教化，而史学也重视讲究明理，史籍还蕴含有资治的思想与方法，都需要大力提倡。

第一章　时代背景、家学渊源
与生平著述

马克思说："人的本质不是单个人所固有的抽象物，在其现实性上，它是一切社会关系的总和。"[1] 吕祖谦史学思想的形成与史学成就的取得，离不开南宋时代的历史背景。同时，吕祖谦出身于一个世代为宦、家学渊源深厚的家族，这对他的学术研究特别是史学研究有着非常重要的影响。吕祖谦一生治史勤奋，著述颇丰，在中国史学史上占有重要的地位。

第一节　时代背景

吕祖谦为南宋初年史学家。南宋初年政治、经济形势的变化，宋学的兴起与理学思潮的发展，南宋知识精英政治兴趣的转向，以及宋代史学的高度发达，这些时代的因素，造就了吕祖谦的史学成就，为吕祖谦史学打上了深深的时代烙印。

一　南宋初年的社会与政治

孟子有言："颂其诗，读其书，不知其人，可乎？是以论其世也。"[2]

---

① 《马克思恩格斯选集》第一卷，人民出版社 2012 年版，第 135 页。
② 孟子撰，万丽华、蓝旭译注：《孟子》卷十《万章下》，中华书局 2006 年版，第 236 页。

对吕祖谦史学的探讨需要我们对他所处的时代有一个基本认识，是以试论其世。吕祖谦出生于绍兴七年（1137年），这一年金废伪齐，在开封设置行台尚书省，宋金开始接触准备和谈，第二年签订和议，南宋对金称臣，每年进奉银五十万两、绢五十万匹，金则将伪齐控制的河南、陕西地区归还南宋。① 之后宋金两方面都对此次和议不满，继而有岳飞北伐中原之举，但终以绍兴十一年（1141年）的"绍兴和议"收场，南宋向金称臣，两国以淮河为界，唐、邓二州割让给金，宋金的边界此后逐步确立下来。"绍兴和议"后，高宗"以国事委之桧"②，秦桧开始长期擅权，直到绍兴二十五年（1155年）病死。此后，高宗仍然任用秦桧的党羽汤思退为相，基本国策也没有改变。

绍兴三十一年（1161年），金军南侵被击败于采石，金将在杀死主帅完颜亮之后北归。金军南侵之后，高宗禅位，孝宗继立，宋军在北伐失利之后与金议和，签订了"隆兴和议"，金宋皇帝以叔侄相称，改"岁贡"为"岁币"，银、绢各减五万，宋再割商、秦二州与金。和议之后，孝宗矢志恢复中原，乾道八年（1172年），他与丞相虞允文计划分东、西两路攻金，后因虞允文淳熙元年（1174年）病死任上而流产。在虞允文去世后，虽孝宗仍有恢复中原的志向，但终因缺乏大臣强有力支持和太上皇高宗的制约而作罢。③ 孝宗即位后，逐渐减免苛捐杂税，注重吏治，惩治腐败，他在位的乾淳年间成为南宋政治最清明的时期，形成了孝宗中兴的局面。孝宗时期重视农业发展，积极推行各项政策恢复农业生产。他废除了预催夏税，减免了诸如"无额上贡钱""犹剩米""料杂钱"等苛捐杂税，改变了因战争而混乱的赋税征收状况。孝宗主动兴修水利，对圩田和湖田造成的水

---

① 据李心传《建炎以来系年要录》卷一三五"绍兴十年五月戊戌"，中华书局2013年版，第2527—2528页。

② 赵甡之撰，许起山辑校：《中兴遗史辑校》绍兴三十一年八月，中华书局2018年版，第271页。

③ 注：高宗直到孝宗在位末年的淳熙十四年（1187年）年才去世。

患，即使事涉权贵也厉行禁止；对负责水利工程的官员赏罚严明，
"水利之兴，在在而有，其以功绩闻者既加之赏矣，否则罚亦必行，
是以年谷屡登，田野加辟，虽有水旱，民无菜色"。① 孝宗也积极吸
收地方官的建议，乾道三年（1167 年），李结献"治田三议"，在农
闲时加固浙西地区的堤岸；乾道七年（1171 年）扬州知州晁公武请
奏两淮地区不加赋，消除开荒者的顾虑；淳熙六年（1179 年）浙西
常平茶监颜师鲁奏请以实田起税，因为乡民辛劳开垦的田地被人告发
以"盗耕"论罪，这就阻碍了田地的开发。以上奏请都得到孝宗的
支持并颁布执行。

　　南宋建国之初，由于所控制的南方地区没有足够的铜钱，商品经
济的繁荣又需要更大的货币流通量，当时铜钱的严重不足已经阻碍了
商业的进一步发展。绍兴三十一年（1161 年）建立了世界上第一个
中央政府的纸币发行机构"行在会子务"，发行纸币"会子"，"会
子"的发行缓解了货币不足带来的经济危害。在孝宗时期，政府为纸
币的合法性背书，规定"其路不通舟处上供等钱，许尽输会子；其沿
流州、军，钱、会中半；民间典卖田宅、马牛、舟车等如之，全用会
子者听"。② 为了保障币值，当时已有"秤提"的措施控制发行量，
将"会子"的发行量与本钱（发行准备金）多少挂钩，孝宗也意识
到："朕若不爱惜会子，散出过多，岂能如今日之重耶。"③

　　南宋时期在政府机构内进行了合并机构、减少编制等措施，以适
应偏安一隅的政治形势。中央机构中，建炎三年（1129 年）将中书
省和门下省合并为中书门下省。六部中除户部、吏部外，其他部门尚
书、侍郎一般只设一人。隆兴元年（1163 年），除户部外，其他五部

---

① 留正等：《增入名儒讲义皇宋中兴两朝圣政》卷五四"淳熙二年十一月"，北京大
学古籍图书馆藏。
② 脱脱：《宋史》卷一八一《食货下三》，中华书局 1985 年版，第 4406—4407 页。
③ 留正等：《增入名儒讲义皇宋中兴两朝圣政》卷五八"淳熙七年九月"，北京大学
古籍图书馆藏。

下属各司进行省并。对于各寺、监、台、谏等机构也进行合并裁减，多数机构只有北宋时期规模的一半。地方机构中，南宋政府加强了对地方的控制。绍兴十二年（1142年）经界法的实施，以乡都为单位，计算亩步大小并造图置簿，逐渐确立了乡都制的基层组织变革。乡都制是以土地所有权为依据，以编排徭役为主要内容，并对农户进行登记和控制。南宋时期土地私有化程度不断提高，土地流转程度加深，这就使政府征收土地上的赋税变得困难；同时佃户与地主人身依附关系的淡化，佃户的流动性增强，控制人口关系到户税、定税的征收，乡都制的产生显然与土地和人口的变化有关。普通城市有隅官作为基层的行政人员，隅官负责所辖地区的消防、赈济等事务，这就是"隅坊制"，有的大中城市实行"厢界坊制"，也就是厢辖界、界辖坊，这些都是将城市划定成一定区域进行管理。

孝宗重视法治，一改"绍兴以来，续降指挥无虑数千，抵牾难以考据"① 的状况。他先是命大理寺对律法进行审查，再上报刑部参审，对"法司更定律令，必亲为订正之"②，于乾道八年（1172年）颁布《乾道敕令格式》，之后对之不断修改，于淳熙五年（1178年）编成《淳熙条法事类》。《淳熙条法事类》的编成是我国法律史上的大事，它的问世有利于依法治理国家。吕祖谦的好友陈亮有言："法之不足恃也久矣，然上下之间每以法为恃者，乐其有准绳也"，③ 法令为人们的行事提供了准则，这是"天下之大势所以日趋于法而不可御也"。④

南宋初年的政治、经济环境，激发了吕祖谦对于具有鲜明致用特点的史学的高度重视。吕祖谦出生时距离北宋灭亡不过十年，从北宋

---

① 脱脱：《宋史》卷一九九《刑法一》，中华书局1985年版，第4965页。
② 脱脱：《宋史》卷二〇〇《刑法二》，中华书局1985年版，第4993页。
③ 陈亮著，邓广铭点校：《陈亮集》（增订本）卷十二《铨选资格》，中华书局1987年版，第133页。
④ 陈亮著，邓广铭点校：《陈亮集》（增订本）卷十一《人法》，中华书局1987年版，第124页。

到南宋政治上的失利和屈辱、家国的动荡和收复中原的愿望，是那个时代最突出的议题。强烈的民族矛盾催发了知识分子积极思考富国强兵的对策，吕祖谦史学中的经世致用色彩即是来源于对这些议题的思考，最突出的体现便是在抗金问题上。相比于一味地求战或求和，吕祖谦以史为鉴，提出了更加成熟的建议："当天下之初定，患难之方解，又不可复有所往也。如秦之并天下，而欲有所往，故筑长城、平百粤，而终不免于难；隋之兼南北，而欲有所往，再伐高丽，而亦不免于难……晋武帝平吴之后，固未尝兴兵生事，然而君臣之间，因循苟简，清淡废务，坐视而至于弊。故二者不可一偏。"① 吕祖谦主张"有所往"又"无所往"，也就是有所为而又有所不为。对于"有所往"，他举了晋武帝平吴之后因循守成，虽不兴战事却积弊日深的例子；对于"无所往"，他举了秦并天下而筑长城、隋统一南北而征高丽的例子，指出"当天下之初定，患难之方解，又不可复有所往也"。② 他清醒地认识到南宋军事和民力尚未准备好北伐，但是统治者还是要励精图治，积极为抗金事宜做准备。南宋初年社会经济的不断发展，经济、赋役与社会管理等方面的制度迫切需要改进，这就促使吕祖谦关注历代的制度沿革，从过去的方法中寻求治国经验，所著《历代制度详说》"于古今沿革之制，世道通变之宜，贯穿折衷，首尾备见，凿凿如桑麻谷粟，切于民生实用，有不容阙者焉"。③ 此外，吕祖谦的赋税论、"均田论""富恤贫"等经济主张，也都是针对南宋经济状况有感而发的。④

---

① 吕祖谦：《丽泽论说集录》卷二《解》，《吕祖谦全集》第二册，浙江古籍出版社2008年版，第97页。

② 吕祖谦：《丽泽论说集录》卷二《解》，《吕祖谦全集》第二册，浙江古籍出版社2008年版，第97页。

③ 吕祖谦：《历代制度详说》附录，《吕祖谦全集》第九册，浙江古籍出版社2008年版，第169—170页。

④ 见潘富恩、徐余庆《吕祖谦评传》第三章，南京大学出版社1992年版。

二 宋学的兴起与理学思潮的发展

宋代学术的发展，催生出了宋学。宋学的兴起，与汉学的衰落、佛道之学的兴盛以及现实政治改革的需要都有密切的关系。宋学是相对于汉学而言的，汉学为章句训诂之学，宋学为讲求义理之学。汉学从东汉的神意化、魏晋玄学化、隋唐的佛道化后，已经失去了生机，无法与其他学术特别是佛教抗衡。唐中后期韩愈出于反佛的需要，大力提倡道统论，以仁义为儒家之道，以尧、舜、禹、汤、文、武、周公、孔子、孟子为统绪，与佛教法统相抗衡；在经学上推崇《大学》《孟子》《论语》《中庸》"四书"，阐发儒家经典义理，为宋学形成的先导。当然，长时期的儒释道并重与相争，也使传统学术思想之间出现相互汲取、相互渗透的现象，其中佛教的思辨思想、道家的天体论为宋代学术思想所汲取。宋学的形成，还是现实改革浪潮在学术思想上的反映，宋学通过阐发经典义理，为解决时弊提供经学依据。正因此，苏轼在为欧阳修《居士集》所作的《序》文中，肯定宋学具有通经学古、救时行道与吸收佛道学说的特征。

宋学大概形成于宋仁宗末年，包含的学派很多，其中以王安石的荆公学派最早形成，北宋主要学派有北宋"三苏"（苏洵与苏轼、苏辙父子）的蜀学、张载的关学、二程（颢、颐）的洛学、司马光的涑学，南宋有朱熹的闽学、程亮和叶适的事功学、吕祖谦的婺学、陆九渊的心学等。在宋学诸学派中，影响最大者当属理学。理学亦称道学，程颐曾说："自予兄弟倡明道学，世方惊疑。"[1] "道学"的出现，与中唐以来道统论有关，理学家们期望自己可以接续孔、孟的圣人之道，直阐义理，而不是以"疏不驳注"的原则，穷尽于前人未尽的经义。理学按本体论的不同，大致分为程朱理学和陆王心学两派，程朱理学又分为周敦颐的濂学派、张载的关学派、

---

[1] 程颢、程颐：《二程集》文集卷十一《祭李端伯文》，中华书局1981年版，第643页。

二程的洛学派和朱熹的闽学派。另外还有诸如邵雍的象数学、司马光的涑学、张栻的理学、吕祖谦的吕学（婺学）等，都是两宋的重要理学流派。

宋学兴起之后，学派之间的学术纷争，往往与政治纷争交织在一起。熙宁年间王安石开始推行新法时，理学家程颢就因与新学派王安石政见不和而上《谏新法疏》，希望能停止变法。新法实施后程颢被贬洛阳，当时在洛阳的旧党人物还有司马光、文彦博、富弼、吕公著等，他们交往频繁。程颢因此获得了极高的名望，"闾里士大夫皆高仰之，乐从之游；学者皆宗师之"。① 元丰八年（1085 年）哲宗继位，旧党得势，吕公著、司马光为左右相，新党成员遭到贬斥，王安石新学成为禁学，二程理学受到重视。绍圣元年（1094 年），哲宗亲政后将元祐时废去的新政悉数恢复，以章惇为相，重用新党，新学重新在科举中占据主导地位。徽宗时，重用蔡京、童贯等人，打着推行新法"上述父兄之志"② 的名号，先是将元祐和元符三年执政的文彦博、吕公著、司马光、苏轼等 120 人编入党籍，不许党人子孙留在京师，不许参加科考，并永不录用。后来又将政敌章惇、曾布等十余人也列入其中，以此打击异己。

北宋末年，时人称蔡京、王黼、梁师成、童贯、朱勔和李彦为祸国殃民的"六贼"，对他们深恶痛绝。南宋建立后，在清算这些人的罪行之余，他们所推崇的新学自然也受到了抨击，甚至将北宋的灭亡归为王安石和荆公学派。宋高宗就说："今日之祸，人徒知蔡京、王黼之罪。而不知天下之乱，生于安石。"③ 高宗继位之初，吕祖谦的曾祖吕好问被拜为右丞。吕好问将洛学中的杨时、谯定等人召入朝

---

① 程颢、程颐：《二程集》遗书附录《门人朋友叙述并序》，中华书局 1981 年版，第332 页。

② 脱脱：《宋史》卷四七二《蔡京传》，中华书局 1985 年版，第 13723 页。

③ 李心传：《建炎以来系年要录》卷八十七"绍兴五年三月庚子"，中华书局 2013 年版，第 1673 页。

廷，他们都是二程的后学，元祐党籍的后人也得到重用。绍兴和议后，高宗和当权的秦桧对洛学的态度逐渐改变，高宗说："王安石、程颐之学，各有所长，学者当取其所长，不执于一偏，乃为善学。"①

理学在北宋时期还只是处于形成和初步发展的阶段，当时占据学术主流的还是王安石的新学。理学在这一时期，出现了周敦颐、张载、程颢、程颐、邵雍、司马光等大家，理学的重要著作如周敦颐《太极图·易说》、程颐《伊川易传》、张载《正蒙》与《经学理窟》、邵雍《皇极经世书》等都相继问世，理学中一些基本的命题也被提出，这些都为南宋乾淳时期理学进一步发展打下了基础。

南宋初年，将二程之学南传的主要是杨时和胡安国两人。杨时是二程的弟子，程颢送别杨时曾对宾客有言："吾道南矣。"② 杨时开创了闽学，著有《中庸义》，以此来阐述二程思想。他对二程的"格物致知"论和"理一分殊"说都有发挥，他以《中庸》中的"诚"作为"格物致知"的方法："学始于致知，终于知至而止焉。致知在格物，物固不可胜穷也，反身而诚，则举天下之物在我矣。"③"反身为诚"，是杨时提出的重要的求理方法。在学术传承上，杨时晚年以"著书讲学为事"④，弟子遍布江南，数量达千人。杨时理学，经罗从彦、李侗传到朱熹，朱熹成为程朱理学集大成者，杨时传道之功甚伟。

胡安国是另一位对南宋初期理学传播有重要贡献的理学家。胡安国并非二程嫡传弟子，但他推崇二程尤其是程颐的学说，与程门的高足谢良佐、杨时、游酢"义兼师友"。胡安国以治《春秋》见长，并有《春秋传》名世，成为元、明时期科举取士的经文定本，影响很大。胡

---

① 李心传：《建炎以来系年要录》卷一百五十一"绍兴十四年三月癸酉"，中华书局2013年版，第2853页。

② 脱脱：《宋史》卷四二八《杨时传》，中华书局1985年版，第12738页。

③ 黄宗羲、全祖望：《宋元学案》卷二十五《龟山学案》，中华书局1986年版，第954页。

④ 脱脱：《宋史》卷四二八《杨时传》，中华书局1985年版，第12743页。

安国治《春秋》有"通经致用"的学术意味，他对高宗说："《春秋》经世大典，见诸行事，非空言比。今方思济艰难，《左氏》繁碎，不宜虚废光阴，耽玩文采，莫若潜心圣经。"① 胡安国认为《春秋》就是一部揭示治乱兴衰之道的史书，他遍览诸家之说，兼采《春秋》三传，注重对《春秋》大义的阐发。吕祖谦的父亲吕大器曾师从胡安国的门人曾几，湖湘学派"经史并重，以史论经"的学术特色被吕祖谦继承并加以发扬，湖湘学派兼采众说也与吕祖谦博采众长的治学路数相合。

吕氏家族的先辈都是服膺理学的人物。吕公著与邵雍过从甚密，与二程更是引为同调，曾引荐程颐做太学学官；吕希哲与程颐交往甚密，亦师亦友；吕本中曾拜师程门弟子游酢、杨时、尹焞，朱熹对吕本中传承理学之功颇作肯定："吕公之言，所以发明讲道修身之法详矣。学者审其先后缓急之序而用力焉，其入圣贤之域也孰御？"② 吕祖谦从小就跟随伯祖吕本中学习，受其影响很深，吕祖谦的理学思想也多受其影响。

吕祖谦所在的金华属浙东路婺州治下，因而吕祖谦这一学派又叫婺学，同属浙东这一地区的还有以陈亮为代表的永康学派和以薛季宣、陈傅良、叶适为代表的永嘉学派，这些学派又统称为浙东学派。浙东学派受二程影响很深，据何炳松先生统计，北宋永嘉诸儒中的"九先生"中，就有六人是"学于程门，得其传以归"。③ "九先生"中，以许景衡和周行己影响最大，"伊洛之学，东南之士自龟山杨公时，建安游公酢之外，惟永嘉许公景衡、周公行己数公亲见伊川先生，得其传以归。中兴以来言理性之学者宗永嘉"④。周行己已经开始将"穷理"的治学旨趣转向天文、地理、经济、礼制等百家之学。

① 脱脱：《宋史》卷四三五《胡安国传》，中华书局 1985 年版，第 12913 页。
② 朱熹：《晦庵先生朱文公文集》卷八二《跋吕舍人帖》，《朱子全书》第 24 册，上海古籍出版社、安徽教育出版社 2002 年版，第 3899 页。
③ 何炳松：《浙东学派溯源》，上海古籍出版社 2012 年版，第 123 页。
④ 陈傅良：《止斋文集》卷五十二《陈傅良神道碑》，文渊阁四库全书本。

到两宋之际，郑伯雄、郑伯谦、袁溉等人更是促成了浙东学派由性命之学转向经制、事功之学。浙东学派的发展有先后之别，学派之间也各有区分，但是重视治史，强调经史并重，主张经世致用，则是他们学术的共有特点。吕祖谦的婺学是浙东学派的重要组成部分，他重视治史，强调经世致用，与浙东学术总体精神是相一致的。

总体来看，吕祖谦的史学一方面受理学影响很深，这主要有两个渊源：一是吕祖谦的多位先人与北宋理学诸子来往甚密，服膺理学，这对吕祖谦的史学思想不可避免地产生了影响；二是当时时代思潮的作用，吕祖谦活跃的乾淳时期，正是理学蓬勃旺盛发展的阶段，吕祖谦与朱熹、张栻并称"东南三贤"，活跃于理学群体中，这对他的史学产生了重要影响。另一方面，吕祖谦的史学还受到浙东学派经世思想的影响。乾淳时期亦是永嘉、永康事功学派兴盛时期，吕祖谦虽比陈亮、叶适等人年长，但他们的学说都注重经世致用，提倡经史并重，因此被后世视为"浙学"先驱。

三　宋代史学与史学思想的发展①

宋代是传统史学获得长足发展的时代。究其原因，一是生产力的发展使得史学有了进步的空间。印刷术的广泛应用促进了书籍的流传和历史知识的普及，指南针的应用则促进了中外交通联系与史学视野。二是社会矛盾的激化催生史学的发展。宋代民族矛盾与阶级矛盾的激化，加剧了社会危机。政治上的变法和新政也并没有达到预期的效果，人们希望从史学中找到历史治乱兴衰的经验和教训来鉴戒时弊。三是理学思潮对史学思想的影响。"史学思想中的历史观点，本身就是哲学的一个组成部分。哲学的基本观点及思维方式，影响到人

---

① 鉴于本书研究对象为中国古代史学家，故所指史学思想，主要是两个方面：一是史家（包括思想家）对客观历史的认识，包括对历史社会、历史过程、历史发展动力的认识，二是关于史学工作的认识，包括对历史编纂学、史料学、史学价值论等内容。第五章"吕祖谦的史学思想"亦沿用此指涉。

们对历史过程的认识，对历史的解喻。哲学观点也会影响史学的编纂思想，并作用于人们对史学社会价值的认识。"①

首先是历史编纂学的发展。宋代是传统史书体裁得到发展、新史体不断涌现的一个时期。从传统史书体裁的发展而言，一是编年体史书多有创获。司马光编纂《资治通鉴》，在编年叙事上取得了前所未有的巨大成就。在其影响下，宋代编年体史书有了很大的发展，出现了李焘的《续资治通鉴长编》、李心传的《建炎以来系年要录》、徐梦莘的《三朝北盟会编》等编年体杰作。二是杂记体与方志著作的流行。其中杂记体著作有沈括的《梦溪笔谈》、洪皓的《松漠纪闻》、楼钥的《北行日录》、范成大的《揽辔录》等，除去《梦溪笔谈》之外，其他几部作品都是当时民族政权相互来往的产物。宋代的地方志编撰也打破了之前束缚于地理书的窠臼，方志中人物志和艺文志逐渐丰富起来，方志中流传下来的有27部，其中宋敏求《长安志》、梁克家《淳熙三山志》、范成大《吴郡志》、罗愿《新安志》质量较高。三是新史体的大量涌现。宋代历史编纂推陈出新，产生了一批新的史书体裁，主要代表作有袁枢的《通鉴记事本末》，通过改编《资治通鉴》编年叙事而成纪事本末体；朱熹的《资治通鉴纲目》，通过改编《资治通鉴》编年叙事而成纲目体；朱熹的《伊洛渊源录》，是一部系统反映宋代理学流派的学案体著作。四是《春秋》学对历史编纂学的影响。这主要表现为两个方面，一方面，史家重视对《春秋》史例的阐发。主要有吕夏卿作《唐书直笔》，用以阐发《新唐书》的史例；徐无党注欧阳修《新五代史》，重视对其褒贬书法的阐发。应该指出，这些史例的发挥并不完全符合史书的本意，他们旨在通过史书来阐发经义。另一方面是《春秋》学对史书体裁的影响。如朱熹的《资治通鉴纲目》虽然在体裁上并没有效仿《春秋》编年叙事，却重视发挥《春秋》书法义例，重视阐发《春秋》大义，以便更好

---

① 吴怀祺：《中国史学思想史·宋辽金卷》，商务印书馆2007年版，第245页。

地宣扬他的理学思想。又如朱熹的《伊洛渊源录》，其实是一部确立宋代理学道统地位的著作。

其次是史学思想的发展。一是正统论。宋代史家受《春秋》学影响，重视正统论的阐发。宋代是一个诸政权并立的时代，又有民族政权与汉族政权之别，正统之争从未间断。由于正统事关政权的合法性，史家记史论史，自然对此非常重视。欧阳修有《正统论》和《或问》来阐述其正统论，他认为所谓正统是"正者，所以正天下之不正也。统者，所以合天下之不一也"。[①] 正是由于天下分裂，居位不正情况的出现，正统论才呼之欲出。故而他的《正统论》一文提出了"君子大居正""王者大一统"的划分正统与否的两个重要标准。司马光有鉴于北宋国家尚未统一，而提出了"苟不能使九州合为一统，皆有天子之名而无其实者也"的"九州合为一统"的正统观。[②] 范祖禹在《唐鉴》中不承认武后为帝，于是仿效孔子"公在乾侯"例，在记载武则天统治的二十一年历史中，以中宗为帝而称"帝在房州"。朱熹的《资治通鉴纲目》也是斤斤计较于"正"与"统"二字，对于武则天女主的统治，自然认为是不正，而认可并效仿《唐鉴》的书法；同时渴望南宋能收复失地，实现国家统一，故而也强调大一统的标准，以此激励南宋统治者奋发有为。

二是重视以史为鉴。北宋初年大型类书《册府元龟》按类汇聚史料，供帝王治国参考。到仁宗时期《资治通鉴》的出现，更是将史学的鉴戒作用发展到一个高峰。司马光认为，历史不仅仅是对过去发生的历史事件的记载，而且是了解治乱兴衰的一把钥匙。有鉴于此，《资治通鉴》记事年限为公元前403年至公元959年，最大程度上实

---

① 欧阳修：《欧阳文忠公文集》，《居士集》卷十六，四部丛刊本。

② 司马光编著，胡三省音注：《资治通鉴》卷六十九《魏纪一·魏文帝黄初二年》，中华书局1956年版，第2187页。

现了历史记载时间上的贯通。对于《资治通鉴》的撰述旨趣，司马光作如是说："监前世之兴衰，考当今之得失，嘉善矜恶，取是舍非，足以懋稽古之盛德，跻无前之至治。"① 很显然，他是以历史鉴戒为旨趣的。两宋之交，一批史家重视总结当代史的撰述，希望从中总结出北宋一朝的历史教训。其中有李焘的《续资治通鉴长编》，以《资治通鉴》体例记载了北宋一祖八宗一百六十八年史事；李心传的《建炎以来系年要录》记载了高宗一朝时事，他在总结自己的撰修目的时说："每念渡江以来，纪载未备，使明君、良臣、名儒、猛将之行事，犹郁而未彰，至于七十年间，兵戎财赋之源流，礼乐制度之因革，有司之传，往往失坠，甚可惜也。乃缉建炎至今朝野所闻之事，凡有涉一时之利害与诸人之得失者，分门著录。"② 也就是说，记载忠臣明君的事迹和制度因革损益是该书的基本旨趣。此外尚有王偁的《东都事略》，记载了北宋一朝历史；徐梦莘有感于靖康之祸，"深惧日月寝久，是非混淆，臣子大节，邪正莫辨，一介忠耿，湮没不传"③，从而著《三朝北盟会编》自觉地记录这段当代史。

三是历史贯通意识。宋代理学思潮强调格物求理，格尽万物才能求得万物之理，这就要求通天通地，贯通古今。理学这样一种求理方法与思维方式，影响了宋代的历史思维。史学家为了探究历史治乱兴衰之理，也非常重视通过贯通历史，来达到认识历史之理。"如胡宏的《皇王大纪》、苏辙的《古史》等著作，论及宇宙的运动、生命的起源和社会的产生与发展，他们通过贯通天地来对这些问题作出思考；又如司马光的《资治通鉴》和《稽古录》、郑樵的《通志》等，都是在'通识'意识指导下写成的名著。"④

---

① 司马光编著，胡三省音注：《资治通鉴》卷二九四《进书表》，中华书局1956年版，第9608页。

② 李心传：《建炎以来朝野杂记》甲集序，中华书局2000年版，第3页。

③ 徐梦莘：《三朝北盟会编》序，上海古籍出版社2008年版，第3—4页。

④ 何根海、汪高鑫：《中国古代史学思想史》，合肥工业大学出版社2004年版，第149页。

宋代史学的大发展，为吕祖谦史学与史学思想提供了丰富的学术土壤。受时代史学的影响，吕祖谦的史学呈现出以下特点：一是重视通史撰述。这在一定程度上受到时代重视通史撰述，特别是司马光《资治通鉴》通史撰述的巨大成功的影响。吕祖谦通史撰述的代表作便是编年体史书《大事记》。二是重视对春秋大义的阐发。吕祖谦精于《春秋》学，一方面为范祖禹的《唐鉴》作音注，其论史多从义理角度出发；另一方面对《春秋》之"传"《左传》的研究，形成系列著作，在《左传》学上占有重要的地位。三是重视史学经世致用的作用。吕祖谦重视史书的"多识前言往行以蓄其德"功用，大力提倡从史书中学习治国要道，以及各种经略制度。他重视历史教育，重视制度史研究，都是这一思想的具体体现。

四 南宋知识精英政治兴趣转向地方建设

魏晋以来，国家政治往往由世家大族主导，这种情况至唐末五代以后逐渐消亡，代之而起的是宋代通过科举考试，大量吸收士庶精英进入政治领域，逐渐形成国家的统治阶层和知识精英阶层。有学者通过整理宋代笔记小说中的史料得出结论：宋代从 12 世纪初到 1165年，成年男子参加科举的比例大约增加了 400 倍，且这一趋势是持续性的。[①] 在这种背景下，宋代文人不但重视文化创造，取得了"前之汉唐，后之元明，皆所不逮也"[②] 的文化成就。一方面，由于经济和政治上享有的优渥地位，使得他们的创造力和建设社会的激情长盛不衰，为国家的前途勾画蓝图，为社会的治理不断进行尝试；另一方面也促进了宋代文化的发达与文风的持续昌盛。

---

① ［美］贾志扬（John W. Chaffee）：*The Thorny Gates of Learning in Sung China*，Cambrige University Press, pp. 35—41。

② 王国维：《宋代之金石学》，载《王国维遗书》第三册《静安文集续编》，上海书店 1983 年版，第 709 页。

然而，随着北宋的灭亡和南宋的建立，宋人在思想上"发生了重要的转型。这一转型不仅使南宋呈现出与北宋迥然不同的面貌，而且塑造了此后若干世纪中中国的形象"。① 这一时期的士大夫的道德追求被现实击垮，无论是国家还是个人都难以保全尊严。靖康之难中，宋朝皇室宗亲被长期囚禁，高宗的父兄和母亲都在此列，这对奉行传统儒家伦理道德的士大夫来说是难以接受的。南宋高官刘豫降金后，南宋朝廷不但没有加以谴责，反而以礼待之。不少文官也在宋金两个政权之间首鼠两端，见风使舵，并没有恪守儒家传统中对士大夫的要求。北宋到南宋这一过程中的种种变化，即使到了 20 年后的乾道年间，仍然启发着知识分子的思考。知识分子的注意力开始由关心政治权力转向地方建设。由于官府的义仓在灾年时效率较低，在朱熹建社仓的启发下，吕祖谦也有志向于此。淳熙二年（1175 年）造访朱熹所建社仓时，吕祖谦感慨道："此周官委积之法，隋唐义廪之制也。然子之穀取之有司，而诸公之贤不易遭也，吾将归而属诸乡人士友，相与纠合而经营之。使闾里有赈恤之储，而公家无龠合之费，不又愈乎！"②

对宗族建设的注重是知识分子地方建设的重要内容。内忧外患之下国家力量的孱弱使得家族成员更紧密地联系在一起，知识分子迫切需要知道如何更好地管理家族。宋代科举制的实施，使得对儒学的修养取代了世袭入仕，官僚家庭由于家产均分的原则又只能维系小规模的家庭组织，要想从中培养出科举人才维持住家族地位是非常困难的，因而只有将分散的族人通过宗族建设联系起来，才能最大限度地保持家族的政治力量。旧有的宗法条例适用的是世家大族的家族阶段，对于当时新兴的平民而进入官场的阶层和通过经商富裕的阶层来

① ［美］刘子健：《中国转向内在——两宋之际的文化转向》，赵冬梅译，江苏人民出版社 2012 年版，第 5 页。

② 朱熹：《晦庵先生朱文公文集》卷七九《婺州金华县社仓记》，《朱子全书》第 24 册，上海古籍出版社、安徽教育出版社 2002 年版，第 3776 页。

说，需要一个适应新的家族形态的宗法规范。司马光、张载、二程、张栻、朱熹、吕祖谦等学者十分关注宗法和礼仪建设，吕祖谦依据古礼制定了《宗法条目》《昏礼》《葬仪》《祭礼》，他意识到可以通过宗族来重建社会秩序：

> 立宗子法，则人知尊祖重本。人既重本，则朝廷之势自尊。古者子弟从父兄，今父兄从子弟，由不知本也。且如汉高祖欲下沛时，只是以帛书与沛父老，其父兄便能率子弟从之。又如相如使蜀，亦移书责父老，然后子弟皆听其命而从之。只有一个尊卑上下之分，然后顺从不乱也。若无法以联属之，安可且立宗子法？亦是天理。譬如木必有从根，直上一干，亦必有旁枝；又如水虽远，必有正源，亦必有分派；处自然之势也。①

吕祖谦认为，宗子法的确立有以下作用：一是有利于朝廷用人，他举了汉高祖和司马相如的例子来说明族人的支持是非常重要的；二是符合天理，顺应自然，构建了一个尊卑上下顺从不乱的社会秩序。其实在宋代的民间社会已经出现了族长代替宗子主持宗族事务的现象，相比于吕祖谦主张设立宗子的传统看法，朱熹认为："古人虽有始祖，亦只是祭于大宗之家。若小宗，则祭止高祖而下。然又有三庙、二庙、一庙、祭寝之差。其尊卑之杀极为详悉，非谓家家皆可祭始祖也。今法制不立，家自为俗，此等事若未能遽变，则且从俗可也。支子之祭，亦是如此。"②朱熹的主张缩小了祭礼等级差距，顺应了民间对小宗祭祀的需求。吕祖谦与朱熹对宗子的不同态度，反映了宋代以后儒学的地域化，这是由于儒学"往往是在地区具体历史境

---

① 吕祖谦：《东莱吕太史别集》卷一《宗法》，《吕祖谦全集》第一册，浙江古籍出版社 2008 年版，第 295 页。

② 朱熹：《晦庵先生朱文公文集》卷六十四《答潘立之》，《朱子全书》第 23 册，上海古籍出版社、安徽教育出版社 2002 年版，第 3123 页。

况的格局下发挥其作用"。①

这种注意力的转变对吕祖谦的史学亦有很深的影响。首先，他的史学关照到了家族教育问题，他的《少仪外传》《闺范》等家族教育读本，以大量的历史人物事件为例，传授良好的家风。其次是重视一方教育教学。吕祖谦步入仕途便为学官，稍后更是创办丽泽书院，广收学子，这对于浙东地区学子的培养是非常重要的，良好的风气养成后，造福于一方学人，南宋后浙东地区名家辈出，更是形成了独具特色的浙东学派，这与吕祖谦对地方教育的贡献是有关联的。

第二节 吕祖谦的家学：东莱吕氏家族

吕祖谦出生于宋代一个著名的大家族，这一家族在北宋政治上非常显赫，祖上吕蒙正、吕夷简、吕公著、吕公弼都是发挥过重要政治作用的宰相，家族政治影响从太宗、真宗朝延续到哲宗元祐时期，参与了庆历新政、王安石变法、元祐更化、哲宗绍述等重大政治事件，吕夷简对仁宗、吕好问对高宗更是有定策之功。因而后人称"本朝一家为宰执者，吕氏最盛"②；"韩、吕，朝廷之世臣也，天下之士，不出于韩，即出于吕"③。吕氏家族不但于政治上具备持久的影响力，还在学术上独树一帜。全祖望说："吕正献公家登《学案》者七世十七人。"王梓材说："然荥阳长子好问，与弟切问历从当世贤大夫游，以启紫微，不能不为之立传也。"④ 再加上附于《范吕诸儒学案》的吕希绩、附于《东莱学案·大愚家学》下的吕

---

① 杨念群：《"儒学地域化"概念再诠释——兼谈儒学道德实践的若干形态》，《清华大学学报》（哲学社会科学版）2010 年第 3 期。

② 王明清：《挥麈录》前录卷二，上海古籍出版社 2012 年版，第 12 页。

③ 邵伯温：《邵氏闻见录》卷三，中华书局 1983 年版，第 24 页。

④ 黄宗羲、全祖望：《宋元学案》卷十九《范吕诸儒学案》，中华书局 1986 年版，第 789 页。

乔年、吕康年、吕延年，吕氏一族七世共有 22 人列于《宋元学案》中。吕氏家族传至吕祖谦时已绵延近 200 年，形成了家学传承。吕祖谦之后，其子吕康年、吕延年延续家学，"诸讲学子孙，惟吕氏未坠"[①]。这样一个于政治和学术上皆长期保有生命力的家族，在整个两宋也都是罕见的。

一 以仕进兼习学术为特色的家族先辈

吕祖谦所属的这支吕氏有东莱吕氏、河南吕氏、寿州吕氏、婺州吕氏等多种称谓，这些都是吕氏处于不同时间段因地望不同而产生的不同称谓。周武王封吕望于齐之营丘，这里位于齐国莱州的东部，又称东莱。吕氏家族中吕本中和吕祖谦都以东莱为号，后世以"大东莱""小东莱"区分，吕好问也因为封为东莱郡侯，其子吕本中也称他为"东莱公"。吕氏家族以"东莱"为号，是因为更能展示家族声望，既有念祖之情，又有耀宗之意。据吕祖谦在《东莱公家传》中对先祖的追溯，吕氏五代之时有三位吕姓侍郎："言河南者，本后唐户部侍郎梦奇；言幽州者，本晋兵部侍郎琦；言汲郡者，本周户部侍郎咸休。其昭穆疏戚，世远轶其谱，而河南者祖为最盛。"[②] 河南的这支吕姓入宋以后又分为两支：兄吕龟图为起居郎知泗州，子吕蒙正为太宗、真宗时宰相；弟吕龟祥殿中丞知寿州，后裔便在寿州定居，这便是寿州吕氏的由来。寿州一支的后人吕夷简、吕公著都称自己为"寿春"人，到吕公著时，从寿春迁至开封，到吕好问时迁至婺州金华，遂定居此。以下对十世祖吕梦奇及以下吕氏家族的传延作一简要梳理。

吕梦奇：吕祖谦的十世祖，先后仕于后唐、后晋。曾为幽州节度

---

① 黄宗羲、全祖望：《宋元学案》卷五一《东莱学案》，中华书局 1986 年版，第 1687 页。
② 吕祖谦：《东莱吕太史文集》卷十四《东莱公家传》，《吕祖谦全集》第一册，浙江古籍出版社 2008 年版，第 210 页。

判官、谏议大夫、御史中丞、北京副留守、户部侍郎等职，后赠太保。《旧唐书》的作者刘昫曾"与吕梦奇、张麟结庵共处，以吟诵自娱"，① 文士风雅可见一斑。

吕龟图：吕梦奇长子，曾任殿中丞，知泗州，后迁徙至河南洛阳定居。吕龟祥：吕梦奇次子，吕祖谦九世祖。太平兴国二年（977年）登进士及第，为任殿中丞，知寿州，州志称其"有惠政及民，民爱留之，不忍舍去，遂家焉"②。李煜于南京的藏书便是由吕龟祥护送至开封的，史称"令太子洗马河东吕龟祥诣金陵，籍李煜所藏图书送阙下"③。以吕龟祥的履历和官职来看，显然他是一位文官，承担这一任务起码说明他颇通藏书文献之道。

吕蒙正：字圣功，吕龟图的长子，历任太宗、真宗朝宰相。太祖开宝末年（975年），吕蒙正因文采被时任开封府尹的太宗召见，太宗"大称之，期以公辅之器"。④ 太平兴国二年（977年）吕蒙正进士第一，高中状元，被任命为将作监丞。太平兴国四年（979年）被任命为著作郎、直史馆，加右拾遗。太平兴国八年（983年）升为左谏议大夫，参知政事。端拱元年（988年）拜为宰相，为中书侍郎兼户部尚书、同中书，门下平章事，监修国史。大中祥符元年（1008年）封徐国公，四年（1011年）进封许国公，去世后谥号文穆，可谓位极人臣，宰辅二朝。有《吕文穆集》十卷传世。

吕蒙亨：吕龟祥之子，吕蒙正的从弟，吕祖谦的八世祖。雍熙二年（985年）中进士高等，因避嫌吕蒙正而报罢，后为下蔡、武平主簿，后因文学和政事突出，为大理寺丞。

---

① 薛居正：《旧五代史》卷八十九《刘昫传》，中华书局1976年版，第1172页。

② 凌迪知：《万姓统谱》卷七十五，文渊阁四库全书本。

③ 李焘：《续资治通鉴长编》卷十六《开宝八年十二月辛丑》，中华书局2004年版，第354页。

④ 杜大珪：《名臣碑传琬琰集》上卷十五，富弼《吕文穆公蒙正神道碑》，文渊阁四库全书本。

表1－1　　吕氏“蒙”字辈官职与著作

姓名	关系	官职	著作
吕蒙正	吕龟图长子	宰相	《吕文穆集》十卷
吕蒙休	吕龟图次子	殿中丞	
吕蒙亨	吕龟祥子	大理寺丞	
吕蒙巽	吕龟祥子	虞部员外郎	
吕蒙叟	吕龟祥子	鄄城县主簿	
吕蒙庄	吕龟祥子	楚丘县主簿	

吕夷简：字坦夫，吕蒙亨的长子，吕祖谦的七世祖。真宗咸平三年（1000年）进士及第，为绛州军事推官，后升至大理丞。大中祥符元年（1008年），知滨州治理大水，到任后加强堤防，轻徭薄赋，上表请废农器税，朝廷进而废止农器税。大中祥符六年（1013年），因开封大建宫宇致壮丁累死，吕夷简上书请缓其役。大中祥符九年（1016年）升为刑部员外郎。天禧四年（1020年）任刑部郎中，龙图阁直学士，知开封府。乾兴元年（1022年）仁宗即位，吕夷简这时已为副相，他与宰相王曾一道，建请将“天书”葬于真宗陵内，结束了真宗后期大量的封祀活动。明道元年（1032年），仁宗的生母李氏去世，李氏生前一直只是普通宫人，在吕夷简的斡旋下，把持朝政的刘太后才答应以一品礼治丧，并以皇后礼入殓。仁宗时，吕夷简两度拜相，死后赠太师，谥文靖。吕夷简前后执政二十余年，重视文籍的编撰，吕氏家族对著作的重视就是从吕夷简这里开始的。

吕公绰：字仲裕，吕夷简长子，少补广文诸生，为本监主簿，后迁将作监丞，知开封府陈留县。他曾参与《崇文总目》的编修，庆历三年（1043年）被任命为史馆修撰。在他任职太常寺期间，由于祭器多违礼制，吕公绰采《月令》等书，编撰了《郊祀总仪》上于仁宗，后历任翰林侍读学士、龙图阁直学士、右司郎中等职。

表 1 - 2 　　　　　　　　吕氏"简"字辈官职与著作

姓名	关系	官职	著作
吕从简	吕蒙正长子	卫尉寺丞	
吕知简	吕蒙正子	大理寺丞	
吕惟简	吕蒙正子	库部郎中	
吕承简	吕蒙正子	虞部郎中	
吕行简	吕蒙正子	比部郎中	
吕易简	吕蒙正子	奉礼郎	
吕务简	吕蒙正子	光禄少卿	
吕居简	吕蒙正子	龙图阁直学士	
吕师简	吕蒙正子	司农少卿	
吕夷简	吕蒙亨长子	宰相	《天圣编敕》十二卷、《天圣令文》三十卷、《三朝宝训》三十卷、《五朝宝训》六十卷、《三朝太平宝训》二十卷、《三朝训览图》十卷、《三朝国史》一百五十卷、《一司一务敕》三十卷、《景祐宝录》二十一卷、《吕文靖试卷》一卷、《吕文靖文集》五卷
吕宗简	吕蒙亨次子	刑部尚书员外郎	

吕公弼：字宝臣，吕夷简次子。承父荫为守将作监主簿，后升为大理寺丞，召试学士院后赐进士出身。历任郑州通判、吏部南漕、三司盐铁判官、三司度支判官、兵部员外郎、河北转运使等职，并拜直史馆。在他任转运使过程中，通御河漕运，省赋税百万，于是改任为工部侍郎，天章阁待侍，充都转运使。之后任高阳关路经略副使，知瀛洲，加龙图阁直学士。任泾原路经略安抚使、鄜延路经略安抚使等职时，治军严明，嘉祐五年（1060 年）拜龙图阁学士知成都府。英宗即位后加给事中，为尚书工部侍郎，治平二年（1065 年）拜为枢密副使。神宗即位后，为刑部侍郎、枢密使。

吕公著：字晦叔，吕夷简三子，吕祖谦六世祖。自幼好学，以荫补奉礼郎。庆历二年（1042 年）进士及第，后任殿中丞，通判颍州，与郡守欧阳修为讲友。皇祐二年（1050 年）仁宗嘉许公著的淡泊，赐五品服，为崇文院检讨，同判太常寺。神宗即位后，召为翰林学士兼侍读，后兼宝文阁学士，知通进银台司，因封还罢御史中丞司马光的制书，解银台司职位。熙宁二年（1069 年），以翰林学士参修《英宗实录》，后拜为御史中丞。王安石执政后，推广青苗法，吕公著上书质疑青苗法，罢为翰林学士，出知颍州。熙宁十年（1077 年）知河阳，提举中太一宫。元丰元年（1078 年），除翰林学士承旨，改端明殿学士，后拜同知枢密院事。哲宗即位后，加银青光禄大夫兼侍读，拜尚书左丞，后拜为尚书右仆射兼中书侍郎，提举修《神宗实录》。司马光去世后，一应政事托于公著。元祐三年（1088 年），拜相为司空，同平章军国事。去世后，赠号太师，申国公，谥正献。吕公著一生著述颇丰，有《吕氏孝经要语》《吕正献集》《太常因革礼》《五州录》《葵亭集》等传世。

表 1-3　　　　　　　　吕氏"公"字辈官职与著作

姓名	关系	官职	著作
吕公绰	吕夷简长子	左谏议大夫	参编《崇文总目》《郊祀总仪》
吕公弼	吕夷简次子	枢密使	
吕公著	吕夷简三子	司空、同平章军国事	参修《英宗实录》三十卷、《神宗实录》二百卷，《吕申公掌记》一卷、《吕正献集》三十卷、《吕氏孝经要语》一卷、《吕正献手记》、《五州录》、《葵亭集》、《太常因革礼》一百卷、《仁宗御集》一百卷、《编定六家谥法》二十卷
吕公孺	吕夷简子	户部尚书	《诗集奏议》二十卷
吕公𬭚	吕夷简子	右赞善大夫	
吕公雅	吕夷简子	徽猷阁待制	

吕希哲：字原明，吕公著长子，吕祖谦五世祖。少年时期跟随胡瑗、孙复、石介、焦千之学习，之后又与张载、程颐、程颢交游，所学颇多。在其父为相期间，因避嫌滞留管库，后在其父去世后才为兵部员外郎。元祐七年（1092 年）经妹婿范祖禹推荐，为崇政殿说书。绍圣元年（1094 年）党论起，吕希哲一路降职，徽宗即位初年召为光禄少卿，不久遭崇宁党禁，入元祐党籍，罢为宫祠，直至去世。

吕希纯：字子进，吕公著季子。元丰八年（1085 年）为太常博士，元祐二年（1087 年）为宗正寺丞，元祐六年（1091 年）为太常丞，后为秘书丞。哲宗亲政后，拜为中书舍人，同修国史。内侍梁从政、刘惟简被任命为内省押亲，吕希纯认为不当。绍圣元年（1094年），章惇为相，吕希纯贬为宝文阁待制。绍圣四年（1097 年）吕公著追贬，吕希纯亦降为朝奉郎。建中靖国元年（1101 年）知瀛洲，后改知颍州，不久去世。

吕好问：字舜徒，吕希哲子，吕祖谦曾祖。以荫补官，守将作监主簿，为金耀门文书。绍圣四年（1097 年）党争起，好问辞官。徽宗即位后，吕希哲为秘书少监。崇宁党禁后，吕好问不得至京师，两监东岳庙，在宿州客居七年之久。大观二年（1108 年），调任真州春料船场，在此又居十二年之久。靖康元年（1126 年），以荐召为左司谏、谏议大夫，为御史中丞。这一年金兵围攻都城，吕好问进为兵部尚书，随徽、钦二宗被掳至金营。建炎元年（1127 年），金人立张邦昌为大楚皇帝，吕好问为伪楚门下郎。吕好问劝诫张邦昌去帝号，还政于赵氏，并遣人到大帅府劝康王赵构继承大统，请元祐太后垂帘。赵构于南京称帝，好问归南宋后，高宗曾说："宗庙获全，卿之力也。"[①] 拜好问为尚书右丞，后被御史弹劾尝事伪朝，好问求去外任，以资政殿学士知宣州，后封为东莱郡侯。

---

① 脱脱：《宋史》卷三六二《吕好问传》，中华书局 1985 年版，第 11332 页。

表 1 – 4 　　　　　　　　吕氏"希"字辈官职与著作

姓名	关系	官职	著作
吕希杰	吕公绰子	殿中丞	
吕希道	吕公绰子	少府监	
吕希俊	吕公绰子	太常寺太祝	
吕希亚	吕公绰子	宣德郎	
吕希逸	吕公弼长子	右赞善大夫	
吕希仁	吕公弼子	殿中丞	
吕希明	吕公弼子	秘书省校书郎	
吕希彦	吕公弼子	尚书户部员外郎	
吕希哲	吕公著长子	光禄少卿	《吕氏杂记》二卷、《岁时杂记》二卷、《吕氏家塾记》一卷、《五臣解孟子》十四卷、《发明义理》一卷
吕希绩	吕公著子	都官员外郎	
吕希纯	吕公著子	中书舍人	
吕希朴	吕公雅子	承议郎	

　　吕祖谦有《东莱公家传》收于《文集》中，主要讲述吕好问的生平。吕祖谦希望能将吕好问的"言论风旨"传于后世，"使子孙有考焉"①。该书主旨有二：一是世代宰辅之家所具有的慷慨忧国的胸怀。吕好问因在伪楚做官而为人所病，以吕氏"家世辅相，实为赵氏"②的家学传承，吕好问是"含垢忍耻，以就大计"。③二是勤于道学的家学传承。吕好问六十余岁时，"犹自课诵《五经》，日终一

----

　　① 吕祖谦：《东莱吕太史文集》卷十四《人越录》，《吕祖谦全集》第一册，浙江古籍出版社 2008 年版，第 224 页。
　　② 吕祖谦：《东莱吕太史文集》卷十四《东莱公家传》，《吕祖谦全集》第一册，浙江古籍出版社 2008 年版，第 222 页。
　　③ 吕祖谦：《东莱吕太史文集》卷十四《东莱公家传》，《吕祖谦全集》第一册，浙江古籍出版社 2008 年版，第 223 页。

帙"①，吕好问得吕希哲道学之传，即使处境困厄，犹能"排抑诋错，无入而不自得"②。

表1-5　　　　　　　　吕氏"问"字辈官职

姓名	关系	官职
吕好问	吕希哲长子	尚书右丞
吕切问	吕希哲子	宣德郎
吕言问	吕希哲子	朝散郎
吕嘉问	吕公绰孙	龙图阁学士、太中大夫
吕聪问	吕希纯子	右朝请大夫
吕广问	吕希朴子	龙图阁待制
吕和问	吕希朴子	池州铜陵县丞
吕淑问	吕公弼孙	太常寺太祝
吕渊问	吕公弼孙	太常寺太祝
吕善问	吕公弼孙	太常寺太祝
吕嘉问	吕公弼孙	太常寺太祝
吕之问	吕公弼孙	太常寺太祝
吕延问	吕公弼孙	光禄寺丞
吕君问	吕公弼孙	将作监主簿
吕昭问	吕希道子	将作监主簿
吕荣问	吕希道子	河南府左军巡判官
吕徽问	吕希道子	真州六合县主簿
吕舜问	吕希道子	泗州司理参军
吕刍问	吕希道子	承务郎

---

① 吕祖谦：《东莱吕太史文集》卷十四《东莱公家传》，《吕祖谦全集》第一册，浙江古籍出版社2008年版，第222页。
② 吕祖谦：《东莱吕太史文集》卷十四《东莱公家传》，《吕祖谦全集》第一册，浙江古籍出版社2008年版，第222页。

吕本中：字居仁，吕好问长子，吕祖谦伯祖。幼时聪敏，从杨时、游酢、尹焞游，荫授承务郎。绍圣年间党争起，吕本中被贬官，元符三年（1100 年）复起为承务郎。宣和六年（1124 年），为枢密院编修官。绍兴六年（1136 年）赐进士出身，为起居舍人兼权中书舍人。绍兴七年（1137 年）兼史馆修撰。吕本中力主抗金，与同朝的秦桧交恶，后出朝提举太平观。他一生著作颇丰，有《春秋集解》《童梦训》《师友渊源录》《紫微杂说》《官箴》等书传世。

吕弸中：字仁武，吕好问第三子，吕祖谦的祖父。少时"尝从其兄游于和靖之门"①，为程门弟子尹焞的弟子。初授将作监丞，绍兴八年（1138 年）为驾部员外郎，后提福建茶事，绍兴十六年（1146 年）为右朝请郎，终于婺州。

表 1–6   吕氏"中"字辈官职与著作

姓名	关系	官职	著作
吕刚中	吕希道孙	承务郎	
吕守中	吕希道孙	承务郎	
吕有中	吕希道孙	承务郎	
吕师中	吕公弼曾孙	将作监主簿	
吕本中	吕好问子	中书舍人	《春秋集解》十二卷、《童梦训》三卷、《官箴》一卷、《紫微杂说》一卷、《东莱先生诗集》二十卷、《吕居仁集》十卷、《紫微诗话》一卷、《轩渠录》、《师友渊源录》五卷、《师友杂记》一卷、《江西诗派》一百三十七卷、《紫微集》三卷、《吕文靖公事状》、《吕居仁奏议》
吕用中	吕好问子	两浙提点刑狱	
吕弸中	吕好问子	右朝请郎	

---

① 黄宗羲、全祖望：《宋元学案》卷二十七《和靖学案》，中华书局 1986 年版，第1011 页。

姓名	关系	官职	著作
吕揆中	吕好问子	郊社斋郎	
吕忱中	吕好问子	右朝奉郎	
吕企中	吕公著曾孙	直龙图阁知隆兴府	
吕得中	吕广问子	修职郎	
吕自中	吕广问子	承务郎	
吕行中	吕夷简四世孙	知德安县	

　　吕大器：字治先，吕弸中长子，吕祖谦的父亲。绍兴十五年（1145 年）与弟大伦、大猷、大同建豹隐堂讲学。绍兴十六年（1146 年），以恩荫为江东提举司干官。绍兴二十一年（1151 年）为浙东提刑司干官。绍兴二十五年（1155 年），为福建提举司干官。绍兴三十二年（1162 年），知黄州。乾道元年（1165 年），为池州守。乾道四年（1168 年）出知吉州。乾道七年（1171 年）字吉州奉祠，归婺州。乾道八年（1172 年）病逝。

表 1-7　　　　　　　　　　　吕氏"大"字辈官职

姓名	关系	官职
吕大器	吕弸中长子	尚书仓部郎
吕大伦	吕弸中次子	武义县丞
吕大同	吕弸中季子	从事郎
吕大麟	吕好问孙	知常德府

二　吕氏家学的主要特点

　　吕氏家学的特点之一是兼采众家、重视学术交游。吕氏家学于吕公著时开始显露端倪，吕氏家学的特征正是由此奠定下来。吕公著与欧阳修为讲学之友，后来欧阳修出使辽，"契丹主问中国学行之士，首以先生对"①，欧阳修还大力举荐吕公著，称他："器识深远，沉静寡言，富贵不染其心，利害不移其守。"② 在欧阳修的推荐下，吕公著逐渐走进权力中心。难能可贵的是，欧阳修与吕公著的父亲吕夷简由于政见不和势同水火，却与吕公著、吕希哲关系密切。王安石也与吕公著交往甚密，王安石曾说："晦叔作相，吾辈可以言仕矣。"③ 王安石作为少数的南方人在熙宁前就名重京师，与吕公著不遗余力的推荐有密切关系，吕公著的长子吕希哲即是师从王安石。吕公著因对王安石变法中的青苗法"极诋其非"，④ 招致王安石的不满，此后终安石之世，吕公著于仕途上未有起色。二人之间芥蒂多由政见而起，但晚年关系有所缓和。吕祖谦曾说："元丰末守广陵钟山，犹有书来，甚拳拳，且有绝江款郡斋之约，会公召归乃止。"⑤ 吕公著与司马光在王安石变法中共进退。熙宁四年（1071 年），司马光为西京（洛阳）留守。五年（1072 年），吕公著也寓居洛阳。二人因相似的政治遭遇交往密切，他们与一同遭排挤的文彦博、富弼、韩维、范纯仁等人形成了一个学术群体，在当时学子中影响很大。吕公著在未入仕之前，从事讲学，其内容"即以治心养性为本"⑥，司马光曾说："每闻

---

① 黄宗羲、全祖望：《宋元学案》卷十九《范吕诸儒学案》，中华书局 1986 年版，第787 页。

② 欧阳修：《欧阳修全集》卷一百九《荐王安石吕公著劄子》，中华书局 2001 年版，第 1654 页。

③ 邵伯温：《邵氏闻见录》卷十二，中华书局 1983 年版，第 125 页。

④ 黄宗羲、全祖望：《宋元学案》卷十九《范吕诸儒学案》，中华书局 1986 年版，第787 页。

⑤ 吕祖谦：《东莱吕太史文集》卷七《题跋》，《吕祖谦全集》第一册，浙江古籍出版社 2008 年版，第 119 页。

⑥ 黄宗羲、全祖望：《宋元学案》卷十九《范吕诸儒学案》，中华书局 1986 年版，第787 页。

晦叔讲，便觉己语为烦。"① 在洛阳的这段时间，更是遍交当时理学诸子。吕公著对周敦颐、张载、程颐、程颢皆有提携之恩，交情深厚。对于象数学家邵雍，吕公著服膺其学识，更是让自己的三个儿子吕希哲、吕希绩、吕希纯拜于邵雍门下。

在学术上将吕氏家学进一步发扬光大的是吕公著的长子吕希哲。吕希哲锐意求学，绝意仕途进取。全祖望对吕希哲的学术评价道："荥阳少年，不名一师。初学于焦千之，庐陵之再传也。已而学于安定，学于泰山，学于康节，亦尝学于王介甫，而归宿于程氏。集益之功，至广且大。"② 他能"遍交当世之学者"，与王安石、范祖禹、苏轼都有密切联系。范祖禹更是在吕公著去世后，举荐吕希哲为崇政殿说书："正心诚意，天下自化。身不能修，虽左右之人，且不能喻，况天下乎？"③ 吕希哲学术上"不名一师"的风格正是对吕氏家学的发扬，他所取得的学术成就与家学的浸染关系重大，"吕氏家教近石氏，故谨厚性成。又能网罗天下贤豪长者以为师友，耳濡目染，一洗膏粱之秽浊"。④ 吕本中时，家学得到进一步传承："大东莱先生为荥阳冢嫡，其不名一师，亦家风也。自元祐后诸名宿，如元城、龟山、廌山、了翁、和靖以及王信伯之徒，皆尝从游，多识前言往行以蓄其德。"⑤ 吕氏不名一师，兼采众家的家学特征得以一直延续下来。

吕氏家学的特点之二是"多识前言往行以蓄其德"。全祖望之所以别立吕本中为《紫微学案》，是有承上启下之意："上绍原明，下

① 黄宗羲、全祖望：《宋元学案》卷十九《范吕诸儒学案》，中华书局 1986 年版，第789 页。

② 黄宗羲、全祖望：《宋元学案》卷二十三《荥阳学案》，中华书局 1986 年版，第902 页。

③ 黄宗羲、全祖望：《宋元学案》卷二十三《荥阳学案》，中华书局 1986 年版，第1018 页。

④ 黄宗羲、全祖望：《宋元学案》卷二十三《荥阳学案》，中华书局 1986 年版，第906 页。

⑤ 黄宗羲、全祖望：《宋元学案》卷三十六《紫微学案》，中华书局 1986 年版，第1233 页。

启伯恭。"① 其所传承的，便是"多识前言往行以蓄其德"的家学特色。按全祖望的说法，这一传统是"盖自正献以来所传如此。原明再传而为先生（吕本中），虽历登杨、游、尹之门，而所守者世传也。先生再传而为伯恭，其所守者亦世传也"②。这就指出吕氏家学不但是兼采众家，也在此基础上形成了"多识前言往行以蓄其德"这一特色，成为吕氏为学的根本所在。这句出自《周易》的话，将历史知识与提高道德修养联系起来，"多识前言往行"突出了史学的重要性，对过往所发生的事情要有一个充分的了解，离不开对史书的研读；"蓄德"指的是包括学识、品行、文化修养在内的综合素质，对过去的历史有了理性的认识，可以从中吸取立身处世的经验教训。吕氏家学的这一特点也将经史结合了起来，以史作为求理的手段。

吕氏家学的特点之三是与宋代史学颇有渊源。宋代循唐、五代旧制，宰相依例兼领三馆馆职，其中监修国史的史馆相是三相中的第二等，仅次于昭文相，吕蒙正、吕夷简、吕公著便曾兼领史馆。吕夷简曾参与编修《三朝国史》，记载太祖、太宗、真宗三朝的史事，晁公武认为相比于《三朝实录》，"增者大半，事核文赡，褒贬得宜，百世之所考信云"③，给予了很高的评价。吕夷简还主持了《三朝宝训》《天圣编敕》等史著的编修。吕公著作为翰林学士主持编修《英宗实录》，还参与了《神宗实录》的修撰。除以上三位宰辅外，吕公绰曾入史馆，"公四典太常，尤明于礼学，自三代沿革，国朝典章之盛，靡不该达"④。吕希纯修国史，被时人评为："一代之典，既有撰述之劳。右史之华，是为褒擢之渐。"⑤ 吕本中则于绍兴八年（1138 年）

---

① 黄宗羲、全祖望：《宋元学案》卷三十六《紫微学案》，中华书局 1986 年版，第 1234 页。

② 黄宗羲、全祖望：《宋元学案》卷三十六《紫微学案》，中华书局 1986 年版，第 1234 页。

③ 晁公武撰，孙猛校证：《郡斋读书志》卷五，上海古籍出版社 1990 年版，第 195 页。

④ 杜大珪：《名臣碑传琬琰集》中卷十五《吕谏议公绰墓志铭》，文渊阁四库全书本。

⑤ 吕陶：《净德集》卷八《秘书丞吕希纯可起居舍人制》，文渊阁四库全书本。

诏为《左传》侍讲，其于《左传》学之精熟可以想见。除以上所述之外，吕氏学人尚有《吕正献十事》《吕居仁奏议》《李存进碑》《吕文靖公事状》《杨时行状略》《岁时杂记》《官箴》《议史摘要》《金貂亭记》《崇文总目》《甬江楼记》《中兴馆阁书目》等史著问世。

　　吕氏家学的特点之四是得"中原文献之传"。全祖望说："中原文献之传独归吕氏，其余大儒弗及也。"① 吕祖俭在为其兄吕祖谦所作《圹记》中也说："公之问学术业，本于天资，习于家庭，稽诸中原文献之所传。"② 关于如何理解"中原文献之传"，以往学者有多种论断，潘富恩、徐余庆先生认为是指历史文献，"由于吕好问先在金兵卵翼下的张邦昌政权中任职，而保全了吕氏一门的身家性命。后吕好问携家南下时，宋高宗已经即位，南方趋向安定，所以吕门所有的历史文献得到了很好的保存"③。杜海军认为"中原文献之传"包含两个特点："一是以广大为心，二是以践履为实。"④ 罗莹则认为"中原文献之传"的内涵是丰富的，吕氏政治与学术世家的双重身份，使得这个家族所承载的文化信息是难以逾越的。⑤ 笔者以为，"中原文献之传"的说法是对吕氏家学的综合概括，它包含了对北宋诸子学术的传承与践履两个方面。吕祖谦在给老师林之奇的祭文中说道："昔我伯祖西垣公躬受中原文献之传，载而之南。裴回顾瞻，未得所付。逾岭入闽，而先生与二李伯仲实来，一见意合，遂定师生之分。于是嵩、洛、关、辅诸儒之源流靡不讲，庆历、元祐群叟之本末靡不咨。以广大为心，而陋专门之暖姝；以践履为实，而刊繁文之枝叶。致严

---

① 黄宗羲、全祖望：《宋元学案》卷三十六《紫微学案》，中华书局 1986 年版，第 1234 页。

② 吕祖谦：《东莱吕太史文集》附录，《吕祖谦全集》第一册，浙江古籍出版社 2008 年版，第 750 页。

③ 潘富恩、徐余庆：《吕祖谦评传》，南京大学出版社 1992 年版，第 17 页。

④ 杜海军：《吕祖谦年谱》，中华书局 2007 年版，第 2 页。

⑤ 罗莹：《论宋代东莱吕氏家族与"中原文献之传"》，《唐都学刊》2016 年第 5 期。

乎辞受出处，而欲其明白无玷；致察乎邪正是非，而欲其毫发不差。"① 吕氏家学即是由伯祖吕本中传承于林之奇，再由林之奇传于吕祖谦的。吕氏的诸位先贤与当世大儒都有交接，其中不少人还延为儿孙的师长，这些都吸收进其家学，"以广大为心"这一点确实名不虚传。吕祖谦在这篇祭文的末尾说道："西垣公既不及公道之伸，而二李亦皆以布衣死。独先生甫入东观，若将有为，而病辄随之。中原诸老之规模，迄不得再白于世。"② 经历战乱和时代的变迁，北宋时期学者们建立的各种学说纷纷散失，吕氏家学的丰富内涵承担起了接续学统的重要作用，到吕好问时，"诸公长者皆折辈行从公游"③，后吕好问得吕希哲之传，"荥阳公道学为世宗，公蚤得其传"④。可见吕氏家族在传承道学中的重要作用。同时"中原文献之传"还有一个重要的内容就是"践履为实"，对于文献中的细微之处也要加以阐述指明，将学问落到实处。吕本中作为吕氏家学中的重要一环，著有《童蒙训》以教后人，他对学者为学之弊有深刻认识："世之学者，忘迩而趋远，忽卑而升高，虚词大言，行不适实。虽始就学，则先云言不必信，行不必果，达节行权，由仁义行，而不知言必信、行必果、守节共学、行仁义之为先务也。"⑤ "行"与"识"的统一才是为学的"先务"，这种求实的学风奠定了吕氏后人扎实深厚的学术气蕴。

---

① 吕祖谦：《东莱吕太史文集》卷八《祭林宗丞文》，《吕祖谦全集》第一册，浙江古籍出版社 2008 年版，第 133 页。

② 吕祖谦：《东莱吕太史文集》卷八《祭林宗丞文》，《吕祖谦全集》第一册，浙江古籍出版社 2008 年版，第 134 页。

③ 吕祖谦：《东莱吕太史文集》卷十四《东莱公家传》，《吕祖谦全集》第一册，浙江古籍出版社 2008 年版，第 211 页。

④ 吕祖谦：《东莱吕太史文集》卷十四《东莱公家传》，《吕祖谦全集》第一册，浙江古籍出版社 2008 年版，第 222 页。

⑤ 黄宗羲、全祖望：《宋元学案》卷三十六《紫微学案》，中华书局 1986 年版，第 1240 页。

三 吕氏家学对吕祖谦的影响

吕氏家学对吕祖谦的影响是多方面的，首先是表现在治学上。吕祖谦继承了家学中"德无常师，主善为师"的主旨，能和会朱陆而兼取其长。他的理学体系中，既认为"理"或"天理"是世界的本原，又认为"心"能统摄万物，屡为朱熹批评为"博而杂矣"。[1]然而跳出门户的篱藩我们可以发现，吕祖谦并不是简单地拼凑朱陆两派的学说，其治学有内在的逻辑合理性。吕祖谦的先祖吕希哲"归宿于程氏"，传之吕本中，再传之于吕祖谦。二程中的程颢已显现出心学的端倪，他强调"一人之心即天地之心"，这种倾向说明朱陆二学并不是截然对立的，这就是吕祖谦能兼和朱陆的内在原因。吕祖谦的学术"本于天资，习于家庭，稽诸中原文献之所传，博诸四方师友之所讲，融洽无所偏滞"[2]，不但于理学上尽力弥合朱陆分歧，还希望调和功利之学和理学之间的矛盾，在朱熹和陈亮关于王霸义利的辩论中，吕祖谦就试图弥合双方的分歧。他和当时各派保持广泛的接触，家学中的谦和持平使得许多观点不同的学者都愿意与他往来探讨，吕祖谦的先祖吕公著以宰相之尊，"好德乐善，见士大夫以人物为意者，必问其所知与所闻，参互考实，以达于上"[3]；吕本中"与人忠信乐易，即之蔼然，莫见其喜愠"。[4] 家学的良好修养使得学者乐于接触吕祖谦，他因而能博采众长，成为吕学的集大成者。

---

[1] 黄宗羲、全祖望：《宋元学案》卷二十三《荥阳学案》，中华书局 1986 年版，第 908 页。

[2] 黄宗羲、全祖望：《宋元学案》卷五十一《东莱学案》，中华书局 1986 年版，第 1653 页。

[3] 黄宗羲、全祖望：《宋元学案》卷十九《范吕诸儒学案》，中华书局 1986 年版，第 789 页。

[4] 黄宗羲、全祖望：《宋元学案》卷三十六《紫微学案》，中华书局 1986 年版，第 1242 页。

家学对吕祖谦另一个重要影响体现在经史关系上。吕氏先人与理学诸子互为讲友有之，拜其门下有之，对理学的认同自不待言。同时，吕氏先人又有长期的史学实践活动，史学著述非常丰富。这样一种家学传承，使得在如何看待经史二者之间的关系上，吕祖谦表现出了与同时代理学大家朱熹和陆九渊等人的不同。相比较而言，陆九渊轻史，朱熹虽然在史学上有创获，但是他以理学为本色，治史是要"会归一理之纯粹"，故在经史关系上主张重经轻史。与朱陆不同，吕祖谦重经亦重史。吕氏家学中"多识前言往行以蓄其德"的特征所体现的对史学的重视，以及长期的史学实践，与吕祖谦较早具备治史的自觉意识有着密切的关系，可以说是吕氏家学培养和激发了吕祖谦的重史意识。在具体的经史关系论上，朱熹主张先读经再读史，读史是要以史来验证经书中的道理。朱熹认为"史学甚易，只是见得浅"①，"若是读书未多，义理未有融会处，而汲汲焉以看史为先务，是犹决陂塘一勺之水以溉田也，其涸可立而待也"②。朱熹认为史书于个人修养来说就好比是一勺水，其言下之意经书才是源源不断可以涵养人性的源头。吕祖谦之所以主张经史并重，他认为："多识前言往行，考迹以观其用，察言以求其心，而后德可畜。不善畜，盖有玩物丧志者。"③ 明确认为"多识前言往行"，才是提高品性修养的前提。而对具体的史实，则要考察其"用"和"心"，一方面是要看历史人物所作所为的具体用处，另一方面则要考察其是否符合伦理道德标准。正是秉持着重史的家学传统，吕祖谦重视史学的作用，亲自编著了多本史著，这也使得他的史学成就在理学家中地位突出。

① 黄宗羲、全祖望：《宋元学案》卷五十一《东莱学案》，中华书局1986年版，第1677页。
② 朱熹：《朱子语类》卷十一《学五》，《朱子全书》第14册，上海古籍出版社、安徽教育出版社2002年版，第353页。
③ 黄宗羲、全祖望：《宋元学案》卷五十一《东莱学案》，中华书局1986年版，第1654页。

第三节　吕祖谦的生平经历与著述

吕祖谦天不假年，一生非常短暂，享年 45 岁。从绍兴七年（1137 年）出生，到淳熙八年（1181 年）去世，他的一生大致可分为三个阶段：从出生到绍兴二十四年（1154 年），主要是接受童蒙教育和家庭教育；绍兴二十五年（1155 年）至绍兴三十二年（1162 年），主要活动为从师问学和准备科考；隆兴元年（1163 年）至淳熙八年（1181 年），主要活动为讲学、政事、学术交游和著述等，他的大部分成果是完成于这一时期。

一　生平经历

（一）青少年时期

绍兴七年（1137 年）吕祖谦出生于广西桂林。他的外祖父曾几时任广西转运使，父亲吕大器也在桂林求学。直到绍兴十五年（1145 年），吕祖谦一直与外祖父一起生活，颇受其影响，吕祖谦亦自称"夙受室于门庭，辈子侄以拊育"。[①] 曾几从胡安国、吕本中游，十分推崇程氏之学，他通"六经"而尤长于《周易》和《论语》。吕祖谦曾评价外祖父："全古人之未全，旷千载其难并，乘至全而反真，夫何憾于泉扃！"[②] 也正是在外祖父这里，师事曾几的陆游见到了年仅六岁的吕祖谦，被他的聪慧吸引："治先（吕大器）有子未成童，卓然颖异，盖吾伯公也。"[③]

绍兴十五年（1145 年），吕祖谦 9 岁，伯祖吕本中终于寿州上饶。吕祖谦在一篇写给吕本中弟子徐季益的文章中说道："两都弟子

---

① 吕祖谦：《东莱吕太史文集》卷八《代仓部祭曾文清公文》，《吕祖谦全集》第一册，浙江古籍出版社 2008 年版，第 124 页。

② 吕祖谦：《东莱吕太史文集》卷八《代仓部祭曾文清公文》，《吕祖谦全集》第一册，浙江古籍出版社 2008 年版，第 124 页。

③ 陆游：《渭南文集》卷三十一《跋吕伯恭书后》，文渊阁四库全书本。

员，家法严城堞。取善则未周，守旧犹有说。"①吕祖谦虽只是"名在诸孙列"②，未能亲受吕本中教诲，但于家学中也自能窥探一二。吕祖谦随父亲在武义，彼时吕大器正与吕大伦、吕大猷、吕大同共建豹隐堂讲学，这是吕氏兄弟日常讲习道义的场所。吕祖谦 10 岁时，祖父吕弸中于婺州去世，吕大器为江东提举司干官，吕祖谦于是随父亲到池阳。这一年，他与后来成为"南宋四大诗人之一"的尤袤结识，二人后来在史馆中亦为同事。绍兴十八年（1148 年），吕祖谦 12 岁时，因祖父吕弸中致仕，恩补将仕郎。绍兴二十一年（1151 年）到绍兴二十三年（1153 年），吕祖谦随父亲在绍兴，吕大器为浙东提刑司干官。在绍兴期间，吕祖谦结识了僧人释常坦。吕祖谦少年时期与朱熹一样，潜心禅学，留有《赋直觉僧房芦诗》为证。直到二十多年后的淳熙元年（1174 年），吕祖谦在《入越录》中记载与僧常坦再见面时，后者已是大能仁寺主僧。

（二）问学经历

绍兴二十五年（1155 年），吕祖谦因父亲吕大器到福建任官来到福建，开始向闽地大儒林之奇问学，"闻先生（指林之奇）得西垣公之传，乃从先生游"③，并"以子职侍行"。

林之奇，字少颖，号拙斋，福建侯官人，学者又称之为"三山先生"。他幼年好学，"读书不计屋，抄书手生茧，照书眼如烛"。④ 及长，与外兄李樗、李楠师事吕本中，"教之以广大为心，以践履为实，称高弟"⑤，得吕本中之传。绍兴二十一年（1151 年）进士，"由长

---

① 吕祖谦：《东莱吕太史文集》卷一《酬上饶徐季益学正》，《吕祖谦全集》第一册，浙江古籍出版社 2008 年版，第 16 页。

② 吕祖谦：《东莱吕太史文集》卷一《酬上饶徐季益学正》，《吕祖谦全集》第一册，浙江古籍出版社 2008 年版，第 16 页。

③ 林之奇：《拙斋集》附录《行实》，文渊阁四库全书本。

④ 张孝祥：《于湖集》卷三《赠江清卿》，文渊阁四库全书本。

⑤ 黄宗羲、全祖望：《宋元学案》卷三十六《紫微学案》，中华书局 1986 年版，第 1244 页。

汀尉荐除正字"①，为校书郎。朝议中，一些大臣主张用王安石《三经新义》，林之奇竭力反对，认为王氏的做法已经使得宋只能偏安一隅，犹如王衍之、何晏一流清谈误国一般。在抗金问题上，他认为不能逃避战争："久和厌战，人之常情。金人知吾重于和，故常以虚声喝我，而示我以欲战之意，非果欲战也，所以坚吾和也。吾欲为之和，宜无惮于战，则其权在我矣。"② 在防守上，他主张巩固巴、蜀："欲图中原，必自巴、蜀。若浮江绝淮，下梁、宋以图中原，必不能也。"③ 符离之战中，张浚收复灵璧、宏县后，中外称贺，林之奇却上书认为需要持重，而后果然宋军失利。后以病乞去，任中正丞、使泉舶、奉祠。他一生著作颇多，有《尚书集解》《周礼讲义》《论语注》《孟子讲义》《春秋讲义》《拙斋集》《观澜集》等问世。

林之奇弟子很多，"三山之门，当时极盛"。④ 林之奇将从吕本中那里得之的吕氏家学再传于吕祖谦，同时也教授吕祖谦古文，"先生尝语诸生，以为若年浸长矣，宜以古文洗濯胸次，扫其煤尘，则晶明日生。"⑤ 林之奇自己编订《观澜集》供诸生学习，他授课非常精彩："先生时乘竹舆至群居之所，诸生列左右致敬。先生有喜色，或命诸生讲《论语》《孟子》，是则首肯而笑，否即令再讲；或令诵先生所编《观澜集》而听之，倦则稜若归卧，率以为常。"⑥ 吕祖谦也经常受到老师的赞赏："成公受教作文，主以古意而润色

---

① 黄宗羲、全祖望：《宋元学案》卷三十六《紫微学案》，中华书局 1986 年版，第 1244 页。

② 郑祖庚：《侯官县乡土志》，《耆旧录》，《内编二·学业》，海风出版社 2001 年版，第 335 页。

③ 黄宗羲、全祖望：《宋元学案》卷三十六《紫微学案》，中华书局 1986 年版，第 1244 页。

④ 黄宗羲、全祖望：《宋元学案》卷三十六《紫微学案》，中华书局 1986 年版，第 1244 页。

⑤ 林之奇：《拙斋集》附录《行实》，文渊阁四库全书本。

⑥ 林之奇：《拙斋集》附录《行实》，文渊阁四库全书本。

之，先生每读必击节赞叹，知其远且大。"① 吕祖谦也意识到了老师对自己的殷切期望："某未冠缀弟子之末行，期待之厚，独出于千百人之右。"②

林之奇对吕祖谦的影响是多方面的。吕祖谦的《东莱书说》自《洛诰》而始，正是上接林之奇的《书说》，四库馆臣认为这是"本以终始其师说为一家之学"③。吕祖谦曾为其师《观澜集》作集注，所作《古文关键》一书即是仿效该书而作。吕祖谦后来能高中博学宏词科并编纂《皇朝文鉴》，与林之奇为他打下的深厚古文基础密不可分。

绍兴二十七年（1157 年），21 岁的吕祖谦在临安参加了礼部春试，不中。赴诠试，得下等第三人。四月，授迪功郎，监潭州南岳庙，并于湖南醴陵讲学。十二月，往信州娶亲完婚，妻子是出生望族的韩元吉之女韩复。绍兴三十年（1160 年），赴临安诠试，为上等人第二人，住于伯舅曾逢的寓舍，开始从学于汪应辰和胡宪。

汪应辰，初名洋，江西信州玉山人，学者也称之"玉山先生"。自幼家贫，聪慧好学，有神童之名。杨时弟子喻樗授之二程之学，并以女儿许之。未及成年，首贡乡举，试礼部，得中高选，于是宰相赵鼎延之馆塾。又先后师从胡安国、吕本中，进士及第后又问学张九成。绍兴五年（1135 年）高中状元，高宗览其策问札对，本以为是老儒所作，及唱名，方知是一少年，大喜之下赐名"应辰"，字"圣锡"。当时秦桧力主和议，汪应辰上疏反对："方朝廷力排群议之初，大则窜逐，小则罢黜，至有一言迎合，则不次擢用。是以小人窥见间隙，轻躁者阿谀以希宠，畏懦者循默以备位，而忠臣正士乃无以自立于群小之间，此上下相蒙之所以可畏也。臣愿勿以和好之可无虞，而

---

① 林之奇：《拙斋集》附录《行实》，文渊阁四库全书本。
② 吕祖谦：《东莱吕太史文集》卷八《祭林宗丞文》，《吕祖谦全集》第一册，浙江古籍出版社 2008 年版，第 134 页。
③ 纪昀总纂：《四库全书总目提要》卷十一，河北人民出版社 2000 年版，第 332 页。

思患预防，常若敌人之至。"① 因此被逐出中央。张九成被贬邵州时丧父，应辰不远千里前往吊唁。绍兴二十四年（1154 年），为广州通判的应辰卷入秦桧诬陷张浚之案中，恰逢第二年秦桧死，汪应辰得免牢狱之灾。秦桧死后，为吏部郎官，迁右司，因奉养老母出知婺州。母亲去世后，为秘书少监，迁权吏部尚书。后被韩玉陷害，连遭贬秩，卧家不起而卒。

汪应辰对吕祖谦影响较大的地方有两点：一是兼综百家的治学特点，二是坚定抗金的政治主张。汪应辰从学于喻樗、胡安国、吕本中、张九成，"博综诸家……粹然为醇儒"②，吕祖谦也认为："盖南渡群贤皆在之时，而北方余论未衰之际，款门墙而遍历，跻堂奥而独诣。合诸老之规摹，而融其异同；总一代之统纪，而揽其精粹。"③ 吕祖谦学术思想中兼综百家的特点与汪应辰的影响是密不可分的。汪应辰受教于吕本中，与吕大器是挚友，与吕大同是学侣，吕祖谦说："四海膺门峻，亲承二纪中。论交从父祖，受教自儿童"。④ 吕祖谦自幼就受过汪应辰教诲，到正式拜师的绍兴三十年（1160 年）已有二十四年了，受其影响不可谓不深。汪应辰曾教祖谦："尝释克己之私，如用兵克敌，《易》惩忿窒欲，《书》刚制于酒，惩窒、刚制皆克胜义，可不常省察乎？"⑤ 对吕祖谦为学情况和治学中的疑惑，汪应辰非常关心："伊川文字编次如何？向所纳去者，有可取否？近捡得伊川与富韩公之子书，又尹和靖答十一丈书，皆录呈。"⑥

汪应辰为官刚正不阿，敢言不避，于抗金问题上坚持抵抗，认为

---

① 脱脱：《宋史》卷三八七《汪应辰传》，中华书局 1985 年版，第 11877 页。

② 黄宗羲、全祖望：《宋元学案》卷四十六《玉山学案》，中华书局 1986 年版，第 1455 页。

③ 吕祖谦：《东莱吕太史文集》卷八《祭汪端明文》，《吕祖谦全集》第一册，浙江古籍出版社 2008 年版，第 131 页。

④ 吕祖谦：《东莱吕太史文集》卷一《端明汪公挽章二首》，《吕祖谦全集》第一册，浙江古籍出版社 2008 年版，第 23 页。

⑤ 脱脱：《宋史》卷三八七《汪应辰传》，中华书局 1985 年版，第 11882 页。

⑥ 汪应辰：《文定集》卷十五《与吕伯恭》，文渊阁四库全书本。

即使议和仍不能掉以轻心，而应谋划周密，稳步图之。对于宋金和议，他有清醒的认识："和议不谐非所患，和议谐矣，而因循无备之可畏。异议不息非所患，异议息矣，而上下相蒙之可畏。"① 和议之后金背弃盟约，汪应辰奏曰："臣之所忧，不在兵之不足，在乎军政之不修。自讲和以来，将士骄惰，兵不阅习，敌未至则望风逃遁，敌既退则谩列战功，不惟佚罚，且或受赏。方时无事，诏令有所不行，一旦有急，谁能听命以赴国家之难。望发英断，赏善罚恶，使人人洗心易虑，以听上命，然后号令必行矣。"② 乾道六年（1170 年）吕祖谦在上书中更是延续了汪应辰的抗金思路，主张"恢复大事也，规摹当定，方略当审，始终本末当具举，缓急难易当豫谋"③。

胡宪，字原仲，号籍溪，建宁崇安人。胡安国从兄之子，曾以乡贡入太学，《宋史》记载胡宪与同乡刘勉之一同修习二程之说："时蔡京用事，禁止毋得挟元祐书，自是伊、洛之学不行。勉之求得其书，每深夜，同舍生皆寐，乃潜抄而默诵之。"④ "会伊、洛学有禁，宪独阴与刘勉之诵习其说。"⑤ 胡宪曾向谯定学习："定曰：'心为物渍，故不能有见，唯学乃可明耳。'宪喟然叹曰：'所谓学者，非克己工夫耶？'自是一意下学，不求人知。"⑥ 南归后以奉母为辞，不肯为官。绍兴二十九年（1159 年）为秘书省正字。在满朝不敢言抗金的情况下，上书恳请起用张浚、刘锜，之后即求南归。高宗嘉其忠义，改为左宣教郎，主崇道观。

胡宪师从胡安国学《春秋》，将《春秋》学传之吕祖谦，胡宪亦是《论语》学大师，于《礼》《易》亦有很深的造诣，这些对吕

---

① 脱脱：《宋史》卷三八七《汪应辰传》，中华书局 1985 年版，第 11877 页。
② 脱脱：《宋史》卷三八七《汪应辰传》，中华书局 1985 年版，第 11878 页。
③ 吕祖谦：《东莱吕太史文集》卷三《乾道六年轮对劄子二首》，《吕祖谦全集》第一册，浙江古籍出版社 2008 年版，第 55 页。
④ 脱脱：《宋史》卷四五九《刘勉之传》，中华书局 1985 年版，第 13462 页。
⑤ 脱脱：《宋史》卷四五九《胡宪传》，中华书局 1985 年版，第 13463 页。
⑥ 脱脱：《宋史》卷四五九《胡宪传》，中华书局 1985 年版，第 13463 页。

祖谦日后经史并重、文史并重的治学路数有很大影响。于治学方法上，胡宪"教诸生，于功课余暇，以片纸书古人懿行，或诗人铭赞之有补于人者，粘置壁间，俾往来诵之，咸令精熟"。[①] 吕祖谦日后多有抄录历史文献，以供学子或自己为学所用，如《两汉精华》《十七史详节》等史钞著作，当是受到胡宪的启发。于为人上，胡宪宽厚平和，"即之温然。虽当仓卒，不见其有疾言遽色，人或犯之，未尝校也"[②]，这对吕祖谦的为人与学风影响很大，吕祖谦正是在乃师的言传身教下，守正持平，平心易气，当时学人因而多与东莱交接。

（三）仕途与讲学

吕祖谦绍兴十八年（1148 年）补将仕郎，绍兴三十一年（1161年）为右迪功郎。孝宗隆兴元年（1163 年）吕祖谦 27 岁，这一年吕祖谦科考连中两科，获进士出身并高中博学宏词科，一年两科提名，即使是生性恬淡的吕祖谦也颇为激动："一升俊造之列，即为腾耀之阶，指日而须，若偿所负。"[③] 博学宏词科是一种制科考试，主要考察对古今名物典章的理解和朝廷日用文书的写作，以"制、诰、诏书、表、露布、檄、箴、铭、记、赞、颂、序十二件为题，古今杂出六题，分为三场，每场一古一今"。[④] 南宋自绍兴五年（1135 年）首开此科，到开庆元年（1259 年）最后一次，一共仅录取 40 人。[⑤] 一般士子需要花很长时间来准备，南宋学者王应麟即为此准备 15 年之久。中选者也多为博学硕儒，如洪迈、周必大、真德秀等。由此也可

---

① 黄宗羲、全祖望：《宋元学案》卷四十三《刘胡诸儒学案》，中华书局 1986 年版，第 1399 页。

② 黄宗羲、全祖望：《宋元学案》卷四十三《刘胡诸儒学案》，中华书局 1986 年版，第 1398—1399 页。

③ 吕祖谦：《东莱吕太史文集》卷四《中两科谢主司启》，《吕祖谦全集》第一册，浙江古籍出版社 2008 年版，第 72—73 页。

④ 徐松：《宋会要辑稿》第 9 册，《选举一二·宏词科》，上海古籍出版社 2014 年版，第 5500 页。

⑤ 聂崇岐：《宋史丛考》，中华书局 1980 年版，第 153 页。

见吕祖谦对于古今典章制度和文体写作的积累是相当深厚的，这也是他学术积累的一部分。

与仕途上的得意形成强烈反差的是他个人生活上的接连不幸。绍兴三十二年（1162 年）六月妻子韩复卒于临安，九月生子亦夭折。因与妻子感情甚笃，直到七年后吕祖谦才再娶妻妹韩螺。乾道二年（1166 年）五月，外祖父曾几去世，十一月，母亲在从临安到建康的路上去世，吕祖谦护丧回婺州金华，第二年葬母亲曾氏于明招山，结庐守墓于墓旁。这里是吕氏世代祖茔之地，幽静秀美，由于科考中声名已著，"四方之士争趋之"①，叶适、陈亮、潘景宪、彭仲刚等三百多人来学。由于学者众多，吕祖谦于乾道四年（1168 年）制定学规《乾道四年九月规约》十一条，这是中国书院发展史上较早的学规之一，比朱熹的《白鹿洞书院揭示》早十二年。是年冬，吕祖谦开始于曹家巷授业，讲《左传》以帮助学子科举考试，并写成《左氏博议》一书以资课试。乾道五年（1169 年）吕祖谦为严州学教授，时值张栻为严州太守，二人神交已久，吕祖谦到任不久即去信张栻："某质鲁材下，虽窃有意于学，而颛蒙蔀塞，莫知入德之门。愿承下风而请余教，为日久矣。"② 二人倾心相交，结下了深厚的友谊。在张栻的支持下，吕祖谦大力整顿严州书院，制定了学规《乾道五年十月关诸州在籍人》，编成了《阃范》教导生徒，"与其友取《易》、《春秋》、《书》、《诗》、《礼》传、《鲁》论、《孟子》，圣贤所以发明人伦之道，见于父子兄弟夫妇之际者，悉笔之于编。又泛考子史诸书，上下二余载间，凡可以示训者，皆辑之"③。在吕祖谦的整治下，远近士人多来从学，"学舍亦渐就绪，士人皆欣然为学。向来旧弊，

---

① 脱脱：《宋史》卷四三四《吕祖谦传》，中华书局 1985 年版，第 12872 页。

② 吕祖谦：《东莱吕太史别集》卷七《与张荆州》，《吕祖谦全集》第一册，浙江古籍出版社 2008 年版，第 394 页。

③ 张栻：《南轩集》卷十四《阃范序》，《张栻全集》中册，长春出版社 1999 年版，第 750 页。

已革去十之六。正官亦极相亮也"①。吕祖谦在此期间还为张栻作《乞免丁钱奏状》，请求免除本州丁盐钱绢，后来果然免除严州百姓一半的赋税，七万余缗。该奏表体现了吕祖谦对民生问题的关注，他对两浙郡其他地方的赋税情况颇为了解，以此作比对，严州的丁钱征收显然较重，故而建议减免。他还亲自"体访深山穷谷"，为厄于重赋下的穷人悲愤痛哭，体现了他经世济民的胸怀。

乾道六年（1170 年），吕祖谦从严州被召还，以太学博士入对，并兼国史院编修官、实录院检讨官。吕祖谦有了接近孝宗的机会，他向孝宗陈述治国方略，孝宗也多次垂询。吕祖谦在写给潘叔度的信中说："《五月对劄》录去，不必示他人。上反覆顾问，酬酢领略，既详且款。凡所欲言者，皆得展尽。语甚多，不暇写去。推对劄意可见也。"② 随后，吕祖谦撰写了《乾道六年轮对劄子》二首，向孝宗提出要推崇理学，用实学、用真儒，对于抗金事业要有方略、有定策、有预谋、有主次：

　　夫不为俗学所泊者，必能求实学；不为腐儒之所眩者，必能用真儒。圣道之兴，指日可俟。臣所私忧过计者，独恐希进之人，不足测知圣意之缊，妄意揣摩，抵排儒学。谓智力足以控制海宇，不必道德；权利足以奔走群众，不必诚信；材能足以兴起事功，不必经术。臣不复举陈言腐语，姑以目前事言之。陛下临御九年于兹，阅天下之故，察群臣之情，亦熟矣。边隅小警，公卿错愕而顾私，将士迁延而却步，涣散解弛，不相系属，果智力所能控制耶？高爵重禄，一得所欲，畏缩求全，惟欲脱去，无复始来之慷慨，果权利之所能奔走耶？异时奸回诋欺，败事堕功之

---

① 吕祖谦：《东莱吕太史别集》卷十《与学者及诸弟》，《吕祖谦全集》第一册，浙江古籍出版社 2008 年版，第 505 页。

② 吕祖谦：《东莱吕太史别集》卷十《答潘叔度》，《吕祖谦全集》第一册，浙江古籍出版社 2008 年版，第 491 页。

徒，追数其过，果皆不材不能者耶？智力有时而不能运，权利有时而不可驱，材能有时而不足恃。臣所以拳拳愿陛下深求于三者之外，而留意于圣学也……恢复大事也，规摹当定，方略当审，始终本末当具举，缓急难易当豫谋。古之君臣，如句践、种、蠡、如高祖、良、平，相与共图大计，反覆筹画，至于今可考，曷尝敢易为之哉！今委靡者，既不足言。将顺奉承者，多为赞美称诵之词，既未尝献疑，复无所论难。夫一郡一邑之事，尚疑者半，参合审订，然后至于无悔，况天下大计，果无可疑而无可难耶？臣所以愿陛下深察之也，大抵欲实任此事，必不轻受此责。盖成败利钝，其责将皆归于一身，故先尽其所疑，极其所难，再三商榷，胸中了然无惑，然后敢以身任之，虽死不惮。彼随声响和，无所疑难者，岂所见真如是之同哉！特欲媮取一时之快，以钓爵秩，势迫事急，又为他说自解而去，独遗陛下以忧劳，初非实有殉国捐躯之志也。陛下方广揽豪杰，共集事功，政患协心者之不多。臣岂劝陛下尽疑其迎合而轻弃之哉！唯愿陛下精加考察，使之确指经画之实，以何事为先，以何事为次，意外之祸若之何而应，未至之患若之何而防，周密详审，一无所遗，始加采用，则尝试侥幸之说不敢复陈于前矣。然后与一二大臣合群策，定成算，次第行之，无愆其素。①

乾道七年（1171 年）吕祖谦改任左宣教郎，召试馆职。九月除秘书省正字，兼国史院编修官、实录院检讨官。乾道八年（1172年），吕祖谦为礼部考试考官，见到陆九渊试卷，便认定是"江西小陆之文也"。吕祖谦大力举荐陆九渊，并对陆九渊说："一见高文，

---

① 吕祖谦：《东莱吕太史文集》卷三《乾道六年轮对劄子二首》，《吕祖谦全集》第一册，浙江古籍出版社 2008 年版，第 54—56 页。

心开目明，知其为江西陆子静也。"① 是年，吕大器病故，吕祖谦再次服丧离任，结庐于武义县明招山。

乾道九年（1173 年），还在服丧期的吕祖谦重新为学子授学，门下诸生前后达三百多人。陆九渊、汪应辰等人劝祖谦遣散诸生，淳熙元年（1174 年），吕祖谦便不再讲学，潜心于学，"自今岁悉谢遣令归，萧然遂无一事，却得专意为学"②。五月丧除，六月复官，为台州崇道观主管。

淳熙二年（1175 年），吕祖谦入闽访朱熹，二人探讨学问之余合编《近思录》，供初学者学习了解理学的基本内容。五月，吕祖谦主持鹅湖之会，企图调和朱熹"理学"与陆九渊"心学"之间的分歧，这次盛会直接影响了理学发展轨迹，朱学与陆学开始直接的学术交流，朱熹和陆九渊也从中收获甚多。淳熙三年（1176 年）吕祖谦由李焘推荐，与之一起修撰《徽宗实录》。由于期限紧迫，吕祖谦无暇他顾，淳熙四年（1177 年）《徽宗实录》修成，吕祖谦趁此机会，上表孝宗，恳请他总结北宋灭亡教训，改变"文治可观而武绩未振"③的情况，防止出现上下内外相侵夺的局面，谨慎对待"独运万机"④，同时也要警惕矫枉过正的现象：

陛下慨然念雠耻之未复，版图之未归，故留意功实，将以增益治体之所未备；至于本朝立国之根本，盖未尝忘也。而臣下不足以测知宸指，献言者多以小辩破大体，治民者多以苛政立威名，逼趣拘制而士气不舒，争夺驰骛而仕路益隘。凡所谓宽大忠

---

① 陆九渊：《陆九渊集》卷三六《年谱》，中华书局 1980 年版，487 页。

② 吕祖谦：《东莱吕太史别集》卷七《与汪端明》，《吕祖谦全集》第一册，浙江古籍出版社 2008 年版，第 390 页。

③ 吕祖谦：《东莱吕太史文集》卷三《淳熙四年论对劄子二首》，《吕祖谦全集》第一册，浙江古籍出版社 2008 年版，第 59 页。

④ 吕祖谦：《东莱吕太史文集》卷三《淳熙四年论对劄子二首》，《吕祖谦全集》第一册，浙江古籍出版社 2008 年版，第 57 页。

厚、礼逊节义之属，皆诋以为陈腐、为迂阔。范防既彻，无复畏
葸，何所不为！圣虑将益焦劳矣。夫浮华可抑也，繁文可减也，
清谈高论不切事情者可黜也，至于祖宗化成风俗所以维持天下
者，其可脧削之乎！臣窃谓今日治体其视前代未备者，固当激厉
而振起；其远过前代者，尤当爱护而扶持。议者乃徒欲事功之
增，而忘根本之损。陛下清闲之时，岂可不永念其故哉！又况宽
大则豪杰得以展尽，忠厚则群众不忍欺诬，礼逊兴则潜消跋扈飞
扬之心，节义明则坐长捐躯殉国之气。然则图维事功，亦未有舍
根本而能立者也。惟陛下加圣心焉。取进止。①

十月，吕祖谦参与编纂《中兴馆阁目录》。十一月，经赵汝愚和
周必大推荐，重新编校《圣宋文海》。淳熙五年（1178 年），磨勘后
转朝奉郎，是春为殿试考官。四月除著作佐郎兼史职。六月兼权礼部
郎官，《中兴馆阁书目》七十卷撰成，由秘书省进御。九月，获赐
《中兴馆阁书目》一部，以幸省恩转朝散郎。是月，由于金遣使"妄
称其国历九月庚寅晦为己丑晦"，②诏吕祖谦主持测验淳熙历法，并
将重新修订后的历法颁行印造。十月，除著作郎，兼权礼部郎官如
故。十二月，中风后给假半月治疗。

淳熙六年（1179 年）正月，因中风请祠，后召与州郡差遣，又
召与添差参议官差遣。因《文海》一百五十卷编成缴进，除直秘阁。
四月，南下归婺。淳熙八年（1181 年）七月二十九日，吕祖谦病卒，
享年 45 岁。

吕祖谦的一生于宦途上多为著作郎等文职，既无重权，也无大的
波折，可谓平顺。但其个人生活上，三娶皆卒，尤其是最后一任妻子

---

① 吕祖谦：《东莱吕太史文集》卷三《淳熙四年论对劄子二首》，《吕祖谦全集》第
一册，浙江古籍出版社 2008 年版，第 59—60 页。
② 脱脱：《宋史》卷八二《律历十五》，中华书局 1985 年版，第 1936 页。

芮氏先他而去，吕祖谦所受打击颇大："乃知身是罪逆，失声长号，往往一恸欲绝也。"① 父母又先后去世，让他悲痛异常。但个人生活的曲折无法阻止他对学术的追求，他短暂的一生取得了丰硕的学术成果。

二 史学著述

吕祖谦虽天不假年，但却著作等身。吕祖谦治学勤奋，去世前一天，还在撰写着《庚子辛丑日记》。作为一代博学大儒，吕祖谦的著述涵盖经、史、子、集四部，共计五十余部，以下仅对其与史学相关的著作分述如下：

（一）《左传》学著述

《左氏博议》二十五卷，此书成于乾道四年（1168 年）。本为诸生课试所作，对《左传》中的史事阐发议论，征引典故，是学子们准备科考的理想范本，因而在学子中广为流传，历宋、元、明、清而不衰。《吕祖谦年谱》《宋史·艺文志》《四库全书总目》均有著录。

《左氏传说》二十卷。该书立论与《左氏博议》类似，但阐述更为详尽，陈振孙认为该书"似一时讲说，门人所抄录者"②。《直斋书录解题》著录。

《左氏传说》二十卷，现存有《通志堂经解》本、《金华丛书》本、《丛书集成初编》等。四库馆臣对于该书卷数与《书录解题》不一致分析道："《书录解题》载是书为三十卷，此本仅二十卷。考明张萱《内阁书目》所载《传说》四册外，尚有《续说》四册，知陈氏所谓三十卷者，实兼《续说》十卷计之。"③ 但黄灵庚先生认为："《提要》谓兼《左氏续说》而言三十卷，然《续说》一书，《四库》

---

① 吕祖谦：《东莱吕太史别集》卷十《与陈同甫》，《吕祖谦全集》第一册，浙江古籍出版社 2008 年版，第 471 页。

② 陈振孙：《直斋书录解题》卷三，上海古籍出版社 2015 年版，第 66 页。

③ 纪昀：《四库全书总目提要》卷二十七，河北人民出版社 2000 年版，第 710 页。

亦著录，作十二卷，而是书则为二十卷，两者相加数仍未合，盖'十二卷'当为'十卷'之误也。"①

《春秋左氏传续说》十二卷，《纲领》一卷。这是吕祖谦继《左氏传说》而作，因而称之《续说》，根据其中否定《左氏博议》部分内容，推断其书应成于吕祖谦晚年。其书虽是对经传的发挥，但其中考证史实始末原委以证得失，而不立废传之高论，不空谈以说《经》。

《左氏类编》不分卷。吕祖谦取《左传》中的史事以类分门别析，分为十九目，每目前列《左传》之文，并附《国语》于后。首有《年表》《纲领》于前。《年表》以鲁纪年，诸侯大事列于下。《纲领》则包含《尚书》《周礼》《礼记》《论语》以及杜预、吕希哲、谢良佐之说。《直斋书录解题》《宋史·艺文志》皆有著录。

《左氏统纪》三十卷，该书已佚。其目见《授经图义例》卷十六《诸儒著述附历代春秋传注》。

《左氏手记》一卷，该书今未见。吕祖谦《年谱》中说该书著于"淳熙元年甲午"②，《黄氏日钞》《经义考》均有著录。

《春秋集传微旨》，该书今已佚。书目见《箓竹堂书目》卷一《春秋》类。

《左氏国语类编》二卷，该书今已佚。元代程端学《春秋本义》中，没有列该书卷数，明代朱睦防《授图经义例》中认为其书有六卷。

（二）历史教材

《己丑课程》不分卷，乾道五年（1169 年）著。这是吕祖谦在为严州州学教授时，为学生解读《论语》《春秋》等经典的讲义。

---

① 吕祖谦：《前言》，《吕祖谦全集》第一册，浙江古籍出版社 2008 年版，第 35 页。

② 吕祖谦：《东莱吕太史文集》附录，《吕祖谦全集》第一册，浙江古籍出版社 2008 年版，第 744 页。

《阃范》十卷，乾道六年（1170 年）著，亦是吕祖谦在严州时所著。该书取《诗》《书》《礼》《春秋》等经典中教导子女的规训，汇编成册，张栻曾让子女学习："某谓次书行于世，家当藏之，而人当学之也"。①《宋史·艺文志》《直斋书录解题》皆有著录。

《观史类编》六卷，乾道六年（1170 年）著。亦是吕祖谦为严州教学时为州县诸生所编撰的教材，该书选择史书中的内容，按择善、儆戒、治体、议论、处事等六门进行分类。《宋史·艺文志》《直斋书录解题》皆有著录。

《少仪外传》不分卷，乾道七年（1171 年）著。该书是吕祖谦将经、史、子、集中所载的前贤嘉言懿行汇编而成。《宋史·艺文志》《四库全书总目》皆有著录。

《东莱先生西汉财论》十卷，为吕祖谦教学所用教材，《宋史·艺文志》认为该书是："吕祖谦论，门人编。"②

《癸巳手记》一卷，又名《左氏手记》，淳熙元年（1174 年）著，这是吕祖谦为补充讲义之不足而作，《年谱》《经义考》中均有著录。

《吕氏读书记》七卷，又叫《读书杂记》，淳熙二年（1175 年）著。"乾道癸巳淳熙乙未家居日阅之书，随意手笔，或数字，或全篇，盖偶有所感发，或以备遗忘者。"③《宋史艺文志》《四库全书总目》《直斋书录解题》著录。

《历代制度详说》十二卷，淳熙三年（1176 年）著，这是吕祖谦教导门生学子的教材，分为科目、学校、考课、赋役、漕运、盐法、酒禁、钱币、荒政、田制、屯田、兵制、马政十三门，对历代制度沿革进行了论述，反映了吕祖谦经世之抱负。《四库全书总目》著录。

---

① 张栻：《南轩集》卷十四《阃范序》，《张栻全集》中册，长春出版社 1999 年版，第 750 页。

② 脱脱等：《宋史》卷二百三《艺文二》，中华书局 1985 年版，第 5099 页。

③ 陈振孙：《直斋书录解题》卷九，上海古籍出版社 2015 年版，第 282 页。

《春秋讲义》一卷，该书今未见。该书是吕祖谦为授课所作的讲义，《年谱》中记载："至严有《春秋讲义》。"①《黄氏日钞》也说："亦少年之作，但不至如《博议》之太刻耳。"② 除《年谱》外，《经义考》也录有此书。

（三）入馆阁参修史书

《徽宗实录》二百卷，吕祖谦参纂，淳熙四年（1177 年）成书，淳熙三年（1176 年）吕祖谦为实录院检讨，参与修撰和审定工作。

《中兴馆阁目录》七十卷，吕祖谦参与撰修，包含图书 44486 卷。

《四朝正史志》一百八十卷，吕祖谦参与撰修。吕祖谦在任职国史院编修和实录院检讨中，《四朝正史志》正是由国史院和实录院负责修撰，当属分内之事。吕祖谦在写给李焘信中言："史事诸志，自冬春来，虽各粗成编，沓然首尾不完，节目断绝，殊未有次序。今期限在冬末，已是第三次展，不免趣办，第恐抵牾处多耳。"③

《国朝名臣奏议》十卷、《历代奏议》十卷，淳熙五年（1178年）著。这两本书都是吕祖谦在修《四朝正史志》过程中对搜集到的材料加以编排而成书。《直斋书录解题》《光绪金华县志》著录。

（四）编年与史评著述

《大事记》十二卷、《解题》十二卷、《通释》一卷，淳熙八年（1181 年）著。这本书吕祖谦未及完成便去世。其体例自成一家，《大事记》编年载事，《解题》为解释史事而设，《通释》引诸儒论述，本是断限自周敬王三十九年（公元前 481 年）至五代时期，但只完成到汉武帝征和三年（公元前 90 年），其史法受《史记》和《资治通鉴》影响甚深。

---

① 吕祖谦：《东莱吕太史文集》附录，《吕祖谦全集》第一册，浙江古籍出版社 2008 年版，第 742 页。

② 黄震：《黄氏日钞》卷四十《家传》，文渊阁四库全书本。

③ 吕祖谦：《东莱吕太史外集》卷五《与李侍郎》，《吕祖谦全集》第一册，浙江古籍出版社 2008 年版，第 700 页。

《唐鉴音注》二十四卷。时人非常推崇范祖禹的《唐鉴》，"盖不知祖禹为谁，独习闻有《唐鉴》也"，[①] 可见《唐鉴》之影响力。吕祖谦也对《唐鉴》非常重视，为之作音注。《唐鉴音注》中还注释史事，考辨异同，后人评价："成公不好议论，不立门户，先之以音义，继之以注释。其间是非褒贬，无不以学士为准。"[②]

（五）史钞著述

《十七史详节》二百七十三卷，吕祖谦辑，收入了十部书，是吕祖谦与门人共同整理完成的一部史钞著作，这是吕祖谦重史的又一明证，也是普及推广史学的一次重要尝试。

《新唐书略》三十五卷，这是吕祖谦为丽泽书院学子编订的史钞之作，"吕祖谦授徒，患《新史》难阅，摘要抹出，而门人钞之，盖节本之有伦理者也"[③]。

《吕氏家塾通鉴节要》二十四卷，《宋史·艺文志》中有著录。

《两汉精华》二十八卷，今有明正德元年（1506年）张氏刊本、《四库全书存目丛书》影印本、明嘉靖二十六年（1547年）唐藩朱弥鍗忠敬堂刻本。《铁琴铜剑楼藏书目录》说："旧不题名。首标'东莱吕氏'，宋、元时书肆本式也。此明藩重刻本。有刊版序。"[④]

《诸史类编》六卷，黄灵庚先生说："《论议》二卷，未审篇目，今散见于宋魏齐贤、叶棻合编《五百家播芳大全文粹》，宋周应合《景定建康志》卷三四《文籍志》二《诸国论》，宋无名氏《十先生奥论注》前集、后集等。"[⑤]

---

① 纪昀：《四库全书总目提要》卷八十八，河北人民出版社2000年版，第2279页。

② 吕祖谦：《东莱音注唐鉴》重刻唐鉴音注序，《吕祖谦全集》第九册，浙江古籍出版社2008年版，第1页。

③ 陈振孙：《直斋书录解题》卷四，上海古籍出版社2015年版，第110页。

④ 瞿镛纂：《铁琴铜剑楼藏书目录》史部三《史钞类》，上海古籍出版社2000年版，第264页。

⑤ 吕祖谦：《前言》，《吕祖谦全集》第一册，浙江古籍出版社2008年版，第45页。

（六）杂记与文集

《东莱公家传》不分卷，乾道四年（1168 年）修，这是吕祖谦为其曾祖吕好问所修的传记。后世因吕好问受张邦昌官爵而对其倍加责难，吕祖谦正是要为吕好问洗刷耻辱，肯定吕好问在南宋建立过程中发挥的重要作用，"先生为之传，盖白其本心云"。① 是书《年谱》《宋史·艺文志》皆有录，现收于《文集》中。

《史说》十卷，淳熙三年（1176 年）著，这是吕祖谦在撰写《徽宗实录》时随笔记载下的史论，因所涉之事多为当代，在世时并未刊行，由其后学整理成刊。朱希弁《读书附志》著录。

《欧公本末》四卷，淳熙八年（1181 年）著。这是吕祖谦为欧阳修所作的传记，以欧阳修诗词为线索，对欧阳修的交游情况进行梳理，其中材料吕祖谦修撰《皇朝文鉴》时即已搜集完成。《宋史·艺文志》《直斋书录解题》均著录。

《东汉精华》十四卷，这是吕祖谦从范晔《后汉书》中"摘其要语而论之，或比类以明之。于光武、明、章、和四帝《纪》尤为详悉，所略者惟《表》《志》耳。然不具事之始末，所论每条仅一二语，略抒大意，亦不申其所以然。"② 这是吕祖谦在读史时摘录下来以备写文章史发论而用。《铁琴铜剑楼藏书目录》《四库全书存目丛书》皆有著录。

《丽泽论说集录》十卷，吕祖俭搜录、吕乔年辑次。这是由吕祖谦的门人所录的吕祖谦平日的教导之语，末三卷为《史说》《杂说》。《直斋书录解题》有著录。

《东莱吕太史文集》十五卷、《别集》十六卷、《外集》五卷、《附录》三卷，吕祖谦撰，《文集》包括吕祖谦的诗、表、奏状劄子、策问、祭文、墓志铭等内容，《别集》包括家范、尺牍、《读易纪闻》

---

① 黄震：《黄氏日钞》卷四十《家传》，文渊阁四库全书本。
② 纪昀：《四库全书总目提要》卷六十五，河北人民出版社 2000 年版，第 1766 页。

《己丑课程》《春秋讲义》《读史纲目》《读汉史手笔》《师友答问》，《外集》包括策问、试卷六篇、拾遗等内容。

表 2－1　　　　　　　　吕祖谦史著简表（现存部分）

史著	卷数
《左氏博议》	二十五卷
《左氏传说》	二十卷
《春秋左氏传续说》	十二卷
《春秋左氏传续说纲领》	一卷
《左氏类编》	不分卷
《东莱公家传》	不分卷
《己丑课程》	不分卷
《闱范》	十卷
《观史类编》	六卷
《少仪外传》	不分卷
《东莱先生西汉财论》	十卷
《癸巳手记》	一卷
《吕氏读书记》	七卷
《徽宗实录》	二百卷
《史说》	十卷
《历代制度详说》	十二卷
《春秋讲义》	一卷
《中兴馆阁目录》	七十卷
《四朝正史志》	一百八十卷
《国朝名臣奏议》	十卷
《历代奏议》	十卷

史著	卷数
《吕氏家塾通鉴节要》	二十四卷
《欧公本末》	四卷
《大事记》	十二卷
《大事记·解题》	十二卷
《大事记·通释》	一卷
《东汉精华》	十四卷
《十七史详节》	二百七十三卷
《唐鉴音注》	二十四卷
《丽泽论说集录》	十卷
《东莱吕太史文集》	十五卷
《东莱吕太史别集》	十六卷
《东莱吕太史外集》	五卷
《东莱吕太史文集附录》	三卷

第四节　吕祖谦的史学交游活动

　　吕祖谦主要活动于南宋乾淳年间，这一时期恰恰也是南宋学术交流与争鸣的高峰时期。学术流派上出现了朱熹的闽学派，张栻的湖湘学派、陆九渊的心学派、吕祖谦的婺学派、陈亮的永康学派、叶适的永嘉学派、唐仲友的经制之学等。同时这也是史学大发展的一个时期，出现了以吕祖谦为代表、王应麟和黄震继之而起的浙东史学，李焘、李心传、李攸为代表的蜀中史学，刘攽、刘敞、徐梦莘、洪迈为代表的江西史学等。这些明显具有地域性特征的史学，是南宋史学发展的重要标志，也是学术繁荣的具体体现。

从吕祖谦的家学中可以看到，吕祖谦的先人吕公著、吕希哲、吕本中等皆与当时大儒学者过从甚密，因而重视学术交游是吕祖谦的家学特征之一。吕祖谦本人学问广博，持论公允，无论对于前人还是当代学者都能心平气和论学，少有门户之见，因而当世学者都乐意与之交往。在同时代的学者中，吕祖谦的交游范围应是最广的，这些对吕祖谦的史学乃至整体学术思想的形成，无疑是有重要影响的。

一　与朱熹的史学交流

吕祖谦与朱熹的史学认识不尽相同。朱熹虽说"看史只如看人相打，相打有甚好看处？陈同父一生被史坏了。直卿言：'东莱教学者看史，亦被史坏'"。① 但是朱熹并非不重史，只是在经史关系上主张先经后史。吕祖谦则更加重视史学的作用，在经史关系上主张经史并重，在治经上主张"以史证经"。这种经史之学立场的不同，激发了他们讨论的热情。

朱熹与吕祖谦的学术渊源很深。朱熹的父亲朱松与福建学者胡宪、刘勉之交往密切，朱松临终之际还曾托孤于他们。胡宪、刘勉之又与吕本中同师杨时、谯定，有同门之谊。朱松与吕大器也是颇有交情。朱熹与吕祖谦都是胡宏的学生，二人既是承学一脉，又有同门之谊。

朱熹是吕祖谦一生的好友。绍兴二十五年（1155 年），朱熹授福建同安主簿，此时吕祖谦也随父来到福州。朱熹因公事拜访吕大器，开始与吕祖谦结识，彼时吕祖谦 19 岁，还没有取得功名，而朱熹早已中进士，时年 26 岁。之后他们的书信交往一直持续到吕祖谦去世的淳熙八年（1181 年）。朱熹写给吕祖谦的书信保存下来的有 104 封，比写给其他人的都要多；吕祖谦写给朱熹的信保存下来的有 67

---

① 朱熹：《朱子语类》卷一二三《陈君举》，《朱子全书》第 18 册，上海古籍出版社、安徽教育出版社 2002 年版，第 3871 页。

封，也远远多过他写给别人的信函。① 他们在彼此的信件中对政治和学术问题展开了广泛的讨论，还涉及书院建设、子女教育等问题，其中不乏对史著和治史的探讨。

一是关于《左传》学的交流。《左传》既是经传，又是一部史书，吕祖谦作为经史并重的一代大儒，非常重视《左传》学，留下的《左传》学著作非常丰富，主要包括：《左氏博议》、《左氏传说》、《左氏传续说》、《左氏手记》（《东莱吕太史别集》里又称《甲午手记》）、《左传类编》、《左氏统纪》和《左氏纲目》等。吕祖谦不但积极投入《左传》学的研究，也积极将研读《左传》所得教授生徒。吕祖谦认为，"左氏综理微密，后之为史者鲜能及之"②。"一部《左传》都不曾载一件闲事，盖此书是有用底书。学者看得《左传》熟时，以下诸史条例，亦不过如此。"③ 吕祖谦对《左传》的推崇引来了朱熹"伤巧"的批评："向见所与诸生论说《左氏》之书，极为详博。然遣词命意，亦颇伤巧矣。恐后生传习，益以浇漓，重为心术之害。愿亟思所以反之，则学者之幸也。"④ 朱熹的批评主要在两点：一是担心学生迷失于《左传》学的汪洋大海里，而疏忽了对"理"及伦理道德的学习，因而朱熹认为"然当留意于立教厉俗之本，乃为有补"⑤。二是担心学子坠入科举考试的"末流"。诸生研习《左传》学，最直接的目的便是科举考试中能以此立论阐发，吕祖谦也是有意识地去关注科举考试的内容，并对诸生加以辅导。不同于吕祖谦对待科举的开明态度，朱熹认为："学校之政，名存实亡，徒以陷溺人心、

---

① 见陈荣捷《朱子新探索》，华东师范大学出版社 2007 年版，第 373 页。

② 吕祖谦：《东莱吕太史别集》卷十三《甲午〈左传〉手记》，《吕祖谦全集》第一册，浙江古籍出版社 2008 年版，第 559 页。

③ 吕祖谦：《左氏传续说》纲领，《吕祖谦全集》第七册，浙江古籍出版社 2008 年版，第 1 页。

④ 朱熹：《晦庵先生朱文公文集》卷三十三《答吕伯恭》，《朱子全书》第 21 册，上海古籍出版社、安徽教育出版社 2002 年版，第 1429 页。

⑤ 朱熹：《晦庵先生朱文公文集》卷三十三《答吕伯恭》，《朱子全书》第 21 册，上海古籍出版社、安徽教育出版社 2002 年版，第 1429 页。

败坏风俗，不若无之为愈。"① 朱熹的立场更多的是站在培养理学人才而不是科举人才上的。对于朱熹建议中的合理部分，吕祖谦表示虚心接受："所与诸生讲说《左氏》，语意伤巧，病源亦在是。自此当力扫除也。"②

朱熹还由《左传》的学习，而论及为学先后之序的问题：

> 熹昨见奇卿，敬扣之以比日讲授次第，闻只令诸生读《左氏》及诸贤奏疏，至于诸经、《论》、《孟》，则恐学者徒务空言而不以告也。不知是否？若果如此，则恐未安。盖为学之序，为己而后可以及人，达理然后可以制事。故程夫子教人先读《论》、《孟》，次及诸经，然后看史，其序不可乱也。若恐其徒务空言，但当就《论》、《孟》、经书中教以躬行之意，庶不相远。至于《左氏》、奏疏之言，则皆时事利害，而非学者切身之急务也。③

朱熹延续了二程的主张，提倡"先经后史"，其中当以《论语》《孟子》最为重要，然后是诸经，再次到史书。认为《论语》《孟子》是教人如何"为己"的，而《左传》是教人做事的，"先己而后可以及人"，其次序是不能乱的。

二是关于《春秋》学的交流。吕祖谦重史，因而对《春秋》学颇为重视，有《春秋集解》和《春秋讲义》传世。吕祖谦一方面认为《春秋》蕴涵着微言大义，是通过褒贬之意来"借古而警今"④；

---

① 朱熹：《晦庵先生朱文公文集》卷三十三《答吕伯恭》，《朱子全书》第21册，上海古籍出版社、安徽教育出版社2002年版，第1429页。
② 吕祖谦：《东莱吕太史别集》卷七《与朱侍讲》，《吕祖谦全集》第一册，浙江古籍出版社2008年版，第402页。
③ 朱熹：《晦庵先生朱文公文集》卷三十五《答吕伯恭》，《朱子全书》第21册，上海古籍出版社、安徽教育出版社2002年版，第1532页。
④ 吕祖谦：《东莱吕太史别集》卷十三《春秋讲义·序》，《吕祖谦全集》第一册，浙江古籍出版社2008年版，第544页。

另一方面又反对过分深求经旨，认为"说《春秋》者，乃言《春秋》谓一为元，殆欲深求经旨而反浅之也"。① 吕祖谦治《春秋》，主张将《春秋》中的史事和史义融汇一炉。淳熙元年（1174年），吕祖谦在婺州刊刻胡安国的《春秋传》，朱熹听闻后提出建议："闻又刻《春秋》胡传，更喻使精校为佳。大抵须两人互雠乃审耳。两人一诵一听，看如此一过，又易置之。"② 但朱熹对待《春秋》学的态度颇有成见："大抵《春秋》自是难看，今人说《春秋》，有九分九厘不是，何以知圣人之意是如此？平日学者问《春秋》，且以胡文定《传》语之。"③

三是关于《大事记》的交流。淳熙七年（1180年），吕祖谦开始编撰史学著作《大事记》，这是他一生最具代表性的史著，在体例上结合了编年体和纪传体的优点。吕祖谦向朱熹告知此事："《大事记》以不敢劳力索考，有时取编过者看，百孔千疮，不堪点检，且欲住手再整顿。若尽此岁以前，须稍见头绪，是时当逐旋录数段往求教也。"④ 这时吕祖谦已是病中，仍记挂着整理撰写《大事记》的材料，朱熹作为多年老友，非常担心吕祖谦的身体状况："朋友之论多以为病中未可劳心，深不欲老兄之就此编也。《大事记》想尤奇尤有益，然尤费力，此更望斟酌也。"⑤ 吕祖谦去世后，朱熹对《大事记》赞誉有加：

---

① 吕祖谦：《东莱吕太史别集》卷十三《春秋讲义·元年》，《吕祖谦全集》第一册，浙江古籍出版社2008年版，第546页。

② 朱熹：《晦庵先生朱文公文集》卷三十三《答吕伯恭》，《朱子全书》第21册，上海古籍出版社、安徽教育出版社2002年版，第1447页。

③ 朱熹：《朱子语类》卷一二三《陈君举》，《朱子全书》第18册，上海古籍出版社、安徽教育出版社2002年版，第3864页。

④ 吕祖谦：《东莱吕太史别集》卷八《与朱侍讲》，《吕祖谦全集》第一册，浙江古籍出版社2008年版，第439页。

⑤ 朱熹：《晦庵先生朱文公文集》卷三十四《答吕伯恭》，《朱子全书》第21册，上海古籍出版社、安徽教育出版社2002年版，第1512页。

其书甚妙，考订得子细，大胜《诗记》。此书得自由，《诗》被古说压了。

伯恭《大事记》辩司马迁、班固异同处最好。渠一日记一年。渠大抵谦退，不敢任作书之意，故《通鉴》《左传》已载者，皆不载；其载者皆《左传》《通鉴》所无者耳。

东莱自不合做这《大事记》。他那时自感疾了，一日要做一年。若不死，自汉武至五代，只千来年，他三年自可了此文字。人多云，其解题煞有工夫。①

朱熹认为《大事记》补《左传》《资治通鉴》之不足，此二书所载皆不著录，本意是可以成为一代鸿篇巨制，但可惜天不假年，朱熹亦为之感慨。

四是关于《资治通鉴纲目》的交流。《资治通鉴》以其部头太大，不便于通读，而《资治通鉴目录》又太过简约，因而司马光晚年作《举要历》以备不足，结果尚未完成便去世。其书稿留于胡安国之手，胡安国撰《举要补遗》，亦是未成而卒。朱熹得其手稿，于乾道三年（1167 年）制《资治通鉴纲目》凡例与篇目，决定在二人基础上完成此书。朱熹便向吕祖谦求教，吕祖谦欣然应允。吕祖谦在给刘子澄的信中说："元晦近日亦得书，欲同作编史功夫，比亦寄条例去也。"② 史学本非朱熹所长，在修《纲目》过程中，朱熹向友人诉苦："但见修者已殊费功夫，盖旧看正史不熟，仓卒无讨头处！"③ 而吕祖谦积极帮助他校订："受之乍别，甚思念。辱

---

① 朱熹：《朱子语类》卷一二二《吕伯恭》，《朱子全书》第 18 册，上海古籍出版社、安徽教育出版社 2002 年版，第 3855 页。

② 吕祖谦：《东莱吕太史别集》卷九《与刘衡州》，《吕祖谦全集》第一册，浙江古籍出版社 2008 年版，第 453 页。

③ 朱熹：《晦庵先生朱文公续集》卷八《答李伯谏》，《朱子全书》第 25 册，上海古籍出版社、安徽教育出版社 2002 年版，第 4785 页。

书及竹纸皆收。《通鉴纲目》且录两汉以上送示，只要大字，注不须。字数亦不多也。"① 随后亦有："受之未及别书，近日不知作何功夫？《通鉴纲目》只欲传大字。此便回，先录战国、西汉寄示，字数亦不多也。"②

五是关于《八朝名臣言行录》的交流。朱熹在编撰《伊洛渊源录》过程中，顺带将北宋五朝名臣言行也收集起来，刻书为《五朝名臣言行录》，此书由于成书仓促，故朱熹并未署名。吕祖谦看到其中涉及先祖吕公著、吕夷简的史事多有错讹，因而致信朱熹：

> 近麻沙印一书，曰《五朝名臣言行录》，板样颇与《精义》相似。或传吾丈所编定，果否？盖其间颇多合考订商量处，若信然，则续次往求教。或出于他人，则杂录行于世者固多，有所不暇辨也。③

吕祖谦亦将此事告于汪端明：

> 近建宁刊一书，名《五朝名臣言行录》，云是朱元晦所编。其间当考订处颇多，近亦往问元晦，未报。不知尝过目否？前辈言论风旨日远，记录杂说，后出者往往失真，此恐亦不得不为之整顿也。④

---

① 吕祖谦：《东莱吕太史别集》卷八《与朱侍讲》，《吕祖谦全集》第一册，浙江古籍出版社 2008 年版，第 438 页。
② 吕祖谦：《东莱吕太史别集》卷八《与朱侍讲》，《吕祖谦全集》第一册，浙江古籍出版社 2008 年版，第 438 页。
③ 吕祖谦：《东莱吕太史别集》卷八《与朱侍讲》，《吕祖谦全集》第一册，浙江古籍出版社 2008 年版，第 429 页。
④ 吕祖谦：《东莱吕太史别集》卷七《与汪端明》，《吕祖谦全集》第一册，浙江古籍出版社 2008 年版，第 389 页。

朱熹随后告知吕祖谦此书乃自己所作，希望吕祖谦为之校订："《言行》二书，亦当时草草为之，其间自知尚多谬误，编次亦无法，初不成文字。因看得为订正示及为幸。"①

六是关于《伊洛渊源录》的交流。朱熹为构建理学的道统，准备编撰《伊洛渊源录》，其中涉及二程和北宋诸子的行迹拜托吕祖谦代为搜集："欲作《渊源录》一书，尽载周、程以来诸君子行实文字，正苦未有此及永嘉诸人事迹首末，因书士龙，告为托其搜访见寄也。"②《伊洛渊源录》成书后，朱熹寄给吕祖谦并请为序，吕祖谦回应：

> 《渊源录》《外书》皆领。旦夕即遣人往汪丈处借书。永嘉事迹，亦当属陈君举辈访寻，当随所得次第之。《渊源》序录，本非晚辈所当涉笔。然既辱严诲，当试草具求教。③

而后吕祖谦以其书关涉重大，建议朱熹认真修改后再刊刻："《渊源录》其间，鄙意有欲商榷者，谨以求教。大抵此书，其出最不可早。舆其速成而阔略，不若少待数年而粗完备也。"④ 朱熹则针对吕祖谦提出的问题，作二千余字《答吕伯恭渊源录》：

> 元丰中诏起吕申公，此段初固知其有误，然以其不害大体，故不复刊，今欲正之，亦善。……其他浮辞多合删节，当时失于

---

① 朱熹：《晦庵先生朱文公文集》卷三十三《答吕伯恭》，《朱子全书》第21册，上海古籍出版社、安徽教育出版社2002年版，第1436页。
② 朱熹：《晦庵先生朱文公文集》卷三十三《答吕伯恭》，《朱子全书》第21册，上海古籍出版社、安徽教育出版社2002年版，第1438页。
③ 吕祖谦：《东莱吕太史别集》卷八《与朱侍讲》，《吕祖谦全集》第一册，浙江古籍出版社2008年版，第416页。
④ 吕祖谦：《东莱吕太史别集》卷八《与朱侍讲》，《吕祖谦全集》第一册，浙江古籍出版社2008年版，第430页。

草草耳。卷首诸公，当时以其名实稍著，故不悉书。自今观之，
诚觉旷阙。但此间少文字，乏人检阅，须仗伯恭与诸朋友共成
之也。①

朱熹对吕祖谦所提问题作了全面解答，并恳请吕祖谦和其他同道一同
校阅之。

二 与陈亮、袁枢和李焘的史学交流

事功学派包括叶适、薛季宣、陈傅良为代表的永嘉学派和以陈亮
为代表的永康学派，乾淳之际形成鼎盛之势，与理学分庭抗礼。吕祖
谦婺学与永康、永嘉学派同属浙东学派，他们都提倡经世致用，因而
都很重视史学的价值，其中吕祖谦与陈亮的史学交游最是丰富。

吕祖谦与陈亮通信有34通，数量仅次于朱熹、张栻。吕祖谦稍
长陈亮，对命途多舛的陈亮一直关怀有加，陈亮对吕祖谦也非常敬
重。陈亮的主要史著《三国纪年》刚做好《序》《赞》，便寄给吕祖
谦过目，吕祖谦认为：

《三国纪年序引》及诸《赞》，乍归冗甚，未暇深考，亦有
两三处先欲商量。纪年冠以甲子，而并列三国之年。此例甚当。
既是并列，则不必云"合而附之《魏书》，天下不可无正也。"
"《序引》下文亦云"魏终不足以正天下"，则其初亦不必与之
也。"魏实代汉，以法纪之。""蜀实有纪，不纪以法。"未知如
何是以法纪，如何是不以法纪。更望详见谕。"魏诏疏有志"，不
知其体制如何。"蜀条章不为书，诏疏不为志，未成其为天下"，
亦恐未安。蜀固未尽备王者之制，而条章可见者恐亦须书。自先

---

① 朱熹：《晦庵先生朱文公文集》卷三十五《答吕伯恭论渊源录》，《朱子全书》第
21册，上海古籍出版社、安徽教育出版社2002年版，第1531页。

主、孔明之心言之，固非以蜀为成。然自论次者言之，则其续汉
之义，亦不可不伸也。其余俟稍定详读，续得商榷。①

吕祖谦指出该书存在体例前后不一、"法纪"概念阐述不明等缺
点。在认真审读完全书后，又重新提出一些修改意见：

《三国纪年序引》及诸《赞》，累日已详看，用意高深处，
亦或得其一二。但大纲体制，犹有未晓处。《序》云"魏于是乎
有书，吴、蜀合而附之《魏书》"，又云"魏终不足以正天下，
于是为《三国纪年》终焉"，不知《魏书》与《纪年》是一书为
复两书？观三国诸君《赞》，却似迁、固史法，每君为纪，而参
赞于后者。而《三国纪年》冠以甲子，而并列魏、蜀、吴，则又
似合三国为一者。所谓魏武以下诸《赞》，必不可参于此，既并
列三国之年，必是通书三国事。今每君为赞，必知不系于此后。
不知系于何处。岂《三国纪年》之外复叙每君之本末而系以
《赞》耶？此皆未晓之大者也。《魏武赞》述来历甚当。但其末
"舜、禹之事"两语未晓。魏文帝两《赞》深味词意，予夺甚有
味。但《文帝赞》意颇晦。又文帝三驾伐吴谓"中国庶几息
肩"，亦未协。《昭烈赞》论其君臣，反复于天意人事之际，所
谓妙体本心。但费诗之议，却似不达时变。汉统既绝，昭烈安得
不承之？非高祖时比也。后主盖亦甚庸，所以安之不疑者，乃诸
葛公工夫耳。《武侯赞》论"以国政归丞相"，甚善，但谓汉侍
中、中书令、尚书令皆宦者为之，考之《汉书》，亦不皆如此。
篇末"王者之不作，天犹以为未疏哉"，感慨之意甚长，但不若
《后主赞》所谓"天命果可畏"，辞严而义正也。《武烈赞》论汉

① 吕祖谦：《东莱吕太史别集》卷十《与陈同甫》，《吕祖谦全集》第一册，浙江古
籍出版社 2008 年版，第 472 页。

末守文之弊及启桓王之翱翔，甚妙，甚妙。下三《赞》亦然。鄙意窃谓吴四《赞》尤能尽其规摹之所止，殆无遗憾也。《庞统赞》论兼弱之义，甚正。《关羽赞》亦稳。但来教谓司马子长虽高不欲学，而诸赞命意及笔势往往似之，何耶？因便并望见教。①

吕祖谦针对陈亮史文所存在的很多"大纲体制"、辞义严正等问题，非常详细地一一列举出来，由此可见其认真仔细之一斑。初作史者难免有为例不纯之弊端，正因此，吕祖谦的认真态度，也是期望陈亮能反复修改，加以完善。

吕祖谦与袁枢同是隆兴元年（1163 年）进士及第，二人有同年之谊。吕祖谦调离严州州学教授后，乾道七年（1171 年）袁枢为后继者，因而两人颇有来往。在为严州教授期间，袁枢写成《通鉴纪事本末》，寄手稿于祖谦并希望祖谦为之作"书后"，吕祖谦欣然应允：

> 《通鉴纪事本末》，袁子所辑，章首则扬子之笔也。庚寅、辛卯之间，袁、扬风节隐然在两学间。予辱为僚，相与讲肄，盖日有得焉。忧患索居，旧业湮废。袁子官旁郡，悯其孤陋，乃以是书开予。予慨然曰："《通鉴》之行百年矣，综理经纬，学者鲜或知之。习其读而不识其纲，则所同病也。今袁子掇其体大者，区别终始，使司马公之微旨自是可考。躬其难而遗学者以易，意为笃矣。昔者司马公与二刘氏、范氏缲中秘外邸之书馀二十年。其定为二百九十四卷者，盖百取其一，千取其十也，览者犹难之。若袁子之纪本末，亦自其少年玩绎参订，本之以经术，验之以世故，广之以四方贤士大夫之议论，而后部居条流，较然易

---

① 吕祖谦：《东莱吕太史别集》卷十《与陈同甫》，《吕祖谦全集》第一册，浙江古籍出版社 2008 年版，第 473—474 页。

见。夫岂一日之积哉！学者毋徒乐其易，而深思其所以难，则几矣。"①

　　吕祖谦对袁枢的《通鉴纪事本末》评价极高，认为该书一是使得读者更容易领会《资治通鉴》的要旨。《资治通鉴》不但部头庞大，且其书是司马光和助手在浩繁的史料中"百取其一，千取其十"而成，其中精细处读者往往难以领会。二是《通鉴纪事本末》成书不易，世人不能因其非原创就"乐其易"，它是袁枢多年积累投入其中，广收四方学子成果而成，殊为不易。吕祖谦的评价是中肯的。

　　李焘长吕祖谦二十余岁，因而吕祖谦与李焘多以晚辈姿态交流。淳熙三年（1176 年）吕祖谦入国史院、实录院便是李焘举荐的，之后二人合修了《徽宗实录》，其过程是愉快的。吕祖谦曾向朱熹道修史情况，说虽然期限紧迫任务繁重，"所幸院长及同僚皆无龃龉"。②随后二人又开始了《四朝正史志》和《中兴馆阁目录》的修撰。但李焘后为其子李垕所累，离开史馆，出知常德府。对此吕祖谦甚为惋惜："李仁甫以仲信上舍作策题问贤良，为言者并论，遂皆去国。此老萧散平坦，足为朝列之重。骤失此人，甚觉萧索累日，寝食为之无味也。"③吕祖谦利用自己还在史馆的优势，尽力帮助李焘修撰《续资治通鉴长编》，并鼓励道："所论《长编》乍到，固知多事。今条教既定，莫渐可整顿否？虽远方难得人商榷，然暇日极难得，似不可放过也。"④乾道五年（1169 年）吕祖谦致信李焘：

---

　　① 吕祖谦：《东莱吕太史文集》卷七《书袁机仲国录〈通鉴纪事本末〉后》，《吕祖谦全集》第一册，浙江古籍出版社 2008 年版，第 114—115 页。
　　② 吕祖谦：《东莱吕太史别集》卷八《与朱侍讲》，《吕祖谦全集》第一册，浙江古籍出版社 2008 年版，第 420 页。
　　③ 吕祖谦：《东莱吕太史别集》卷十《与学者及诸弟》，《吕祖谦全集》第一册，浙江古籍出版社 2008 年版，第 508 页。
　　④ 吕祖谦：《东莱吕太史外集》卷五《与李侍郎》，《吕祖谦全集》第一册，浙江古籍出版社 2008 年版，第 700 页。

　　《长编》既已断手，某若及此暇时，参订修润，整顿凡例，
欲削枝叶，两存者折衷归于一是，遂为完书。若秖广记备言以待
后人，恐年祀浸远，未必能明今日去取之意，使千载有遗恨，良
可惜也。①

吕祖谦希望李焘将《资治通鉴长编》完书，并校订修改好，而不只
是将搜集好的资料留待后人修成，这是对好友的告诫。

　　吕祖谦与诸位学友的交游，对其治史是有影响的。吕祖谦与朱熹
等理学中人讨论史学，不但使得天理史观得到阐发，而且也促进了对
于经史关系的认识；吕祖谦与陈亮等事功学派的史学的交流中，特别
强调历史编纂"大纲体制"与辞义严正的重要性，对于历史编纂颇
有启示作用；吕祖谦对袁枢《通鉴纪事本末》"区别始终"的历史叙
事给予充分肯定，说明他对历史编纂体裁体例有着深刻的见解；他寄
希望李焘能完成《资治通鉴长编》的撰述，体现了对于当代史撰述
的重视。

---

　　① 吕祖谦：《东莱吕太史外集》卷五《与李侍郎》，《吕祖谦全集》第一册，浙江古
籍出版社 2008 年版，第 701 页。

第二章　吕祖谦的历史编纂学成就

吕祖谦一生治史勤奋，史著等身。在长期的史学实践中，吕祖谦在历史编纂学上取得了重大成就。他关于《左传》研究而成的系列著作，推进了《左传》学的发展；他的《大事记》的编纂，对传统编年叙事多有创新；他的人物传记、类书和史钞类历史撰述，对这些史书体裁的发展做出了贡献。吕祖谦的历史编纂特点，主要体现在重视对传统史书体裁的综合运用，对史书体例的高度重视，以及历史编纂多为"始学者设"等方面。

第一节　《左传》学的成就与编年体的创新

《左传》作为"春秋三传"之一，对它的研究与阐发非常丰富，形成了《左传》学。《左传》亦经亦史的特点，决定了对《左传》的研究既有从经学义理角度来进行阐发，又有史学角度的解读，具体到吕祖谦，这两种角度都是存在的，本书则主要从史学角度作出阐述。吕祖谦治史，对《左传》着力甚多，有学者这样评价道："吕氏《左传》学是从史学角度研究《左传》的里程碑。"① 他的"左氏三传"系列著作，为《左传》学的发展做出了贡献。由推崇《左传》，吕祖谦进而对编年叙事多有心得，所著《大事记》，成为宋代编年体历史

---

① 程小青：《吕祖谦〈左传〉学研究》，博士学位论文，福建师范大学，2015 年。

撰述的代表作之一，对编年体体裁体例多有创新。

一 "左氏三传"对于《左传》学的发展

《左传》在学术史上，以经学而论，被视为解释《春秋》之作，为"《春秋》三传"之一；以史学而论，为我国第一部体例比较完备的编年体史书，在历史编纂上有重要地位。作为"《春秋》三传"之一，汉代古文经学家刘歆对其有整理之功，贾逵著《春秋左氏传解诂》颇有发明，晋人杜预以《春秋经传集解》成为《左传》解经之一家。作为史学著作，唐代史评家刘知幾提出著名的"六家二体"说，视《左传》为"六家"之一家，编年与纪传"二体"中编年体的代表，给予《左传》历史编纂以崇高的地位。然而，以往学者论《左传》，或析其解经特点，或评其史料价值，或论其编纂特点，却鲜有对《左传》一书的内容、结构进行系统研究者。吕祖谦对于《左传》一书非常推崇，他认为"左氏综理微密，后之为史者鲜能及之"，[①] 故而对该书用力甚勤。吕祖谦的《左传》学研究特点，是重视《左传》中的历史人物、历史事件，并发表评论。吕祖谦关于《左传》学的研究著作，流传至今的主要有《左氏博议》《左氏传说》《左氏传续说》和《左氏类编》，另有《左氏统记》《甲午〈左氏〉手记》《左氏纲目》等篇幅较短的《左传》学文章。其中以《左氏博议》《左氏传说》和《左氏传续说》之所谓"左氏三传"的影响最大。

《四库全书总目提要》在书籍分类上，将吕祖谦的《左传》学系列著作"左氏三传"纳入经部"春秋类"中，显然是将这些著作当作经学著作看待的。尽管如此，也无法否认这些著作的史学性质和史学地位。

---

① 吕祖谦：《东莱吕太史别集》卷十三《甲午〈左传〉手记》，《吕祖谦全集》第一册，浙江古籍出版社 2008 年版，第 559 页。

《左氏博议》《左氏传说》和《左氏传续说》之"左氏三传"，都是对《左传》作出阐释和发挥之作，因而从体裁上讲属于史论性质的著作。同时吕祖谦在进行评论的过程中，又在体例上对《左传》的编年叙事各有发挥。首先是《左氏博议》，该书将《左传》中的传文拆分成一个个事件，通过对《左传》原文作出一定的裁剪，在每一段传文后加入典故和注释进行议论。以《左传》中《隐公·元年》条为例，吕祖谦将其分为两个篇目，分别是《郑庄公共叔段》和《周郑交恶》，而对该条中"秋七月，天王使宰咺来归惠公、仲子之赗"后的内容则阙而不录。《隐公·三年》和《隐公·四年》的传文，吕祖谦将卫庄公之子卫州吁杀卫桓公自立之事，合而为"卫州吁"条，再行议论。这种叙述重视事件的完整性，在此基础上再加以议论总结，这无疑是对《左传》学从叙事上作出的发展。

《左氏博议》成书于早年，到《左氏传说》成书时，吕祖谦对于《左传》的认识更为精深。四库馆臣认为："是编持论与《博议》略同，而推阐更为详尽。"[1]"推阐详尽"说出了与前书的差异。吕祖谦在《左氏传说》中，以《左传》中鲁国十二公的次序，总结其大要为编目，再行议论，而非照录《左传》原文，而且行文以作者议论为主。以《隐公》为例，吕祖谦将《左传》中隐公共十一年的记载列为以下条目："祭仲谏郑庄封叔段/石碏谏卫庄宠州吁/师服谏晋封桓叔/齐人卒平宋卫于郑/秋会于温盟于瓦屋/冬齐侯使来告成三国/羽父请谥与族/滕薛来朝争长/郑庄因入许而曰寡人有弟弗能和协/息侯伐郑。"[2] 其中"师服谏晋封桓叔"是发生在"桓公二年"的事件，其他的编目大致符合《左传》之记载的先后顺序。从中我们可以发

---

① 纪昀：《四库全书总目提要》卷二十七，河北人民出版社2000年版，第710页。

② 吕祖谦：《左氏传说》目录，《吕祖谦全集》第七册，浙江古籍出版社2008年版，第1页。

现，吕祖谦所列事目编次虽然大致符合时间顺序，但也明显含有以类相分的思想。这是因为《左氏传说》以史论为主，以类相分有益于议论的集中阐述。

到《左氏传续说》成书时，编目就更为详尽了。该书是吕祖谦对前两部书中，"意犹有所未尽，或补遗，或驳正者，故谓之'续说'"①。其中第一卷《隐公》条就有三十五条编目，其前书有论述者则从略，如"卫庄公娶于齐东宫得臣之妹曰庄姜""卫州吁弑桓公而立"等条，仅是一笔带过，未加详述。隐公五年"春公将如棠观鱼者/臧僖伯谏曰/春蒐夏苗秋狝冬狩皆于农隙以讲事也"②，因前二书没有涉及，便加以详述。《左氏传续说》的编目达上千条之多，而《左氏传说》才不到两百条。尽管如此，《左氏传续说》的叙事特点，则是注重简洁凝练，摈弃空谈，"盖祖谦邃于史事，知空谈不可以说经，故研究《传》文，穷始末以核得失，而不倡废《传》之高论。"③

在"左氏三传"之外，吕祖谦还编纂了《左氏类编》一书。该书与"左氏三传"在体裁上有所不同，它比较接近于类书。《直斋书录解题》《玉海》《文献通考》《宋史》等都对该书有收录，而《四库全书总目》却没有收录，按照《四库全书总目提要》的说法，主要是因为该书"久无传本，惟散见《永乐大典》中，颇无可采。"④由此来看，该书未被收录的原因，不仅仅是没有传本，关键是散见于《永乐大典》中的内容"颇无可采"。不过，这部书的价值和影响虽然不及"左氏三传"，但在体例上也颇有特点。该书前有《年表》，将《左传》中的诸侯征伐会盟等大事以纪年形式记录下来，然后是

----

① 吕祖谦：《左氏传续说》点校说明，《吕祖谦全集》第七册，浙江古籍出版社 2008 年版，第 1 页。

② 吕祖谦：《左氏传续说》卷一《隐公》，《吕祖谦全集》第七册，浙江古籍出版社 2008 年版，第 10 页。

③ 纪昀：《四库全书总目提要》卷二十七，河北人民出版社 2000 年版，第 711 页。

④ 纪昀：《四库全书总目提要》卷二十七，河北人民出版社 2000 年版，第 710 页。

《纲领》，这是选取了《左传》《战国策》《春秋释例》《汉书》，杜预《春秋序》、吕希哲《发明义理》、谢良佐《与胡安国书》等书中的材料而成。其正文将《左传》分为十九目，依次为：周、齐、晋、楚、吴越、夷狄、附庸、诸侯制度、风俗、礼、氏族、官制、财用、刑、兵、地理、春秋前事、春秋始末和论议。由此来看，事目清晰，分类详尽是其突出特点。

二　《大事记》对编年史体的创新

编年体是传统史学中最早出现的史书体裁，它以时间顺序编年系事。在宋代以前传统史学发展过程中，涌现出《左传》《汉纪》和《后汉纪》等一大批优秀的编年体著作。宋代史学发达的一个重要表现，便是编年体的发展。司马光《资治通鉴》代表了传统史学编年叙事的最高水平。在司马光《资治通鉴》的影响下，李焘的《续资治通鉴长编》、李心传的《建炎以来系年要录》等一批编年体名著得以涌现。

吕祖谦推崇司马光《资治通鉴》，认为该书极大地完善了传统编年叙事法。他说：

> 史书浩博，自迁、固而下，文字多猥并，又编年之体一变，而事实破散，亡以考知治体隆污之渐。独《资治通鉴》用编年法，其志一人一事之本末，虽不若纪传之详，而国家之大体，天下之常势，首尾贯穿。兴废存亡之迹可以坐炤。此观史之咽会也。余尝考《通鉴》效《左传》，而《目录》仿《春秋》，此司马公不言之意也，余固发之。①

---

① 吕祖谦：《东莱吕太史文集》附录，《吕祖谦全集》第一册，浙江古籍出版社2008年版，第870页。

吕祖谦认为，由《史记》《汉书》使得纪传体流行开来，但司马迁、班固以下诸部纪传体史书却有"文字猥并"之失；而编年体史书有记载史事散乱不见首尾之失。司马光的《资治通鉴》发展了编年记述，在按时间记载的前提下，将一人一事的首尾叙述完整，将"国家之大体，天下之常势，首尾贯穿。兴废存亡之迹可以坐炤。"从历史编纂发展史的角度，吕祖谦认为《资治通鉴》是"续左氏"而作。他说：

> 大抵史有二体，编年之体始于左氏，纪传之体始于司马迁。其后如班、范、陈寿之徒，纪传之体常不绝。至于编年之体则未有续之者。温公作《通鉴》，正欲续左氏。左氏之《传》终云"知伯贪而慆，故韩、魏反而丧之"，左氏终于此。故《通鉴》始于此。[1]

吕祖谦还对传统的纪传与编年二体的优劣发表自己的看法，他说："然编年与纪传互有得失，论一时之事，纪传不如编年；论一人之得失，编年不如纪传。要之，二者皆不可废。"[2] 其实对于纪传、编年二体的优劣，刘知幾在《史通·二体》里已经对二者的得失作出过总结，指出编年体优点为：详载同年共世之事、语无重复、时岁相续；缺点为：跨年、跨代之事首尾难稽、记载事件大小粗细不一、遗漏史实。纪传体优点为：记述详细，事无错漏；缺点为：割裂事件、前后重复、前辈后生次序错位。总体来看，编年与纪传二体互有得失，"欲废其一，固亦难矣"，[3] 因而二体"各有其美，并行于

---

① 吕祖谦：《丽泽论说集录》卷八《门人集录史说》，《吕祖谦全集》第二册，浙江古籍出版社2008年版，第218页。
② 吕祖谦：《丽泽论说集录》卷八《门人集录史说》，《吕祖谦全集》第二册，浙江古籍出版社2008年版，第218页。
③ 刘知幾著，浦起龙释：《史通通释》卷二《二体第二》，上海古籍出版社1978版，第29页。

世。"① 相比较于刘知幾的全面评论，吕祖谦的评论则言简意赅，抓住本质。更为重要的是，在刘知幾看来，一部史书、一位史家，只能选择其一来做，"唯守一家而已"②。吕祖谦则不同，在他看来，既然编年体与纪传体的本质区别主要是体现在"一时之事""一人得失"上，那么同一部书完全可以同时采用这两种体裁进行编纂。吕祖谦的《大事记》是一部编年体史书，却很好地将编年与纪传的方法加以融合，真正做到了在一部书中对二体"皆不可废"。

《大事记》全书包括三个部分："大事记"十二卷、"通释"三卷、"解题"十二卷。该书名之由来，乃效仿"司马子长《年表·大事记》，盖古策书遗法"③。吕祖谦所提到的当是《史记》中的"十表"，他之所以取法"十表"，一是体裁的需要，"十表"以时间为序排列史事，将错综复杂的社会情况和无法载入列传的人物反映出来，《大事记》以年月系事，并标明每一条材料所出之处，亦是要于纷繁史料中辨明去取之义，与"十表"所要反映的内容相类似；二是由于吕祖谦推崇司马迁的史法，《大事记》中的史法多遵循《史记》，吕祖谦在书序中说："书法视太史公，所录不尽用策书凡例云。"④

吕祖谦在其离世前一年开始编撰《大事记》，不同于其早年的史学著作，《大事记》体现了吕祖谦较为成熟的历史编纂思想。《大事记》于编撰体例上的特点，宋人在整理《大事记》时已经注意到：

　　《大事记》者，史迁表汉事之目也，以事系年，而列将相名

---

① 刘知幾著，浦起龙释：《史通通释》卷二《二体第二》，上海古籍出版社 1978 版，第 29 页。

② 刘知幾著，浦起龙释：《史通通释》卷二《二体第二》，上海古籍出版社 1978 版，第 29 页。

③ 吕祖谦：《大事记》原序，《吕祖谦全集》第八册，浙江古籍出版社 2008 年版，第 3 页。

④ 吕祖谦：《大事记》原序，《吕祖谦全集》第八册，浙江古籍出版社 2008 年版，第 3 页。

臣于其下，盖不但存古策书之法而已。特其体统未备，犹有遗
恨。班固表公卿百官，详于拜罢，而置大事弗录，失迁意远甚。
太史先生是书，名袭迁《史》，体备编年，包举广而兴寄深，虽
不幸绝笔于征和，而书法可概见。其文则史，其义则窃取之矣。
《通释》，是书之总也。《解题》，是书之传也。学者考《通释》
之纲，玩《解题》之旨，斯得先生次辑之意云。①

这段论述的作者吴学谨认为，班固的《百官公卿表》只是详于官员
的官职与任期，并没有继承司马迁《史记》中各《年表》的精髓，
《大事记》则是吕祖谦继承司马迁《史记》的史意并加以发挥而成，
其中"大事记"为主干，"通释"为纲目，"解题"为解释说明。吕
祖谦在解释这三部分之间关系的时候说道：

《大事记》者，列其事之目而已，无所褒贬抑扬也。熟复乎
《通释》之所载，则其统纪可考矣。《解题》盖为始学者设，所
载皆职分之所当知，非事杂博，求新奇，出于人之所不知也。至
于畜德致用，浅深大小，则存乎其人焉。次辑之际，有所感发，
或并录之。此特一时意之所及，览者不可以是为限断也。②

四库馆臣对此也有阐述：

《通释》三卷，如说经家之有纲领，皆录经典中要义格言。
《解题》十二卷则如经之有传，略具本末而附以己见。凡《史》
《汉》同异及《通鉴》得失，皆缕析而详辨之。又于名物象数旁

---

① 吕祖谦：《大事记·解题》卷十二《汉孝武皇帝征和三年》，《吕祖谦全集》第八
册，浙江古籍出版社 2008 年版，第 876—877 页。
② 吕祖谦：《大事记·解题》卷一《周敬王三十九年庚申》，《吕祖谦全集》第八册，
浙江古籍出版社 2008 年版，第 231 页。

见侧出者，并推阐贯通，夹注句下。①

　　《大事记》《通释》《解题》吸取了编年、纪传二体所长，《通释》以简短篇幅反映一代政治、社会风貌；《解题》则以初涉史学的学子为对象，务求通俗，以普及基本的史学知识。其中对于诸家史书的异同优劣之处多有辨析，同时对于典章制度等亦用心颇多，因而既可以作为初学者读史入门所用，又可为博览诸史者由博返约之用，无怪祖谦道："浅深大小，则存乎其人焉。"吕祖谦对于史论和叙事区分地很清楚："大抵论事之体与叙事之体不同。叙事者载其实，论事者推其理。"② 因而在《大事记》中，将史论部分集中于《解题》，将叙事部分集中于《大事记》部分，以示区分，这是极为难得的史识。南宋是义理史学兴盛的时期，史论非常适合结合史事阐发议论，范祖禹的《唐鉴》、胡寅的《致堂读史管见》、朱熹的《资治通鉴纲目》都是这方面的代表作，理学家多借史事阐发议论，吕祖谦则能从史学本身出发，对史论和史实加以区分，恪守其作为史学家的本色。

　　《大事记》部分纪事以《春秋》之后的周敬王三十九年（公元前481年）为始，采取了《鲁史》《左传》《战国策》《吕氏春秋》《史记》《汉书》《通鉴》《稽古录》《通鉴外纪》等书中的记载，至武帝征和三年（公元前90年）而止，其述"一一具载出典，固非臆为笔削者可及也"③。这也是吕祖谦效法司马迁之处，仅将对史事的感触以论赞设于《解题》之下，正如吕祖谦所说："《大事记》者，列其事之目而已，无所褒贬抑扬也。"④ 吕祖谦慎于褒贬，却亦是与《史

---

① 纪昀：《四库全书总目提要》卷四十七，河北人民出版社2000年版，第1306页。
② 吕祖谦：《左氏博议》卷二《桓公五年》，《吕祖谦全集》第六册，浙江古籍出版社2008年版，第39页。
③ 纪昀：《四库全书总目提要》卷四十七，河北人民出版社2000年版，第1306页。
④ 吕祖谦：《大事记·解题》卷一《周敬王三十九年庚申》，《吕祖谦全集》第八册，浙江古籍出版社2008年版，第231页。

记》一般"寓论断于叙事中"。吕祖谦重视吸取秦暴政以至于二世而亡的教训，但并没有恣意褒贬，在"秦始皇二十六年"目下，记载当时赋役情况："收泰半之赋。租赋盐铁二十倍于古，更戍力役三十倍于古（以《前汉·食货志》修）。"① 虽是引用《汉书》原文，寥寥数语便将秦的赋役之重表现出来。在《解题》中，吕祖谦记述此事也体现了不恣意褒贬的特点：

> 按《前汉·食货志》："始皇并天下，内兴功作，外攘夷狄，收泰半之赋。"董仲舒曰："秦改帝王之制，小民月为更卒，已，复为正一岁，屯戍一岁，力役三十倍于古；田租田赋，盐铁之利，二十倍于古。或耕豪民之田，见税什五。故贫民常衣牛马之衣，而食犬彘之食。重以贪暴之吏，刑戮妄加，民愁亡聊，亡逃山林，转为盗贼。赭衣半道，断狱岁以千万数。"②

秦始皇统一天下之年赋税达到民力的三分之二，暗含贬秦之意。但于叙述中仅陈史实，不妄加议论，这是对司马迁史笔的继承。在《大事记》"汉孝武帝元狩五年"条目下，有"董仲舒请限民田，不从"③。到《解题》中，吕祖谦引《汉书·食货志》曰：

> 按《食货志》："董仲舒言：'古井田法虽难卒行，宜少近古，限民名田，以赡不足，塞兼并之路。盐铁皆归于民。去奴婢，除专杀之威。薄赋敛，省徭役，以宽民力。然后可善治也。'仲舒死后，功费愈甚，天下虚耗，人复相食。"荀氏《汉纪》载

---

① 吕祖谦：《大事记》卷七《秦始皇二十六年》，《吕祖谦全集》第八册，浙江古籍出版社 2008 年版，第 93 页。
② 吕祖谦：《大事记》卷七《秦始皇二十六年》，《吕祖谦全集》第八册，浙江古籍出版社 2008 年版，第 484 页。
③ 吕祖谦：《大事记》卷十二《汉孝武帝元狩五年》，《吕祖谦全集》第八册，浙江古籍出版社 2008 年版，第 166 页。

榷盐铁、董仲舒于去年，今并迁于此。①

吕祖谦只是将董仲舒的主张记述下来，并不多加议论，却描述了董仲舒死后天下的惨状，孰是孰非则读者自有分辨。

《通释》的撰述体现了吕祖谦的通史意识。《通释》卷首节录了《易大传》中记载包牺氏、神农氏、黄帝、尧、舜时期的历史。包牺氏"作结绳而为网罟，以佃以渔"②，说明当时处于以狩猎和捕鱼为生的原始时期。神农氏"斫木为耜，揉木为耒，耒耨之利，以教天下"③，"日中为市，致天下之民，聚天下之货，交易而退，各得其所"④，说明这时已经进入农业时期，并出现了商业活动。到黄帝、尧、舜时期，"刳木为舟，剡木为楫，舟楫之利，以济不通"，⑤"服牛乘马，引重致远"，"重门击柝，以待暴客"，⑥"上古穴居而野处，后世圣人易之以宫室"，⑦"上古结绳而治，后世圣人易之以书契"，⑧ 这一阶段出现了船、车这样的交通工具，有了武装力量、房屋城市和文字，这时人们逐渐迈入了文明阶段。

在《易大传》之后，《通释》节录了《尚书》中从启以下到周

---

① 吕祖谦：《大事记·解题》卷十二《汉孝武帝元狩五年》，《吕祖谦全集》第八册，浙江古籍出版社 2008 年版，第 818—819 页。

② 吕祖谦：《大事记·通释》卷一《易大传》，《吕祖谦全集》第八册，浙江古籍出版社 2008 年版，第 183 页。

③ 吕祖谦：《大事记·通释》卷一《易大传》，《吕祖谦全集》第八册，浙江古籍出版社 2008 年版，第 183 页。

④ 吕祖谦：《大事记·通释》卷一《易大传》，《吕祖谦全集》第八册，浙江古籍出版社 2008 年版，第 183 页。

⑤ 吕祖谦：《大事记·通释》卷一《易大传》，《吕祖谦全集》第八册，浙江古籍出版社 2008 年版，第 183 页。

⑥ 吕祖谦：《大事记·通释》卷一《易大传》，《吕祖谦全集》第八册，浙江古籍出版社 2008 年版，第 183 页。

⑦ 吕祖谦：《大事记·通释》卷一《易大传》，《吕祖谦全集》第八册，浙江古籍出版社 2008 年版，第 183 页。

⑧ 吕祖谦：《大事记·通释》卷一《易大传》，《吕祖谦全集》第八册，浙江古籍出版社 2008 年版，第 184 页。

平王、秦穆公的历史。启与有扈氏战于甘、太康失国、胤讨伐羲和的后代，这是夏朝的历史。"自契至于成汤八迁，汤始居亳"①，商开始兴盛，"汤征诸侯，葛伯不祀，汤始征之，作《汤征》"②，"伊尹相汤伐桀，升自陑，遂与桀战于鸣条之野，作《汤誓》"③，"汤既黜夏命，复归于亳，作《汤诰》"④，后有"仲丁迁于嚣"，"祖乙圮于耿，""盘庚五迁"，"殷既错天命，微子作诰"⑤，这是商的历史。"武王胜殷，杀受，立武庚"，"邦诸侯，班宗彝"，"武王崩，三监及淮夷叛，周公相成王，将黜殷"，"成王既伐管叔、蔡叔，以殷余民封康叔"，"成王将崩，命召公、毕公率诸侯相康王"。⑥ 这反映的是周的历史。

在《尚书》之后吕祖谦从《诗序》中摘出材料，反映了商、周时期社会各阶层的状况，展现了生动的生活图景。其中反映后妃生活情况的有《关雎》《葛覃》《卷耳》《樛木》《螽斯》《桃夭》《兔罝》《茉苢》等篇，⑦ 讽刺贵族的有《新台》《墙有茨》《氓》《伯兮》《有狐》《君子于役》等篇，反映战争的有《采芑》《六月》等篇，反映祭祀的有《那》《烈祖》《玄鸟》《殷武》等篇。⑧

---

① 吕祖谦：《大事记·通释》卷一《书序》，《吕祖谦全集》第八册，浙江古籍出版社 2008 年版，第 185 页。
② 吕祖谦：《大事记·通释》卷一《书序》，《吕祖谦全集》第八册，浙江古籍出版社 2008 年版，第 185 页。
③ 吕祖谦：《大事记·通释》卷一《书序》，《吕祖谦全集》第八册，浙江古籍出版社 2008 年版，第 185 页。
④ 吕祖谦：《大事记·通释》卷一《书序》，《吕祖谦全集》第八册，浙江古籍出版社 2008 年版，第 185 页。
⑤ 吕祖谦：《大事记·通释》卷一《书序》，《吕祖谦全集》第八册，浙江古籍出版社 2008 年版，第 185 页。
⑥ 吕祖谦：《大事记·通释》卷一《书序》，《吕祖谦全集》第八册，浙江古籍出版社 2008 年版，第 186 页。
⑦ 吕祖谦：《大事记·通释》卷一《诗序》，《吕祖谦全集》第八册，浙江古籍出版社 2008 年版，第 187 页。
⑧ 吕祖谦：《大事记·通释》卷一《诗序》，《吕祖谦全集》第八册，浙江古籍出版社 2008 年版，第 187—189 页。

《大事记》特列《岁目》一篇，将周敬王三十九年（公元前 481 年）到周世宗显德六年（959 年）的一千四百多年按六十甲子的顺序排列成纪年表。《岁目》以下，摘录《论语》记载孔子的生平活动与学术主张，摘录《孟子》进一步补充了尧到孔子作《春秋》的历史，节录《战国策》记述了周文王到秦并六国的历史，节录《太史公自序》交代了秦并六国至汉武帝这一历史时期的重要事件，节录胡宏的《假陆贾对》讨论了汉初的政治制度尤其是分封制的影响，节录董仲舒《贤良策》阐发了儒家的治世观。《通释》部分不但在时间上作了贯通，也从节录的经典中阐述了不同历史时期的政治、经济、文化发展情况，虽非祖述，但其用心精妙可见一斑。

由上可知，吕祖谦的"左氏三传"以史论见长，在体例上事目清晰，分类详尽，推进了对于《左传》学的研究；《大事记》虽为编年体史书，却融合了编年、纪传的叙事方法，而且在历史编纂方法上手法非常灵活，对传统编年叙事颇有创新。

第二节　对史书诸体的发展

在吕祖谦撰述的众多史书中，广泛运用各种史书体裁进行历史写作是其一大特点。除去"左氏三传"因编年体史书《左传》论史事属于史论体，《大事记》为编年叙事之外，《欧公本末》为人物传记体，《历代制度详说》为类书体，《十七史详节》和《两汉精华》属于史钞体。吕祖谦历史编纂实践中，对上述诸史体都做出了程度不同的发展。

一　对人物传记体的发展：《欧公本末》

人物传记是史学著作中的一种独特类型，在历代正史中又被称为"列传"或"传"。赵翼认为"传"的起源很早："古书凡记事、立论及解经者，皆谓之传，非专记一人事迹也。其专记一人为一传者，

则自迁始。"① 这就说明先秦时期将记事、载言、解经之书都称为
"传"。司马迁将"传"发展为专记一人之事，称为"列传"。"列
传"作为纪传体史书重要部分，成为中国史传著作的滥觞。刘勰在
《文心雕龙·史传》中，总结史传著作的撰述要道为"寻繁领杂之
术，务信弃奇之要，明白头讫之序，品酌事例之条"②。"寻繁领杂之
术"和"明白头讫之序"都是针对历史编纂问题而谈的，"寻繁领杂
之术"是说于诸多关于人物的记载中找出脉络，"明白头讫之序"指
出了时间顺序对史传的重要性。刘知幾在《史通》中进一步阐述了
列传的两种编撰类型：

> 又传之为体，大抵相同。而述者多方，有时而异。如二人行
> 事，首尾相随，则有一传兼书，包括令尽。若陈余、张耳合体成
> 篇，陈胜、吴广相参并录是也。亦有事迹虽寡，名行可崇，寄在
> 他篇，为其标冠。若商山四皓，事列王阳之首；庐江毛义，名在
> 刘平之上是也。③

刘知幾指出，史书列传大致体例相同，而有时亦存在不同之处：一是
将事迹基本相同的人合为一篇，如《史记》的"列传"中有陈余、
张耳和陈胜、吴广；二是将一些事迹不多但声名值得推崇的人置于他
传中，如《后汉书》中将毛义置于《刘平传》下。

除了纪传体史书中的人物传记，还有"杂传"与之并存于世。
"杂传"单独成篇或成书，而列传则是纪传体史书的一部分。"杂传"
相比于"纪传"，编纂时选材大多未经太多润色，且有野史演义的色
彩，因而相比于"纪传"，史学价值有所降低。先秦时"杂传"有

---

① 赵翼：《廿二史劄记校证》卷一《各史例目异同》，中华书局 2013 版，第 5 页。
② 刘勰著，范文澜释：《文心雕龙注》卷四，人民出版社 1958 年版，第 287 页。
③ 刘知幾著，浦起龙释：《史通通释》卷二《列传第六》，上海古籍出版社 1978 版，第 47 页。

《穆天子传》《晏子春秋》等作品，汉代以后，杂传日益繁盛，出现了刘向《列女传》，这是一部"类传"，即将同一类型的人物列为一传。刘向之后，又出现了"单传""别传""外传"等，到《隋书·经籍志》中，杂传类著作已有二百余种。这两种传记形式沿着各自的轨迹发展，中唐古文运动后，传记作品开始出现文学与史学相交融的局面，文人集子中的传记体作品逐渐代替了纪传和杂传，成为传记作品的主流。宋代文集传记兴盛起来，传记具备了史学和文学的双重意义，使得传记具有了致用价值和载道价值。

吕祖谦作《欧公本末》时已是其生命的尾声了，"淳熙八年辛丑，定《古周易》十二篇，编《欧公本末》"[①]。直到吕祖谦去世后，该书才在嘉定年间由郡丞詹乂民刊行，往后再无其他版本，其书流传并不广。欧阳修作为一代学问大家在当世即为人所重，宋代先后有胡柯、薛齐谊、孙谦益、曾三异、李焘、周必大等人为其作传，[②]除胡柯的《年谱》附欧公集后传世，其他皆亡佚，因而《欧公本末》对研究欧阳修的生平和著述价值颇大。

《欧公本末》体例上精妙新颖，体现了吕祖谦独特的文史观念。其书共有四卷，卷一为欧阳修早年人生和求学入仕经历，另有时人钱惟演、李若谷、李淑、宋祁、段少连、李柬之、王尧臣传记附录其下。卷二为景祐三年（1036 年）到至和元年（1054 年）欧阳修的人生经历，包括受范仲淹改革的牵连贬官为夷陵县令，复为馆阁校勘编修《崇文总目》等事件，有王尧臣、富弼、吕公绰、文彦博、范仲淹、包拯、孙甫等人传记。卷三为至和元年（1054 年）至嘉祐五年（1060 年）欧公的人生历程，主要为编修《唐书》和《五代史》，主持礼部考试，为谏官的经历等，有

---

① 吕祖谦：《东莱吕太史文集》附录，《吕祖谦全集》第一册，浙江古籍出版社 2008 年版，第 748—749 页。

② 杨殿珣：《中国历代年谱总录》，中华书局 1992 年版，第 150 页。

王安石、司马光、吕夏卿、宋敏求、韩维、吕公著等人传记。卷四主要为欧阳修晚年论著选集及其与友人的书信，有范祖禹、富弼、苏洵、宋庠等人传记附后。据杜海军考证，其书中除欧阳修外，另有九十一人有附传，加上所录文章中墓志铭、碑铭传主、行文中欧公同事，全书共涉及三百多人。① 欧阳修一生重要事件及其学术、交游情况跃然纸上，生动翔实。正因此，《欧公本末》所反映的不仅是欧阳修一个人的生平事迹，也是真宗、仁宗、英宗数十年间时贤事迹的记述。

吕祖谦为何在将要去世前仍孜孜于《欧公本末》的编纂呢？笔者认为有两个原因：一是吕祖谦重视以欧阳修为代表的北宋学者的文学成就。与当时多数理学家轻视文章之学不同，吕祖谦非常重视辞章之学，他不但有《古文关键》这样的点评之作，还参与了《宋文鉴》的修订。吕祖谦在《古文关键》中，收录了欧阳修十一篇文章，仅次于苏轼和韩愈；《宋文鉴》中选欧阳修的文章一百七十篇，仅次于王安石和苏轼。吕祖谦曾说："学文须熟看韩、柳、欧、苏，先见文字体式，然后遍考古人用意下句处。"② 吕祖谦对欧公文章的重视可见一斑。二是欧阳修与吕氏家族渊源颇深。吕祖谦六世祖吕公著与欧阳修关系甚密，欧阳修为颍州守时，吕公著为通判，《吕氏杂记》中说："欧阳公居颍日，与正献公及刘敞原甫、魏广晋道、焦千之伯强、王回深甫、徐无逸从道七人会于聚星堂，分题赋诗。"③ 正是在颍州结下的情谊，使得欧阳修还朝后大力举荐吕公著，称其"器识深远，沉静寡言，富贵不染其心，利害不移其守。"④ 欧阳修先后多次举荐

① 杜海军：《〈欧公本末〉的发现及其文献与学术价值》，《浙江师范大学学报》（社会科学版）2011 年第 4 期。

② 吕祖谦：《古文关键》卷首，《吕祖谦全集》第十一册，浙江古籍出版社 2008 年版，第 1 页。

③ 吕希哲：《吕氏杂记》卷下，大象出版社 2019 年版，第 328 页。

④ 欧阳修：《奏议集》卷十六《荐王安石吕公著劄子》，《欧阳文忠公文集》，四部丛刊本。

吕公著，这对于吕氏家族的崛起意义深远，吕本中曾有言："正献公静默自守，名实加于上下，盖自欧阳公发之。"① 欧阳修对吕希哲的影响也很大，而正是吕希哲奠定了吕氏家学的学术根基，《宋元学案》中说："荥阳少年，不名一师。初学于焦千之，庐陵之再传也。"② 吕希哲回忆年少时："欧阳公拜则立扶之，既再拜，但曰：'拜多。'其慰抚之如子侄，及传达正献公语，则变容唯唯。"③

《欧公本末》中采用"以文存人"的撰述方法，这是对人物传记撰述的一大创新。陈振孙说："盖因观《欧阳公集》，考其历仕岁月，同官同朝之人，略著其事迹，而集中诗文亦随时附见。非独欧公本末，而时事时贤之本末，亦大略可观矣。"④ 吕祖谦将欧阳修所写的文章、书信、墓志铭、劄子等按内容需要编入《欧公本末》中，并注明出处。其书首卷便以欧公第一人称口吻展开：

> 予少家汉东，汉东僻陋无学者，吾家又贫无藏书。州南有大姓李氏者，其子尧辅颇好学。予为儿童时多游其家，见有弊筐贮故书在壁间，发而视之，得唐《昌黎先生文集》六卷，脱落颠倒无次第，因乞李氏以归。读之，见其言深厚而雄博。然予犹少，未能悉究其义，徒见其浩然无涯，若可爱。⑤

这是欧阳修《记旧本韩文后》中的一段话，虽是写于韩愈文集的后记，却亦是交代了欧阳修少年时的家庭情况，第一人称的叙事犹如作

---

① 吕祖谦：《东莱吕太史文集》卷七《题伯祖紫微翁与曾信道手简后》，《吕祖谦全集》第一册，浙江古籍出版社 2008 年版，第 118—119 页。
② 黄宗羲、全祖望：《宋元学案》卷二十三《荥阳学案》，中华书局 1986 年版，第 902 页。
③ 吕希哲：《吕氏杂记》卷上，大象出版社 2019 年版，第 314 页。
④ 陈振孙：《直斋书录解题》卷七，上海古籍出版社 2015 年版，第 213 页。
⑤ 吕祖谦：《古文关键》卷首，《吕祖谦全集》第十一册，浙江古籍出版社 2008 年版，第 1 页。

者自传一般读来亲切。

对于欧阳修一生中的重要年份，《欧公本末》还将之编为年表形式，包括景祐元年至四年，宝元元年、二年，康定元年，庆历元年至四年，至和元年、二年，嘉祐元年至五年，分附于前三卷中，大致是欧阳修27岁到54岁之间事迹，包含了欧阳修主要经历和学术成就。对于本卷中出现的其他附传人名亦在年表中标明，起到了提纲挈领的作用。

《欧公本末》于体例上的创新，是吕祖谦兼容并蓄、泛观交接学术特色的体现，他以史学为本，融汇文史的学术路径在《欧公本末》中得到很好的体现，其以文述史、以文存人的方式，将当时学者留下的资料作为史书的一部分，使我们于其中对一代人物的兴衰、风俗的变迁有深切的领悟。

除《欧公本末》之外，吕祖谦还为其曾祖吕好问作《东莱公家传》，旨在为其正名。吕祖谦主持修订的《宋文鉴》中选录了十七篇北宋的传记作品，涉及"假物""隐逸""列女""自传""家传"等类型，确立了北宋传记作品的地位。吕祖谦选取文章的品位也得到了后人的认可，吴讷《文章辨体》、贺复徵《文章辨体汇选》等文选中，北宋传记文皆不出《宋文鉴》的范围。

二 对类书体的发展：《历代制度详说》

《历代制度详说》是吕祖谦撰写的关于历代制度沿革的著作，共有十五卷。其下有科目、学校、赋役等门类，每门分为"制度"和"详说"两部分，"制度"是从历代史书文献中摘录出史料，用以说明该制度起源和演变，并注明每篇材料之所出；"详说"部分是对该制度的评论和分析，为吕祖谦所自创。

我们探究《历代制度详说》的体例创新，首先要明确的便是该书的体例。四库馆臣将《历代制度详说》归于子部类书类中，但有学者对此提出异议，认为应归入到史部政书类，也就是典制体史书类。

杨松水认为：“根据彭飞序以及该书内容来看，其所述制度当为史学范畴，而《四库》收录在子部类书类，笔者考虑还是放在史部比较切合。”① 李洪波也认为《历代制度详说》“似应列入史部”。②《历代制度详说》到底应如何归类，笔者便从四库的分类及其依据入手作一分析。

类书是古代的一种资料性书籍，它将辑录的材料按门类编排，以备读者查验、使用，因而类书需具备两个特征：一是资料性，二是功能性。四库馆臣说：“类事之书，兼收四部，而非经非史，非子非集。四部之内，乃无类可归。……此体一兴，而操觚者易于检寻，注书者利于剽窃，转辗裨贩，实学颇荒。然古籍散亡，十不存一。遗文旧事，往往托以得存。”③ 类书往往兼收四部之学，因而难以归类，同时类书方便人们检寻资料的同时，也使得剽窃的情况增多，但对于保存历史文献来说作用甚大。将类书归于子部从《隋书·经籍志》始：“《隋志》载入《子部》，当有所受之。历代相承，莫之或易。明胡应麟作《笔丛》，始议改入集部，然无所取义，徒事纷更，则不如仍旧贯矣。”④ 四库馆臣对“政书”这一类别的分类依据为：“惟以国政朝章六官所职者，入于斯类，以符周官故府之遗。至仪注条格，旧皆别出；然均为成宪，义可同归。”⑤ 政书将典章制度等六官所掌之典分类编排，并对制度之得失进行品评。从类书和政书的定义中我们可以发现：《历代制度详说》按类编排制度沿革情况，符合类书和政书的特点，且其标明出处便于查验似更符合类书的特征，同时每卷中又有

---

① 杨松水：《两宋寿州吕氏家族著述研究》，博士学位论文，安徽大学，2009 年，第159 页。

② 李洪波：《吕祖谦文献学研究》，博士学位论文，北京大学，2013 年，第98 页。

③ 纪昀：《四库全书总目提要》卷一百三十五《类书类一》，河北人民出版社2000 年版，第3433 页。

④ 纪昀：《四库全书总目提要》卷一百三十五《类书类一》，河北人民出版社2000 年版，第3433 页。

⑤ 纪昀：《四库全书总目提要》卷八十一《政书类一》，河北人民出版社2000 年版，第2114 页。

"详说"这样的评议，也具备典制体史书的特点。

《历代制度详说》确实从体例上兼具政书和类书的特征，但其撰述旨趣与政书不同，四库馆臣认为"盖采辑事类以备答策，本家塾私课之本，其后转相传录，遂以付梓。原非特著一编，欲以立教，与讲学别为一事，各不相蒙，所谓言岂一端各有当也"①。此书是吕祖谦为家塾教学所编的讲义，帮助学子备考科举考试中的策问科，之后辗转传录才刊行，并非是有意撰述。"宋自神宗罢诗赋，用策论取士，以博综古今、参考典制相尚。而又苦其浩瀚，不可猝穷。于是类事之家，往往排比联贯，荟萃成书，以供场屋采掇之用。"② 陈亮《永嘉八面锋》、林駉《源流至论》《群书会元截江网》等备考策论的类书由是应运而生，《历代制度详说》亦是如此。相比较而言，政书更加重视对典制制度的辨析："品式章程，刊列制度，而旨重数典，非徒记问，如《通典》《会要》之属，是曰政书，非类书也。"③ 这就更加清楚地说明了类书和政书的区别。《历代制度详说》以其撰述旨趣来看，当为类书更妥。

《历代制度详说》吸收了典制体史书《通典》的编纂体例并有所发展。杜佑的《通典》一共分为九个门类，包括食货、选举、职官、礼、乐、兵、刑、州郡、边防，《历代制度详说》则将《通典》的九门扩为十五门，包括科目、学校、赋役、漕运、盐法、酒禁、钱币、荒政、田制、屯田、兵制、马政、考绩、宗室、祀事，每门之下按时间顺序记载各个时期的典章制度。《历代制度详说》在十五门之下，又分若干小类，如下所列：

---

① 纪昀：《四库全书总目提要》卷一百三十五《类书类一》，河北人民出版社2000年版，第3452页。

② 纪昀：《四库全书总目提要》卷一百三十五《类书类一》，河北人民出版社2000年版，第3461页。

③ 张涤华：《类书流别》，《义界第一》，商务印书馆1985年版，第5页。

表 2-2　　　　　　　　　　《历代制度详说》十五门

门类	小类
科目	宾兴、论士、孝弟力田、制举、孝廉、计偕、武学、诸科、中正、进士、殿试、知举、帖经、别试、家保状、公荐、略举赐出身、锁厅
学校	学官、养老、辟雍、教法、郡国乡学、祀典、幸学、封爵先圣、立学、四门学、律博士、书学、算学、医学、武学
赋役	水役、贡法、田租、蠲租、户数、力役、军役、口赋、徒役、均税、户籍、免役、折纳、乡役、丁齿、支移、雇役、户调、租庸调、和籴、两税
漕运	纳赋、军漕、长安漕、江淮漕、北边漕、漕计、国朝水运、陇蜀漕、陆运、国朝陆运、汴漕、国朝水运、陆漕、惠民河漕、广济河漕
盐法	青海盐、形名、河东盐池、北海盐、榷盐、西夏盐、北边盐池、河北盐
酒禁	无
钱币	坑冶、名色、轻重、禁铸放铸、夹锡、钱陌、禁铜、铁钱、边官、恶钱、券会、废复更易
荒政	饥旱、祷旱、蠲放、降损、十二政、赈恤、缓刑、流移、疾役、火灾、水灾、借贷、捕蝗、劝分、平籴、常平、广惠仓、青苗、义仓、惠民仓、蔽匿、不赈救
田制	井田、受田、民受田、任田、代田、名田、公田、王田、均田、口分永业田
屯田	北边屯田、西域屯田、陇右屯田、南边屯田、荆兖屯田、关陕屯田、河南屯田、淮南屯田、江南屯田、河北屯田、营田
兵制	历代之制、训陈、宿卫
马政	官名、厩名、牧地、善养人、不称职、督责、市马、假马种与民、言马利便、马少、土产
考绩	无
宗室	无
祀事	总叙诸祭、雩祭、祭日月、祭六宗、祭风雨师、祭山川、释奠

《历代制度详说》分类清晰，详略得当，涉及其他门类时，通常不重复叙述。如《漕运》下有"炀帝大业元年，开通济渠引榖、洛

水达于河，通于淮、海"，① 其下小注曰："详见《汴漕》门。"② 在《汴漕》门下，吕祖谦引《隋志》语："炀帝开渠引榖、洛水自苑西入而东注于洛，又自板渚引河达于淮、海，谓之御河。河畔筑御道，树以柳。"③ 相比于鸿篇巨制的《通典》《通志》等书，《历代制度详说》对所引材料的归类更为集中和详尽，这就为学子研习记诵提供了方便。

《历代制度详说》于史论的编排上也有所创新。不同于一般类书不著史论，《历代制度详说》中《详说》为每一卷所必有，且皆出自吕祖谦之手，史论是这部书的重点之一。同时不同于《通典》中论述夹于行文中的作法，《历代制度详说》中将史论与制度叙述区分开来，这对于制度这一部分来说，叙述更加明快流畅；对于《详说》这一史论部分来说，议论则可以更加明确深切。这种编纂方法对后世影响很大，马端临在《文献通考》中，更是将《历代制度详说》中的"制度""详说"二类发展为"文""献""考"三类，将历代制度沿革、各家论述、作者对该制度的议论区分开来。

《历代制度详说》于史论中突出了典章制度对当代的影响，将议论与实际紧密结合。在论盐法中，吕祖谦分析道：

> 前代盐法兴衰，皆不出所论，今且论宋朝盐本末。宋朝就海论之，惟是淮盐最资国用。方国初，钞盐未行，是时建安军置盐仓，乃今真州，发运在真州。是时李沆为发运使，运米转入其仓，空船回皆载盐，散于江、浙、湖、广诸路，各得盐资船运，而民力宽。此南方之盐其利广，而盐榷最资国用。解池之盐，朝

---

① 吕祖谦：《历代制度详说》卷四《漕运》，《吕祖谦全集》第九册，浙江古籍出版社 2008 年版，第 53 页。
② 吕祖谦：《历代制度详说》卷四《漕运》，《吕祖谦全集》第九册，浙江古籍出版社 2008 年版，第 53 页。
③ 吕祖谦：《历代制度详说》卷四《漕运》，《吕祖谦全集》第九册，浙江古籍出版社 2008 年版，第 57 页。

廷专置使以领之。北方之盐尽出于解池，当时南方之盐全在海，北方之盐全在解池。然而南方其盐，管得其人，则其害少。惟北方解池之盐，有契丹、西夏之盐尝相参杂，夺解池之盐，所以宋朝议论最详。大抵解池之盐，味不及西夏，西夏优而解池劣，价直西北之盐又贱，所以沿边多盗贩二国盐以夺解池。所以国家常措置关防，西夏常护视入中国界。大抵南方所出是海盐，自汉以来海盐、井盐用煎熬之制，皆烹炼然后成，两处之盐，必资人力。如解池之盐，大抵如耕种，疏为畦垄，决水灌其间，必南风起，此盐遂熟。风一夜起，水一夜结成盐。所以北方皆坐食盐，如南风不起，则课利遂失矣。海盐、井盐全资于人，解池之盐全资于天，而人不与。至徽宗时，如两浙之盐多有变更。自蔡京秉政，废转般仓之法，使商贾入纳于官，自此为钞盐法。请钞于京师，商贾运于四方，有长引、短引，限以时日，各适所适之地远近以为差。蔡京专利罔民，所以盐法数十日一变。盐法既变，则钞盐亦不可用，商贾既纳钱之后，钞皆不用，所以商贾折阅甚多。此海盐之一变也。解盐之变，缘徽庙初雨水不常，围堑不密，守者护视不固，为外水参杂。雨水不常，外水泺满，流入解池，不复成盐，所以数十年大失课利。后大兴徭役，尽车出外水，渐可再复。此是解盐之一变也。若论禁榷之利，天下之盐故皆禁榷，惟是河北之盐，自安、史之乱，河北一路缘藩镇据有河北盐，胡本朝因而以盐定税，所以河北一路盐无禁榷。仁宗时议者要禁榷，仁宗不肯。神宗时荆公、章惇亦欲禁榷，神宗亦不许。自章惇为相，方始行禁榷，犯刑禁者甚多，盗贼滋起。河北所以不可禁榷，兼河北之盐又与其他不同。如井盐，官司只守一井，故井盐可榷。如解池之盐，毫厘封守，亦可禁榷。海盐亦待煎、起炉、闭炉，非一旦所成，官司又勤禁察，亦可禁榷。惟河北盐是卤地，其地甚广，非如井池可以为墙垣篱堑封守；又却才煎便成，非如海盐之必待煎煮，可以禁察，所以最易得犯禁。自

> 章惇禁榷河北，一到靖康之末，盗贼愈多。河北风俗剽悍，盐又
> 易成，人人图利，所以不体朝廷之法，遂轻来相犯。①

这段议论可以看作是北宋盐法的变革发展史，吕祖谦分析了北方的解池之盐、南方的井盐和海盐、河北卤盐不同的制作流程及其与国家政策、边境走私、私盐、民风等问题之间的关系。吕祖谦的分析是从多方面展开的，如论河北私盐问题，其历史渊源起自安史之乱军阀割据时期，由于河北卤盐产地广，政府难以监督，加上风俗上河北民风彪悍，为利润之故敢于犯法，北宋末年社会的动荡，进而导致了私盐的盛行。

吕祖谦关于历史的议论是围绕史实展开的，避免了"华多于实，理少于文，鼓其雄辞，夸其俪事"② 这种情况的出现。据实而论，那么史实的准确性就很重要，洪迈认为："作议论文字，须考引事实无差忒，乃可传信后世。"③《历代制度详说》于"制度"一目中标明所引文献出处，待到"详说"的议论中便言之有据，避免了历史事实上可能发生的错误。

《历代制度详说》于篇目编次上贯彻了作者的撰述旨趣。此书本是"家塾私课之本"④，因而在编次上非常注重教育和科举。该书开篇即为"科目""学校"，且这两门之下又分十八小类和十五小类，足见对教育和科举的重视程度。相较于《通典》以食货为各门之首，杜佑认为这是教化的根本："夫理道之先，在乎行教化，教化之本，在乎足衣食。"⑤ 吕祖谦也认识到了经济对于国计民生的重要性，该

---

① 吕祖谦：《历代制度详说》卷五《盐法》，《吕祖谦全集》第九册，浙江古籍出版社 2008 年版，第 73—74 页。
② 刘知几著，浦起龙释：《史通通释》卷四《论赞第九》，上海古籍出版社 1978 版，第 82 页。
③ 洪迈：《容斋随笔》卷四《二疏赞》，吉林出版集团有限责任公司 2014 年版，第 70 页。
④ 纪昀：《四库全书总目提要》卷一百三十五，河北人民出版社 2000 年版，第 3433 页。
⑤ 董浩等编：《全唐文》第四七七卷《通典序》，中华书局 1983 年版，第 4877 页。

书所论赋役、漕运、盐法、酒禁、钱币、荒政、田制、屯田八门，都是关于经济的，在《历代制度详说》中所占篇幅很大，而且其中不少内容为《文献通考》所引用，后文有详细分析，此不赘述。

三 对史钞体的发展：《十七史详节》《两汉精华》

关于史钞的起源和发展，前人多有论述。[①] 据现有的文献记载，学者们认为史钞出现在战国时期，《史记》中记载"铎椒为楚威王傅，为王不能尽观《春秋》，采取成败，卒四十章，为《铎氏微》。赵孝成王时，其相虞卿上采《春秋》，下观近势，亦著八篇，为《虞氏春秋》"[②]。这种因"不能尽观"而将《春秋》"采取成败"，编成四十章的做法，已是较早的史钞形式。之后随着史书的丰富，史钞作品不断出现，宋代史钞发展迎来了繁荣时期：一是史钞数量和质量都显著提高。据《宋史·艺文志》记载，宋代出现的史钞类作品就有74部，其中沈枢的《通鉴总类》、吕祖谦的《十七史详节》和《两汉精华》、杨侃的《两汉博闻》、洪迈的《史记法语》都是其中的优秀作品。二是目录学上史钞从杂史、别史、史评中独立出来。"早在北宋初年编成的《龙图阁书目》中已将史钞独立设目"[③]，马端临《文献通考》中设"史评史钞"类，《宋史·艺文志》中史钞也是独立类别，这是史钞类作品不断发展的结果。

宋代史钞类史书的发展也带来了编纂学上的新变化，据四库馆臣云："嗣后专抄一史者，有葛洪《汉书钞》三十卷，张缅《晋书钞》三十卷。合抄众史者，有阮孝绪《正史削繁》九十四卷。则其来已古矣。沿及宋代，又增四例。《通鉴总类》之类，则离析而

---

① 主要有徐蜀《史钞的起源和发展》，《史学史研究》1990 年第 2 期；李红岩：《史钞及其与中国传统史学之普及》，《河南社会科学》2008 年第 4 期；张庆伟：《史钞渊源考略》，《河南图书馆学刊》2015 年第 2 期；王记录：《论"史钞"》，《史学史研究》2016 年第 3 期。

② 司马迁：《史记》卷十四《十二诸侯年表第二》，中华书局 1982 年版，第 510 页。

③ 王记录：《论"史钞"》，《史学史研究》2016 年第 3 期。

编纂之。《十七史详节》之类，则简汰而刊削之。《史汉精语》之类，则采撷文句而存之。《两汉博闻》之类，则割裂辞藻而次之。"① 宋代以前史钞作品的编纂形式主要有两种：对一部史书的节抄和对多部史书的节抄。到宋代则又出现了四种新的形式："离析而编纂之"，就是对原来的史书重新进行改编；"简汰而刊削之"，指的是删减原书节录其中内容；"采撷文句而存之"，就是摘抄史书的美文编成书籍；"割裂辞藻而次之"，指的是将史书中逸闻轶事汇编成册。

吕祖谦编纂的《十七史详节》一书，是"简汰而刊削之"这一类型的代表作品，它在保留原书基本框架的前提下，删减篇幅。

第一，吕祖谦注重首尾相贯。《十七史详节》保留了原书的基本框架，并将十七史作为整体按顺序节录下来，这是它编纂学上的一大特点。诚如《四库全书总目提要》所总结的，史钞作品有的是在旧有史书体裁上加以改造创新，有的是打乱旧史体例重新分门别类，更有的不受体例限制随笔杂抄的。② 但《十七史详节》却基本保留了原书的目录，并没有随一己之意加以重编。对于这一特点，《四库全书总目提要》认为："附存其目，俾儒者知前人读书，必贯彻首尾。即所删节之本，而用功之深至，可以概见。"③ 之所以将旧史的目录全部附上，一是希望可以"存其目"，史书在流传过程中，往往篇目缺损，留存其目对史书的文献学意义重大，吕祖谦正是意识到了这一点，因而注重对旧史目录的保存；二是读史应"贯彻首尾"吕祖谦将十七史作为整体，按前后顺序节录，如若一凭己意打乱原书框架，则不利于历史教育的开展，他认为："至于观其他书，亦须自首至尾，无失其序为善。若杂然并列于前，今日

---

① 纪昀：《四库全书总目提要》卷六十五《史钞类》，河北人民出版社 2000 年版，第1761 页。

② 王记录：《论"史钞"》，《史学史研究》2016 年第 3 期。

③ 纪昀：《四库全书总目提要》卷六十五，河北人民出版社 2000 年版，第 1766 页。

读某书，明日读某传，习其前而忘其后，举其中而遗其上下，未见其有成也。"① 吕祖谦把从《史记》开始到《五代史》为止的纪传体史书节录下来，就是将从黄帝开始到宋以前的历史加以整理，史书的记载虽局限于朝代，但对历史发展的认识不应以朝代为限，不能"习其前而忘其后，举其中而遗其上下"，他的《十七史详节》做到了"自首至尾，无失其善"的目标。

值得一提的是，吕祖谦对旧史中的目录和内容也做了一些增补和删减。目录上，在《史记详节》中，吕祖谦在开篇《五帝纪》前增入了《司马苏刘增革皇帝纪》《小司马索隐补三皇纪》《苏子古史三皇纪》《刘祕丞集庖牺以来纪》。在《东汉书详节》中，加入了刘昭补入的司马彪所作的八篇志书，并置于纪后传前。《晋书详节》中，删去《地理志》《舆服志》《五行志》，《后妃列传》删减近半，其他《列传》也删减不少。有的两部史书中都有记载的，保留目录，但内容只载在一书。如在《史记详节》中，对高祖以下的本纪只记载了"太史公曰"，将《列传》中的"张丞相苍"和"季布、栾布"条"事、赞并同《汉书》"②，这就避免了与《汉书》中本纪的重复。

第二，吕祖谦非常注重史论的记载。在《十七史详节》中，对史书中"论""赞""史臣曰"等史论的内容基本全部保留，这就在篇幅上保证了史论的充实性。《详节》中的史论来源非常丰富，并不局限于史书本身的论赞。例如《史记详节》中，引用的史论包含裴骃的《史记集解》、司马贞的《史记索隐》、刘恕的《通鉴外纪》、苏辙的《古史》，还有司马光、胡寅和杨时的相关评论。前三部书是解读史记的常用书目，但苏辙的《古史》和司马光、胡寅、杨时的评论则是集中反映了宋代史学家、理学家如何认识历史和评议史学，具有

---

① 吕祖谦：《东莱吕太史外集》卷五《杂说》，《吕祖谦全集》第一册，浙江古籍出版社 2008 年版，第 715—716 页。
② 吕祖谦：《史记详节》卷十八，《十七史详节》第一册，上海古籍出版社 2008 年版，第 291 页。

强烈的现实意义。在《汉书详节》中，他将班固《叙传》中的内容附于各目之下，发挥史论的作用。吕祖谦对史论的选取多从客观情况出发，并不是凭一己好恶来取舍诸家论述。如《朱子语录》记载："伯恭子约宗太史公之学，某尝与之痛辨。子由《古史》言马迁浅陋而不学，疏略而轻信。此二句最中马迁之失，伯恭极恶之。"① 但是，吕祖谦作《十七史详节》时，却在其中将苏辙的这句"为人浅近而不学，疏略而轻信"② 原原本本加以录入，这种客观求实的治学态度值得肯定。

《十七史详节》重视记述史论的特点，既与吕祖谦个人学术特点有关，也与当时科举考试有密切联系。宋代科举考试中策、论考试在进士科和制科中占据重要地位，策、论是以政论和史论为主的综合性考试，而吕氏作《十七史详节》的初衷便是为了学子研习史书，因而注重史论是符合当时实际情况的。学者认为，"两宋人策论，皆宗苏氏，虽多夸谈，而于其本朝治体则甚明了，为元、明以来所不及。策论虽有短哉，亦有裨于史学也"③。三苏之一的苏辙笔势纵横，文采斐然，不但于史学本身有所创见，对于学子学习写作策论也是大有裨益，这是吕祖谦大量引用苏辙史论的现实原因。

第三，吕祖谦重视对注解性内容的选取。宋代以前关于十七史已经出现不少史注名作，补充史事的如裴松之《三国志注》；训释史文如《史记》三家注、《汉书》颜师古注、《后汉书》李贤注等，吕祖谦充分吸收以上名家的注书，帮助后学释读研究史书。注解性内容的增多虽能降低阅读的难度，但是相应的也增加了《详节》的篇幅，那么"使数千年之事迹，学者一展阅旬月之间，可悉其要"④ 这一撰

---

① 朱熹：《朱子语类》卷一二二《吕伯恭》，《朱子全书》第 18 册，上海古籍出版社、安徽教育出版社 2002 年版，第 3853 页。

② 吕祖谦：《史记详节》，《十七史详节》第一册，上海古籍出版社 2008 年版，第 8 页。

③ 刘咸炘：《刘咸炘论史学》，上海科学技术文献出版社 2008 年版，第 177 页。

④ 吕祖谦：《十七史详节》第八册《附录》，上海古籍出版社 2008 年版，第 5160 页。

述目的便无法实现。针对这一问题，吕祖谦主要采取以下办法：一是多个注解只选取一个节录。仅以《史记·三代世表》为例，"太史公曰：五帝、三代之记，尚矣。自殷以前诸侯不可得而谱，周以来乃颇可著"①。这段话共有三个注解，第一个注解是解释此表撰述原委："此表依《帝系》及《系本》。其实叙五帝、三代，而篇唯名《三代系表》者，以三代系长远，宜以名篇；且三代皆出五帝，故叙三代要从五帝而起也"②；第二、第三个注解分别对"尚矣"和"谱"作解释。到《史记详节》中，吕祖谦只保留了第一个注解，第二三条阙而不录。对于训诂内容的省略相对来说对读史的影响较小，而能反映出史家的撰述方法的注解无疑更为重要。二是对于有的注解阙而不录。裴松之的《三国志注》在史实的增补和考订上非常出色，是后世研读《三国志》不可或缺的工具书之一，吕祖谦的《三国志详节》对裴注便多有引用，仅以《武帝纪》为例，其中注解都是来自裴注。但吕祖谦对裴注的内容做了大量删减，如裴注中大量引用的《曹瞒传》的内容，吕祖谦并未收录，究其原因，在于《曹瞒传》所录内容怪诞无稽，且多是诋毁曹操之论，不符合吕祖谦审定史实的标准。对裴注所引用的《魏书》《九州春秋》《魏略》《异同评》等注解，也是酌情录入。

吕祖谦在《十七史详节》中将一部史书中出现在不同地方的关于同一人物和事件的叙述整理出来，运用"互注"的形式标注出来，如《汉书详节》，在《武帝纪》下的互注中，摘录的内容分别来自《昭帝赞》《宣帝纪》《王子侯表》《刑法志》《食货志》《郊祀志》《艺文志》《仲舒传》《相如传》《司马迁传》《梅福传》《魏相传》《儒林传》《欧阳生传》《循吏列传》《匈奴传》《西域传》，包含政治、经济、军事、学术等各方面内容。这种"互注"的形式还见于

---

① 司马迁：《史记》卷十三《三代世表第一》，中华书局1982年版，第487页。
② 司马迁：《史记》卷十三《三代世表第一》，中华书局1982年版，第487页。

《后汉书详节》和《唐书详节》中。这种注解无疑对作者要求极高，不但要非常谙熟整部书的内容，而且要对所记载的史实有深刻的理解。

吕祖谦还利用注解的方式弥补旧史不足。《唐书详节》和《五代史详节》是在参考新旧两种史书的基础上，以《新唐书》和《新五代史》为蓝本节录而成，但他在史论部分以"旧史云"的方式增补史事并加以评价。《新唐书·太宗本纪》中有"以旱诏公卿言事。三月甲午，李靖俘突厥颉利可汗以献。"①吕祖谦在"四年"之后补入了《旧唐书》所记载的史事，并穿插范祖禹的史论，②这就弥补了《新唐书》本纪过于简略的缺点，有助于读者理解史事。

《十七史详节》作为一部史钞作品，对旧史进行删繁就简是其宗旨所在。以现今中华书局版诸史参照，《十七史详节》只占旧史五分之一的篇幅。《十七史详节》之所以能流传下来并且在史钞作品里极具代表性，比精简篇幅更为重要的是史学价值和可读性。历代史著不论是官修或私修，都有其撰述旨趣，《史记》的"究天人之际，通古今之变"，《汉书》的"包举一代"，《后汉书》的"因事就卷内发论，以正一代得失"，等等。吕祖谦在删减裁削中不但发扬了十七史各书的精华，还注重对撰述旨趣的揭示。他吸收各家注书的成果，尤其对史论的丰富，使得《十七史详节》具有很高的史学价值。不论是从宋代科举考试的实际需要来看，还是从史学本身的魅力来看，读者尤其是初学者读史，观其大要、历史发展大势是乐趣和价值所在，吕祖谦不纠结于太过繁琐的考订，最大程度地展现了历史与史学的发展脉络。

相比于《十七史详节》的篇幅，《两汉精华》一共只有二十八

---

① 欧阳修：《新唐书》本纪第二《太宗本纪》，中华书局1975年版，第31页。
② 吕祖谦：《唐书详节》卷一，《十七史详节》第七册，上海古籍出版社2008年版，第3845—3846页。

卷，《西汉精华》《东汉精华》各十四卷。《两汉精华》摘取《汉书》《后汉书》中的重要字句，一般一条只有数字，再加入吕祖谦对之的议论，"然不具事之始末，所论每条仅一二语，略抒大意，亦不申其所以然。盖是书乃阅史之时摘录于册，以备文章议论之用。"① 从《两汉精华》的精简叙述来看，确实有读史之时随手摘抄之感。但即便不是吕氏有意著述，其书能流传下来亦足见非庸庸之辈。嘉靖年间朱弥铤在刊刻《两汉精华》时称："史以载事，所以待博古之品题，为后人之鉴戒也。两汉事纪述论赞摄显阐幽，不可尚已。遐岁之下，语大纲而知始终之成坏，拟条目而知彼此之优劣，求至于精神心迹之极，匪吕东莱括伦鉴之要，深坟素之情，不如是也。"② 朱弥铤指出，记载两汉时期史事的《汉书》《后汉书》由于岁远年迁，其撰述不利于史学鉴戒作用的发挥，《两汉精华》则条列出两《汉书》大纲，并评议其优劣之处，因而能达到"求至于精神心迹之极"的境界。朱弥铤在读两《汉书》过程中，于"其间君德之纯驳，政理之得失，人品之邪正，尚不能无疑二"③，对于历史人物和事件的评价仍有不惑之处，"及得是编，涣然有折衷焉，诚古人之断案也。参玩有年，身心颇淑"。④ 可见《两汉精华》的史学价值。

　　《两汉精华》于体例上非常有特点，吕祖谦将史钞和史论紧密结合在一起。《两汉精华》在体例上是以两《汉书》为蓝本加以改造的。其中《西汉精华》在编排上以一代为限，政治稳固时以一位皇帝统治时期为分期，皇帝更迭频繁时则按具体情况分期，如西汉末年元、成、哀、平四帝即为一个历史时期。在一段历史分期中，先以皇帝为中心

---

　　① 纪昀：《四库全书总目提要》卷六十五，河北人民出版社2000年版，第1766页。

　　② 吕祖谦：《两汉精华》附录，《吕祖谦全集》第七册，浙江古籍出版社2008年版，第281页。

　　③ 吕祖谦：《两汉精华》附录，《吕祖谦全集》第七册，浙江古籍出版社2008年版，第281页。

　　④ 吕祖谦：《两汉精华》附录，《吕祖谦全集》第七册，浙江古籍出版社2008年版，第281页。

论述这一时期的政治，将这一时期的重要历史人物以列传形式附于其后。对《汉书》中表和志这两部分的内容的摘要和论述，置于《西汉精华》卷末部分。《东汉精华》则是只以光武帝为一代进行详述，其他皇帝列于"帝纪"中，"帝纪"下为"皇后本纪"和各诸侯王记，再统述《后汉书》中《列传》的内容。由于范晔所作《后汉书》本身无志，因而《东汉精华》也无书志部分。《东汉精华》卷首尚有《统论》一篇，是为全书之纲，其议论多从大处总结："西汉风俗出于文帝，德化未到处，缘经制不定。东汉风俗不及文帝时，为德化浅，士风盛，故学校聘召。党锢虽过，尚胜乡原，亦缘士不得权所激。"① 这就将西汉与东汉历史中的不同侧面比较起来，既深化了读者对历史的理解，又使《西汉精华》与《东汉精华》产生了内在联系。

《两汉精华》中对一代政治得失的总结主要从君主着眼，从两《汉书》的"本纪"中提炼出论据，分别从十二个方面分析，分别是：君主的地位资质、君主的治效、君主的难易、君主的规模、君主的治道粹驳、君主的措置、君主的任用、事意本末、情理血脉、事情同异、古人深意、史法褒贬。其中前七条将君主的品性、抱负、治国方针、赏罚、任用、功业等涵盖进去了。其他条目的设立也是匠心独具，如："事意本末"将一些根源在前代但后果却在这一代的重要事件条列出来。比如汉武帝一朝的"事意本末"有：

> 征伐。（和亲所激，昭帝不得不变和亲。）
> 弱宗室。（大封同姓所激，后却有外戚之祸。）②

这两件大事都是前代种下的因。对于武帝朝种下的因，于后世才能看

---

① 吕祖谦：《东汉精华》卷一《统论》，《吕祖谦全集》第七册，浙江古籍出版社2008 年版，第 133 页。
② 吕祖谦：《西汉精华》卷五《事意本末》，《吕祖谦全集》第七册，浙江古籍出版社2008 年版，第 48—49 页。

得出得失的重要事件，在此也予以记载，如：

> 天下大害在兵。（恩兵则聚敛，聚敛则严刑，盗贼起于此。）
> 班固《食货志》取得最有次第。
> 汉经学之盛自孝武。（专门相攻亦自此始。缘立学官有好恶。）
> 又以经取士，士趋利禄。
> 汉礼乐在孝武最盛。（三代礼乐流于方士，淫乐亦自孝武。）
> 不任宰相。（自皇太后诛窦婴、灌夫起。）
> 宣帝信威北夷。（自武帝筑方朔始。）①

很多重要的政治措施往往根源或结果都非在一代之中完成，读者很难
联系前后加以理解，"事意本末"将重要政治措施的首尾系于一处，
将其得失与发展脉络展现出来，是非常有价值的。

"情理血脉"包含三种关于君主的史事：一是"事是情非"，②
比如武帝时期戾太子案，吕祖谦认为："班固论戾太子与兵终始，
极知血脉，是乃天道好远。"③ 二是"若不相似而相似"，④ 也就是
看似没有关联的史事实际上性质是相同的，比如高祖朝"人但知
子房为雍齿言，不知为救伪游云梦"⑤ 即是一例。三是"若不相干
而相干"，⑥ 这是指两件看起来不相干的史事反映的是一个事实，

---

① 吕祖谦：《西汉精华》卷五《事意本末》，《吕祖谦全集》第七册，浙江古籍出版
社 2008 年版，第 49 页。
② 吕祖谦：《两汉精华》附录，《吕祖谦全集》第七册，浙江古籍出版社 2008 年版，
第 283 页。
③ 吕祖谦：《西汉精华》卷五《事意本末》，《吕祖谦全集》第七册，浙江古籍出版
社 2008 年版，第 49 页。
④ 吕祖谦：《两汉精华》附录，《吕祖谦全集》第七册，浙江古籍出版社 2008 年版，
第 283 页。
⑤ 吕祖谦：《西汉精华》卷一《事情同异》，《吕祖谦全集》第七册，浙江古籍出版
社 2008 年版，第 12 页。
⑥ 吕祖谦：《两汉精华》附录，《吕祖谦全集》第七册，浙江古籍出版社 2008 年版，
第 283 页。

比如武帝时期的巫蛊之祸，吕祖谦认为与武帝好求长生有关："巫蛊之祸。（自求长生来。缘畏死，求之无效，故忌心生。）"①

"情实异同"是从史事中来推论帝王心迹，包含两种情况：一是"事迹不相似却情同"，② 如高祖初见韩信和黥布时态度非常不同，但其求贤才的初衷是不变的："踞见布，挫其所狭骄气，供帐与汉王等同。筑坛场尊信以服三军，解衣推食。"③ 二是"事迹相似却情异"，④比如陈涉和刘邦都曾立六国，但其本质却不一样：陈涉是"以虚名而得实助"，刘邦是"以虚名而受实祸"⑤：

> 陈涉立六国。（天下豪杰欲起未敢，立六国，是信英雄法。地非陈涉所有，以虚名而得实助，涉虽亡，六国竟亡秦入关。虽是楚兵掣肘，章邯却因赵。）
>
> 高祖立六国。（天下豪杰聚于汉，若立六国，地分以予人，是以虚名而受实祸。后封臣尚为害，况天下未定封六国。）⑥

"古人深意"是对古人的论述进行阐发，"古人用意虽不尽在纸上，以事可以推见至隐"，⑦ 如对光武帝的史事分析："披图之问非

---

① 吕祖谦：《西汉精华》卷五《情理血脉》，《吕祖谦全集》第七册，浙江古籍出版社 2008 年版，第 49 页。
② 吕祖谦：《两汉精华》附录，《吕祖谦全集》第七册，浙江古籍出版社 2008 年版，第 284 页。
③ 吕祖谦：《西汉精华》卷一《事情同异》，《吕祖谦全集》第七册，浙江古籍出版社 2008 年版，第 13 页。
④ 吕祖谦：《两汉精华》附录，《吕祖谦全集》第七册，浙江古籍出版社 2008 年版，第 284 页。
⑤ 吕祖谦：《西汉精华》卷一《事情同异》，《吕祖谦全集》第七册，浙江古籍出版社 2008 年版，第 12 页。
⑥ 吕祖谦：《西汉精华》卷一《事情同异》，《吕祖谦全集》第七册，浙江古籍出版社 2008 年版，第 12 页。
⑦ 吕祖谦：《两汉精华》附录，《吕祖谦全集》第七册，浙江古籍出版社 2008 年版，第 284 页。

怯，欲发邓禹言以晓未悟。"①

"史法褒贬"是将史家对帝王的评价总结出来，如"班固论孝宣皆是。'侔德商宗、周宣'，过许"②。

《两汉精华》在体例上注重将一代的历史大势呈现出来，吕祖谦在读史方法中非常强调"统体"，他认为："读史先看统体，合一代纲纪风俗消长治乱观之。如秦之暴虐、汉之宽大，皆其统体也。（其偏胜及流弊处，皆当深考。）复须识一君之统体，如文帝之宽、宣帝之严之类。"③《两汉精华》正是贯彻了对"统体"的重视，其书中将一代的历史发展大势和君主的治理风格展现得淋漓尽致，每位帝王每个时期的特点皆能体现出来，其史学功力由此可见一斑。

第三节　吕祖谦的历史编纂学特点

吕祖谦于历史编纂学上取得的诸多成就，总结起来有以下特点：一是善于根据具体情况对不同体裁的史书进行改编和再应用；二是重视史书的体例，对各部分之间的详略、叙述和议论等问题有成熟的思考和运用；三是以学子为主要历史编纂对象，注意内容的平实易懂与方法的引导。

一　综合运用多种体裁

史书体裁的分类标准较多。按所记内容的文字特点来分，可分为记言体和记事体两种，这是最早的史书体裁；按编纂结构来说看，可分为编年体、纪传体、纪事本末体等；按史书内容来划分，又可分为

---

① 吕祖谦：《东汉精华》卷二《史法褒贬》，《吕祖谦全集》第七册，浙江古籍出版社 2008 年版，第 152 页。

② 吕祖谦：《西汉精华》卷八《史法褒贬》，《吕祖谦全集》第七册，浙江古籍出版社 2008 年版，第 70 页。

③ 吕祖谦：《东莱先生吕太史别集》卷十四《读史纲目》，《吕祖谦全集》第一册，浙江古籍出版社 2008 年版，第 561 页。

典制体、方志体、学案体、传记体等；就史书的编纂结构而言，可分为史评体、史考体、史论体。这些分类还可再细化，如纪传体便可分为通史纪传和断代纪传两类，史评可再分为历史评论和史学评论两种，可见对于史书体裁的分类是非常丰富的。这种纷繁的分类标准反映出史书不同体裁之间实际上是难以截然归一的，往往一部史书在主要的撰述体裁下，又会吸收其他体裁的表述形式，诸如纪传体正史中"本纪"其实就是一部简明的编年体史书，"表"和"志"更是脱胎出了典制体史书，"列传"则是传记体史书的重要源头。

吕祖谦在其史书编纂中灵活运用多种体裁，并在这一过程中，带动了有关体裁自身的不断发展。一是将正史改编为史钞。吕祖谦在研读正史的过程中，将"十七史"的纪传体史书改为史钞之作《十七史详节》。虽然《十七史详节》基本保留了原书的体例，但其性质却因此发生了改变。《两汉精华》亦是吕祖谦在前人史书的基础上发展出的史钞之作。二是将已有的史书或史书中的内容改编为历史教材。吕祖谦从《左传》这样的编年体史书中脱胎而形成了《左氏博议》这样的历史教材，在其中加入了典故和议论，使之便于学子使用。《左氏传说》则是在《左氏博议》的基础上进一步发展而来，四库馆臣认为："《博议》则随事立义，以评其得失。是编持论与《博议》略同，而推阐更为详尽。陈振孙《书录解题》称其于《左氏》一书多所发明而不为文，似一时讲说，门人所抄录者。其说良是。"[1]《观史类编》则是吕祖谦从史书中选择内容，按六个门类进行编写，使之成为诸生所用教材。《春秋讲义》《历代制度详说》《东莱先生西汉财论》都属此例。三是根据撰述需要将已有史书改编为其他体裁。《左氏类编》便是吕祖谦将《左传》改为类书体之作。《左氏类编》将《左传》中的内容分类摘编，分为十九类，具有类书的性质。吕祖谦

---

① 纪昀：《四库全书总目提要》卷二十七《春秋类二》，河北人民出版社 2000 年版，第 710 页。

还将自己搜集到的资料编为杂史。他参与《四朝正史志》中搜集到的奏议编为《国朝名臣奏议》和《历代奏议》，奏议是一个时期政治、军事、社会的综合体现，"其事系庙堂，语关军国"①，并可以"要期遗文旧事，足以存掌故，资考证，备读史者之参稽云尔"②。

吕祖谦还在前人基础上对史书的体裁进行了创新。他呕心沥血所作的《大事记》，便结合了编年与纪传二体的优点，于编年记述大事系年，于《通释》记载要旨和历代名人的议论，于《解题》则附事件始末说明，虽绝笔于征和年间，但其书的体裁体现了吕祖谦通史撰述的思想。《欧公本末》则是于人物传记中以文存人，这是对人物传记体的发展。

二　高度重视史书的体例

历来史家对史书的体例都极为重视，这是因为采取什么样的体例、体例是否严整直接关系到撰述旨趣能否实现。刘知幾在《史通》中说："史之有例，犹国之有法。国无法，则上下靡定；史无例，则是非莫准。"③刘氏指出，史书体例失当会导致对历史事件和人物评价失去统一的标准，史书彰善瘅恶的功能便发挥不出来。吕祖谦对史书义例的重视，主要表现在两个方面，一是对体例的创新。对于编年体裁，吕祖谦的《大事记》分"大事记""解题""通释"三个部分，兼记述、阐释、点评于一体，这是从体例上对编年体的创新；《欧公本末》采用"以文存人"的人物传记方式，以欧阳修为线索，附带介绍其他文人士大夫，并将其他人物的人生轨迹大致记录下来，展现了当时文人士大夫的群像；《历代制度详说》则将科举和教育置

---

① 纪昀：《四库全书总目提要》卷五十一《杂史类》，河北人民出版社 2000 年版，第 1403 页。

② 纪昀：《四库全书总目提要》卷五十一《杂史类》，河北人民出版社 2000 年版，第 1403 页。

③ 刘知幾著，浦起龙释：《史通通释》卷四《序例第十》，上海古籍出版社 1978 版，第 88 页。

于典制之首，体现了吕祖谦对教育的重视，其书中对各项制度考镜源流，并在"详说"这一部分评议典制，其中尤其重视这些典制对宋代的政治经济的影响。

二是著书中重视自注。自注与他注不同，它是作者对自己所编纂史书的注释，属于历史编纂学范畴，他注则是属于历史文献学范畴。自注始于司马迁《史记》，章学诚在《文史通义》中说："史家自注之例，或谓始于班氏诸志，其实史迁诸表已有自注矣"。① 白寿彝先生亦指出《史记》纪传中有时出现的"语在某纪""语见某传"，也是属于自注性质。②《史记》诸表中的自注，《汉书》"地理志""艺文志"中的自注，都是对正文的补充说明。自注还有考订史事的功能。司马光的《资治通鉴考异》实际上就是《资治通鉴》的自注，司马光将《资治通鉴》中未载的史事及其缘由以考异的形式说明。

吕祖谦在《十七史详节》中充分运用自注来补充说明并考订各家注解，前文已有详述。在《解题》中，"又于名物象数旁见侧出者，并推阐贯通，夹注句下"③。《解题》中的"夹注"，对于读者贯通史事，了解始末非常有帮助，"夹注"的形式在《解题》中非常普遍，在"秦始皇帝三十四年焚书"条下，吕祖谦自注了《汉书·百官表》《后汉书·百官志》《史记·六国年表》《汉书·艺文志》等篇目中的相关内容，使读者可以旁见各史而有所获。

在《历代制度详说》中，吕祖谦对于其中《制度》一目每一条论述必附所出，其文献出处涵盖经史子集四部，引用《周礼》五十四处、《礼记》二十三处、《尚书》十七处、《汉书》六十六处、《资治通鉴》六十处、《通典》五十八处、《新唐书》五十四处、《后汉

---

① 章学诚：《文史通义全译》卷三《内篇三》，贵州人民出版社1997年版，第287页。
② 白寿彝：《史学概论》，中国友谊出版公司2012年版，第118页。
③ 纪昀：《四库全书总目提要》卷四十七，河北人民出版社2000年版，第1306页。

书》十八处、《隋书》十八处、《晋书》十二处、《宋会要》四十二处，等等。当一小类下连续的征引文献出于某一书时，吕祖谦会注为"并某书"，如卷一科目制度中，"孝弟力田""制举""孝廉"下均注"并《汉书》"。[①] 而对于一处文献出自两本或两本书以上的情况，则都注明出来，卷三田租下标明出处为《汉志》《通典》。[②] 这种对出处的标注方便读者去自行查阅学习，这也体现了吕祖谦严谨的治学态度，"学有根砥"所言不虚。值得一提的是，吕祖谦在行文中并不仅是注明出处，还将前人重要的相关语句摘录成小字，注明出处，以备读者阅览。自注在此发挥了补充史事的作用。

对自注的重视是吕祖谦的史著中的普遍现象，所列仅其一端。吕著中的自注，有对正文的补充说明，有对史事的考证，有仅注出处，不一而足。从中我们可以看出吕祖谦治史的态度，一是不掠人之美，不故作高深；二是扎实为学的治学态度；三是灵活地运用注解方法，不为行文所拘。

三　编纂旨趣："多为始学者设"

在历史编纂学中，史家是根据自己所要记述的内容来选择相应的体裁与体例，虽然在这一过程中有史家主观性的作用，但撰述内容对撰述形式的重要性不言而喻，而撰述对象又对撰述内容有很大的影响。宋代整个社会的崇文风气下，书院教育兴盛起来，吕祖谦创办的丽泽书院在当时很受欢迎，田浩认为："即使只计算1180年当年的300个学生，他（吕祖谦）也无疑是1170年代最受欢迎的老师，与张栻在1160年代所受的欢迎程度相当。"[③] 吕氏很多史著都明确指出

---

① 吕祖谦:《历代制度详说》卷一《科目》,《吕祖谦全集》第九册,浙江古籍出版社2008年版,第1—3页。

② 吕祖谦:《历代制度详说》卷三《赋役》,《吕祖谦全集》第九册,浙江古籍出版社2008年版,第28页。

③ 田浩:《朱熹的思维世界》,陕西师范大学出版社2002年版,第101页。

其撰述对象为学子生徒,《春秋讲义》《左氏博议》《左氏传说》《观史类编》《历代制度详说》《东莱先生西汉财论》《大事记》《十七史详节》等史书便都是吕祖谦为学子所作。

学子或初学史书的人群,对于史实不是很熟悉,因而历史发展的因革便难以联系起来,这就需要作者在撰述中,一是要注意对史实的说明与点拨,二是要对历史变迁与制度沿革等前后相因的史事多加指点,三是要对于读史方法加以教导,四是要语言平实易懂,五是要标明出处。吕祖谦的《解题》便是"为始学者设,所载皆职分之所当知,非事杂博,求新奇,出于人之所不知也"①。他在《解题》中说道:

> 《史记》十表,意义弘深,始学者多不能达。今附于此:《三代世表》,以世系为王,所以观百世之本支也。《十二诸侯年表》以下,以地为主,故年经而国纬,所以观天下之大势也……太史公诸表,《秦楚之际月表》,此一时也;《汉兴以来诸侯年表》,此又一时也。至于以节目论之,则《高祖功臣年表》与《惠景间侯者表》异矣。《惠景间侯者表》与《建元以来王子侯者表》异矣。《建元以来王子侯者表》断自建元,其亦有以矣。彼班氏分诸侯王为两表,智不相近,理固应尔。至于《王子侯》起于高祖,则史家之常例也。至于中分西汉诸帝之功臣,以高、惠、高后、文为一卷,景、武、昭、宣、元、成为一卷,特以卷秩重大析之耳。别外戚恩泽侯自为一表,虽颇有意,然其所发明者亦狭矣。②

《史记》中的十表叙述简略,时间跨度长,吕祖谦意识到对于初学者

---

① 吕祖谦:《大事记·解题》卷一《周敬王三十九年》,《吕祖谦全集》第八册,浙江古籍出版社 2008 年版,第 231 页。
② 吕祖谦:《大事记·解题》卷十《汉孝文皇帝元年》,《吕祖谦全集》第八册,浙江古籍出版社 2008 年版,第 630—633 页。

来说理解《十表》是很有难度的，在《解题》中，他简洁地记述了其中几表的内容，并对它们之间记述的差异用对比的手法说明，方便学子去理解。吕祖谦还对班固《汉书》中《诸侯王表》《王子侯表》《高惠高后文功臣表》《景武昭宣元成功臣表》《外戚恩泽侯表》的立意进行了剖析，帮助学子去对照体悟。

对于历史变迁和制度沿革问题，《历代制度详说》便是吕祖谦为制度沿革问题而作的史著。其中《制度》部分多是从上古时期追溯其源头，并将历代的变迁反映出来，如对于田制的变迁，吕祖谦从《周礼·地官司徒》中找到了井田制是"乃经田地，而井牧其田野。九夫为井，四井为邑，四邑为丘，四丘为甸，四甸为县，四县为都，以任地事而合贡赋，凡税敛之事"①。而对于历代田制的沿革，吕祖谦评议道：

> 考历代田制，上古有井田，汉有限田、名田、教代田，建武之际有度田，晋有占田，后魏有露田，齐有给授田，而唐有口分世业之田，其法制或详或略，其行之或远或近，其利或厚或薄，然大要以为田之制在上，而惟其不知而不行之，苟其知矣，则未有不可行者也。今世学者，坐而言田制，然天下无在官之田，而卖易之柄归之于民，则是举今之世知均田之利而不得为均田之事也。②

吕祖谦对历代田制进行总结后认为，虽然历代田制的具体内容有差异，但在当时均是可行之法，对于后世学者而言，空谈田制，倡议恢复均田制，却对于土地所有权的转换懵然不知，这是无知的表现。

吕祖谦在为学子编纂的史书中非常重视对读史方法的传授。在《两汉精华》中，吕祖谦将其中读史的关键用编目的形式表现出来，

---

①　吕祖谦：《历代制度详说》卷九《田制》，《吕祖谦全集》第九册，浙江古籍出版社2008年版，第114页。
②　吕祖谦：《历代制度详说》卷九《田制》，《吕祖谦全集》第九册，浙江古籍出版社2008年版，第118页。

使学子可以举一二反三，以此类推。除此之外，吕祖谦还以"总目按语"的自注手法，指出这些编目反映的读史方法：

> 一看本纪
>
> 先要知人君地位（圣贤、中主、昏乱、庸幼之类。人臣亦论人品，然不一端。）
>
> 次要看资质短长（喻如某事长，某事短，瑕瑜不相掩。）
>
> 次要看时代兴衰（大治、粗治、苟安、衰乱、兴亡之类。人臣亦论所成。）
>
> 次要看事业难易（创业、守成、中兴之类。人臣亦论所遭。）
>
> 次要看规模大小（混一、中分、鼎立、偏据之类。人臣亦论所谋。）
>
> 次要看治道粹驳（纯王、近王、杂霸、二强之类。人臣亦论所学。）
>
> 次要看措置得失（且论要紧处，余事分大中小论。）
>
> 次要看任用贤否（先论大臣将相，次及用事之臣。）
>
> 次要看事意本末（喻如看谋议兴作，便究后来成败。看成败处，却看缘由。）
>
> 次要看情理血脉（喻如事是情非，或若不相似而相似，若不相干而相干。）
>
> 次要看情事同异（喻如事迹不相似却情同，事迹相似却情异，推以论心迹。）
>
> 次要看古人深意（古人用意虽不尽在纸上，以事可以推见至隐。）
>
> 次要看史法褒贬（喻如直核微婉详略之类。）
>
> 次要看议论当否（自看得此人通彻，然后可决议论。）
>
> 一看列传（一同前外。）
>
> 才能偏全（有全者不可以一名，余各以所长名。）

心术邪正

学术渊源

出处终始①

这不但是吕祖谦撰写《两汉精华》的体例，也是吕祖谦读两《汉书》的方法总结，涵盖了历史时期、历史人物的认识与评价，史学评论、学术溯源等内容，层次分明，覆盖范围广，显示了吕祖谦对读史方法的高超认识。

吕祖谦对《左传》学用功很深，对于如何研读《左传》，在《左氏传说》和《左氏传续说》开篇都有一段"纲领"来说明，这些读史的方法有的是针对《左传》一书而谈的，有的则是放宽到史书的范围来谈的，吕祖谦认为：

《左氏》一部三十卷，其大纲领只有三节。自第一卷至第三卷，庄公九年，齐桓公初出时是第一节。此一节霸者未兴，当时之权亦未尝专在一国。自庄公九年以后直至召陵之盟，又是一节，凡二十四卷。正是五霸迭兴之际。此一节甚长。自召陵以后直至卷末，又是一节。盖当时晋、楚霸诸侯，凡南方之诸侯尽从楚，北方之诸侯尽从晋。自楚用子常以来，以玉与马之故，遂执二国之君。故蔡侯以子为质于晋而请伐楚，晋荀寅又以求货于蔡弗得，遂辞蔡而不肯伐楚。只缘要些小物事，遂坏了霸业。晋便失霸诸侯，遂无霸。自是以来，吴与越却以蛮夷主盟诸侯。当时，吴阖闾正用子胥，要霸诸侯。蔡侯一东，遂当此事，都不成世界了。此是末一节。凡三节，皆是《左传》大纲领。②

①　吕祖谦：《两汉精华》附录，《吕祖谦全集》第七册，浙江古籍出版社 2008 年版，第 283—285 页。

②　吕祖谦：《左氏传续说》纲领，《吕祖谦全集》第七册，浙江古籍出版社 2008 年版，第 2 页。

吕祖谦认为，《左传》一书根据不同的时代特色可分为三个阶段，分别是霸业未兴、晋楚争霸、吴越争霸三段，吕祖谦提出的"大纲领"即是要帮助学子更加深刻地去理解和分析《左传》中的史事，而对于如何读史，吕祖谦认为与看《左传》的道理是一样的，都需要抓住时代特色：

> 看史要识得时节不同处，春秋自是春秋时节，秦、汉自是秦、汉时节。看史书事实，须是先识得大纲领处，则其余细事皆举。譬如一二百幅公案，但是识得要领处，方见得破决得定，切不可只就小处泥。①

在《左氏传说》中，吕祖谦也对如何读史作如是说："学者观古今之变，时俗之迁，亦当如此看。看若看一事，止见得一事；看一人，止见得一人，非所谓旁通伦类之学。须当缘一人，见一国风俗，如闵子马可也。"② 闵子马乃鲁国贤者，鲁大夫见周原伯鲁言谈中不说学，归来告诉闵子马，闵子马见微知著，感慨周人多不为学。吕祖谦赞赏闵子马的同时，也提醒读者要见微知著，从一人身上感受一个时期的风俗人心，不能只当做事情来看。

---

① 吕祖谦：《左氏传续说》纲领，《吕祖谦全集》第七册，浙江古籍出版社 2008 年版，第 2 页。
② 吕祖谦：《左氏传说》卷十三《周原伯鲁不说学》，《吕祖谦全集》第七册，浙江古籍出版社 2008 年版，第 150 页。

第三章　吕祖谦的历史文献学成就

　　白寿彝先生认为，历史文献学包含四个部分："一、理论的部分。二、历史的部分。三、分类学的部分。四、应用的部分。"① 理论的部分包括历史和历史文献、历史学和历史文献学、历史文献作为史料的局限性、历史文献的多样性、历史文献和有关学科这几个方面；② 历史的部分指的是历史文献自身的发展史；③ 分类学的部分指的是以目录学为基础，并形成统观全局的系统理论；④ 应用的部分包含版本学、校勘学、辑佚学和辨伪学等。⑤ 具体到吕祖谦的历史文献学研究，主要从以下三方面来总结：一是家学和北宋诸儒对吕祖谦历史文献学的影响，捋清"中原文献之传"与吕祖谦历史文献学之间的关系；二是以吕祖谦训诂考订方面的代表著作《唐鉴音注》为例，说明吕祖谦在训诂考订上的成就；三是以吕祖谦的《左传》学系列史著为例，梳理其历史文献学成就。在此基础上，揭示吕祖

---

　　① 白寿彝：《再谈历史文献学》，《白寿彝史学论集》，北京师范大学出版社 1996 年版，第 558 页。
　　② 白寿彝：《再谈历史文献学》，《白寿彝史学论集》，北京师范大学出版社 1996 年版，第 559 页。
　　③ 白寿彝：《再谈历史文献学》，《白寿彝史学论集》，北京师范大学出版社 1996 年版，第 562 页。
　　④ 白寿彝：《再谈历史文献学》，《白寿彝史学论集》，北京师范大学出版社 1996 年版，第 567 页。
　　⑤ 白寿彝：《再谈历史文献学》，《白寿彝史学论集》，北京师范大学出版社 1996 年版，第 567 页。

谦兼顾义理和训诂的历史文献学特点。

第一节　"中原文献之传"

吕祖谦的历史文献学得"中原文献之传",这是吕祖谦的文献学特色。所谓"中原文献之传",前文已述及,主要包含两重含义:一是在文献典籍上对北宋诸子学术的传承和践履;二是吕氏兼综各家的家学特色。全祖望说:"故中原文献之传独归吕氏,其余大儒弗及也。"① 吕祖谦也曾说:"昔我伯祖西垣公,躬受中原文献之传,载之而南。"② 可见吕氏得"中原文献之传"的说法由来已久。有学者对"中原文献之传"的含义总结为:一是保留了中原地区的大量图书典籍;二是指保留了北宋以来中原学者们对经典的解读、传授、言论、掌故等文字资料。③ 家族重视文献典籍的保留与传承,为吕祖谦在文献学上有所建树提供了深厚的基础。

一　吕祖谦对吕氏家学的传承

如前所述,吕祖谦出身于一个非常显赫的豪族之家。自五世祖吕希哲起,吕氏真正成为得"中原文献之传"的家族。《宋元学案》的《荥阳学案》下,就引有《荥阳公说》数条,"少年为学,惟检书最有益。记得精,便理会得子细"④。吕祖谦在著作中也引用吕希哲的话道:"荥阳公教学者:'读书须要字字分明,仍每句最下一字尤要

---

① 黄宗羲、全祖望:《宋元学案》卷三十六《紫微学案》,中华书局1986年版,第1234页。

② 吕祖谦:《东莱吕太史文集》卷八《祭林宗丞文》,《吕祖谦全集》第一册,浙江古籍出版社2008年版,第133页。

③ 朱晓鹏:《论吕学的"中原文献之传"及其思想渊源》,《浙江社会科学》2018年第12期。

④ 黄宗羲、全祖望:《宋元学案》卷二十三《荥阳学案》,中华书局1986年版,第904页。

声重，则记牢。'"① 吕希哲还重视文献的分类，他曾说："读书编类语言相似作一处，便见优劣是非。"② 从中我们可以看出，吕希哲非常重视文献检阅，主张要精读文献，并认为读书时可以将相似的条目引在一处，方便比较异同高下。受吕希哲的文献学思想影响，吕祖谦治史，就非常注意标明文献出处，他在《历代制度详说》《十七史详节》《大事记》等书中，对史料或史论的出处都标注出来。吕祖谦也重视将史料按类目编次出来，他的《历代制度详说》便是将读书过程中搜集到的相关材料按门类编次而成，《左氏类编》《观史类编》皆是如此。吕祖谦在修撰《四朝正史志》过程中，还将搜集到的奏议编成《国朝名臣奏议》《历代奏议》。

　　吕希哲重视从史事中评价人物，他说："子产有数事失君子气象。如言'民不可逞，度不可改'，又曰'子宁以他规我'，如此之类，全无君子气象。张良说汉祖诈秦卒，大不类平日所为。"③ 这种通过点评史事人物来阐述为学修养之道的路径，对吕祖谦史评的影响是很深远的，他在《大事记》《左氏博议》等书中的史评便与此非常相似。吕希哲在点评史事的时候非常注重"气象"，他在评价子产时认为有失"君子气象"。吕希哲认为："后生初学，且须理会气象。气象好时，百事自当。气象者，辞令容止，轻重疾徐，足以见之矣。"④ 吕祖谦在《左氏传说》中也说："在学者，须当深考三代之气象。"⑤ 吕祖谦指出《左传》卷一、卷二所论述史事春秋初年尚有"先王家

---

① 吕祖谦：《少仪外传》上卷，《吕祖谦全集》第二册，浙江古籍出版社 2008 年版，第 1 页。

② 黄宗羲、全祖望：《宋元学案》卷二十三《荥阳学案》，中华书局 1986 年版，第905 页。

③ 黄宗羲、全祖望：《宋元学案》卷二十三《荥阳学案》，中华书局 1986 年版，第905 页。

④ 黄宗羲、全祖望：《宋元学案》卷二十三《荥阳学案》，中华书局 1986 年版，第904 页。

⑤ 吕祖谦：《左氏传说》卷一《隐公》，《吕祖谦全集》第七册，浙江古籍出版社2008 年版，第 2 页。

法"在，到春秋中、末年，则风气渐变，像吕希哲认为不符合君子之道的子产，"当时便谓之圣贤博物君子"①。在《左氏传说》卷四中，吕祖谦进一步说明了"气象"的内容："至此先王德泽既已斩绝，渐入春秋战国气象，故先王之诸侯，亦不能自存。此最见得风声气习之大推移，习俗之大变革处。"②从"气象"的变化，便能把握风俗习气的变革。吕祖谦在《左氏类编》开篇的《纲领》中，便引用吕希哲《发明义理》中的话来阐述《左传》的宗旨："礼，经国家，定社稷，序民人，利后嗣者也。许无刑而伐之，服而舍之，度德而处之，量力而行之，相时而动，无累后人，可为知礼矣。《孟子曰》：'春秋无义战，彼善于此则有之矣。'征者，上伐下也，敌国不相征也，而《左氏》以为有礼，异乎吾所谓有礼者也。"③

吕氏先祖中，吕祖谦为之作传的，唯有吕好问。吕好问生活在两宋之交，亲自参与了高宗的迎立等重大政治事件，同时他也是一位道学家，吕好问是吕氏家学传承上不可或缺的一环。首先吕好问求学时期与当时大儒过从甚密，对当时大儒的言论、掌故非常熟悉。吕祖谦说："委己于学，髫嬉童习，不屏而绝。范蜀公镇与正献公兄弟交，公幼拜蜀公于堂，唯诺进趋无违礼。蜀公慰纳甚备，待之如成人。吴侍讲安诗至伉简，少许可，每见公，辄自失，叹曰：'吕氏有子矣。'稍长，学益成，行益修，诸公长者皆折辈行从公游。"④吕好问的学术交游，正是从这些长辈学者的教导开始的，到了宋室南渡之后，诸公长者的学说得以传承下去，吕好问是关键性人物。其次，吕好问重

① 吕祖谦：《左氏传说》卷一《隐公》，《吕祖谦全集》第七册，浙江古籍出版社2008年版，第2页。

② 吕祖谦：《左氏传说》卷四《僖公二十一年》，《吕祖谦全集》第七册，浙江古籍出版社2008年版，第52页。

③ 吕祖谦：《左氏类编》纲领，《吕祖谦全集》第六册，浙江古籍出版社2008年版，第37页。

④ 吕祖谦：《东莱吕太史文集》卷十四《东莱公家传》，《吕祖谦全集》第一册，浙江古籍出版社2008年版，第211页。

视对典籍的学习。吕祖谦说道："平生于经籍之外无它嗜。居阳翟，年六十余矣，犹自课诵《五经》，日终一帙。"①吕好问对典籍的重视，使得吕氏家族能历经乱世而保留有相当丰富的典籍，同时这种重视文献的精神，更是注入在家族的精神传承中。

伯祖吕本中是吕氏家学又一位重要人物，他对吕祖谦的影响更为直接。吕祖谦曾纂《紫微语录》一卷，对伯祖为学之道非常推崇。吕本中有《童蒙训》一书供家塾后学研习，全祖望对该书评价很高："紫微所作，切要于《童蒙训》一书，其所述诸大儒言行，予已采入诸学案。"②吕祖谦亦有《少仪外传》为童蒙幼子而设，吕祖谦将吕本中《童梦训》中的内容、吕希哲的言行等前贤事迹，都记述在其中，用于训课幼学。吕本中评价史事时所用的"治体"，吕祖谦亦特别重视。吕本中在点评东晋时期王导宽宥不去平叛的湘州刺史卞敦时说："此皆深达当时治体，王导能慎守之，以辅衰晋，非后人所能详也。"③吕祖谦则将"治体"列为看史六要素："看史须看一半便掩卷，料其后成败如何。其大要有六：择善、警戒、阃范、治体、议论、处事。"④吕本中有《舍人官箴》讲为官做人之道，提出"清、慎、勤、忍"的为官要诀，吕祖谦亦有《官箴》作为《家范》的一部分，主要是从具体行为规范上来要求族人。

二　吕祖谦对北宋诸儒的传承

吕祖谦对司马光《资治通鉴》就非常推崇，对该书有独到的见解："独《资治通鉴》用编年法，其志一人一事之本末，虽不若纪传

---

① 吕祖谦：《东莱吕太史文集》卷十四《东莱公家传》，《吕祖谦全集》第一册，浙江古籍出版社2008年版，第222页。

② 黄宗羲、全祖望：《宋元学案》卷三十六《紫微学案》，中华书局1986年版，第1236页。

③ 吕本中：《紫微杂说》，大象出版社2019年版，第190页。

④ 吕祖谦：《丽泽论说集录》卷十《门人所记杂说》，《吕祖谦全集》第二册，浙江古籍出版社2008年版，第257页。

之详，而国家之大体，天下之常势，首尾贯穿。兴废存亡之迹可以坐焰。此观史之咽会也。余尝考《通鉴》效《左传》，而目录仿《春秋》，此司马公不言之意也，余固发之。"① 《大事记》便是受《通鉴》和《考异》启发而作。司马光在撰述《资治通鉴》过程中，对舍弃不用的材料指出其中问题并说明原因，这种辨明史料的方法，吕祖谦将其反映在《解题》中。《解题》遍求各书所说，在"周威烈王十八年"下"晋魏斯使乐羊伐中山，克之"条，② 吕祖谦注曰："按《史记》《战国策》《韩诗外传》《古史》，乐羊攻中山。"③ 这种对于史料搜求的功夫，与《资治通鉴》和《通鉴考异》是同一思路。在《解题》"周威烈王二十三年""魏斯、赵籍、韩虔为诸侯"条下，吕祖谦指出"此司马氏《通鉴》之所始也。……自此卷以后，凡事之本末，当求之《通鉴》。训释名义，参考同异，搜补缺遗，当求之《解题》。本末全在《通鉴》者，《解题》更不重出。《通鉴》虽已载，《解题》间有训释参考，或《通鉴》未备，《解题》间有增补者，本末皆书。余见《通鉴》。所记大事不在《通鉴》者，各标所出书。"④ 吕祖谦将《解题》与《资治通鉴》的联系指出来，《资治通鉴》已载之事《解题》不录，《解题》是为增补《资治通鉴》未载所设，《大事记》与《资治通鉴》的渊源可见一斑。

吕祖谦受关学、洛学影响很大。《宋史》有云："祖谦学以关、洛为宗，而旁稽载籍，不见涯涘。"⑤ 吕祖谦伯祖吕本中即是横渠再传，又从龟山游，吕广问、吕本中、吕弸中、吕祖谦岳父韩元吉，都是尹

① 吕祖谦：《东莱吕太史文集》新增附录，《吕祖谦全集》第一册，浙江古籍出版社2008年版，第870页。

② 吕祖谦：《大事记·解题》卷一《周威烈王十八年》，《吕祖谦全集》第八册，浙江古籍出版社2008年版，第269页。

③ 吕祖谦：《大事记·解题》卷一《周威烈王十八年》，《吕祖谦全集》第八册，浙江古籍出版社2008年版，第269页。

④ 吕祖谦：《大事记·解题》卷二《周威烈王二十三年》，《吕祖谦全集》第八册，浙江古籍出版社2008年版，第277页。

⑤ 脱脱：《宋史》卷四三四《吕祖谦传》，中华书局1985年版，第12874页。

焞门人，尹焞又为程颐高足。吕祖谦十分推崇程颐的学说，在《丽泽论说集录》中，有"当看伊川说"①"伊川说最要熟看"② 等句，并对《程氏易传》《太极图解》等书的校订与刊行十分用心。在他与朱熹的通信中，便有："《通书》已依《易传》板样刊，但邵康节一段，所谓'极论田地万物之理，以及六合之外'，不知六合如何有外？末载伊川之类，亦恐是邵家子弟欲尊康节，故托之于伊川，不知可削去否？其它所疑，张丈已报去，更不重出。《太极图解》，近方得本玩味，浅陋不足窥见精蕴，多未晓处，已疏于别纸，人回，切望指教。又读龟山《中庸》，有疑处数条录呈，亦幸垂喻。"③《大事记》中，《解题》开卷便引程颐《春秋传序》以为纲领，可见程颐学说对吕祖谦影响之深。

吕祖谦为《唐鉴》作音注、为欧阳修作传记《欧公本末》，对北宋学者在史学上的成就作出进一步的发展与传承。在《唐鉴音注》中，其中的褒贬论断皆以《唐鉴》为准，所作注解大多浅显易懂，有益于《唐鉴》一书的进一步流传。吕祖谦在《欧公本末》中，除了重视欧阳修的仕途与交友情况，还对当时的文人学者的著述与交游情况进行记述。从真宗至英宗数十年间的时贤事迹于其书中皆能看到，这是吕祖谦通过自己的著述传承发扬北宋诸儒学说言论的明证。

三　"中原文献之传"对吕祖谦历史文献学的影响

"中原文献之传"对吕祖谦的历史文献学的影响是深远的。吕祖谦在历史文献学上取得的重要成就及其历史文献学特点的形成，都与这样一种学术思想传承密不可分。具体而言，这种影响其荦荦大者有以下数端：

---

① 吕祖谦：《丽泽论说集录》卷一《比师》，《吕祖谦全集》第二册，浙江古籍出版社 2008 年版，第 12 页。

② 吕祖谦：《丽泽论说集录》卷一《比师》，《吕祖谦全集》第二册，浙江古籍出版社 2008 年版，第 13 页。

③ 吕祖谦：《东莱吕太史别集》卷七《与朱侍讲》，《吕祖谦全集》第一册，浙江古籍出版社 2008 年版，第 397 页。

一是兼容并包、融汇诸家的学术特色。吕祖谦编著文献不拘泥于经、史、子、集的分类，只要能为我所用皆有所取，无所偏滞，他的《通释》《左氏类编》《十七史详节》等史著中对先秦诸子百家、各家经传、历代正史、文人论述均有涉及，可见其取材之广。在吕祖谦的著述中，对于学术上的门户之见也能保持宽和的心态。在他的著述中，二程、苏辙、苏轼、王安石、胡宏等分属不同派别的学者的学说都能展现出来，丝毫不会厚此薄彼。

二是重视实学，提倡践履。吕祖谦对文献的解读讲求务实，不尚空谈。吕氏家学认为学贵有用，从其先祖吕公弼时便"究观古今治乱之要，而不为章句之学"。① 吕祖谦受这一思想影响，无论是对于历史人物、历史现象的论述，还是名物训诂，都不故作高深，卖弄其学，"非事杂博，求新语，出于人之所不知"，② 而是从历史现实出发，从撰述目的出发。也正因为吕祖谦很好地贯彻了这一思想，他的很多史著能在当时和之后的学子中产生较大影响，《左氏博议》《十七史详节》等书皆是如此。吕祖谦在《历代制度详说》中，将所取材的文献标明出来，方便学子查阅原书学习。

三是注重体现多样性。不同于宋室南渡后的其他学者，吕祖谦身上有着北宋元祐诸儒的学术传承，因而在吕祖谦的文献学中，我们既能看到义理的阐发，然而这种阐发与当时其他大儒又不同，他非常重视训诂之学。吕祖谦认为历代学者对于《史记》《汉书》等典籍的文字之学重视不够，"不知书音是其枝叶，小学乃其宗系"③。这与一味崇尚义理阐发的学者大相径庭。在经传中吕祖谦更注重《左传》学，他认为"蓄德以致用"，将理学中的学说理论更多地落实到具体的实

---

① 范镇《吕惠穆公公弼神道碑》，杜大珪：《名臣碑传琬琰之集》中编卷二十六，文渊阁四库全书本。

② 吕祖谦：《大事记·解题》卷一《周敬王三十九年》，《吕祖谦全集》第八册，浙江古籍出版社 2008 年版，第 231 页。

③ 吕祖谦：《少仪外传》上卷，《吕祖谦全集》第二册，浙江古籍出版社 2008 年版，第 14 页。

践中。他在文献诠释中注重义理阐述与训诂考证并重，对当时一味地追求义理阐述有自己冷静的思考。

第二节　对前史的考订训诂：《唐鉴音注》

吕祖谦非常重视文献考订训诂，认为汉儒的这一治学方法不可废缺，"诸先生训释，自有先后得失之异。及汉儒训诂不可轻，此真至论"①。《唐鉴音注》之所以值得关注，一是该书是对当时音韵训诂学的创新之作。在吕祖谦之前，学者音韵训诂的著述主要集中于经书和经传，吕祖谦首开注当代史书的先河。二是由于《唐鉴音注》所取得的成就非常高，与胡三省的《资治通鉴音注》并称为"宋元两大音注"。除《唐鉴音注》外，吕祖谦的《解题》也颇能反映其考订训诂上的成就，因已有学者对该书的史学考辨成就作了详细梳理，② 故不赘言。以下以《唐鉴音注》为对象，阐述吕祖谦考订训诂的主要成就。

一　《唐鉴音注》的撰述旨趣

对于吕祖谦为《唐鉴》所作的"音注"，同治年间胡凤丹在重刻《唐鉴音注》序中给予了很高的评价："古来音注之家，经为多，史次之。如裴骃、司马贞、张守节之于《史记》，颜师古、章怀太子之于《两汉书》，研核详明，折衷至当，尚矣。最后则胡三省《资治通鉴音注》，足与古人方驾。而求其简要不烦，洞达治体，则惟吕成公所著范学士《唐鉴音注》，尤万世君人者之金镜焉。"③ 吕祖谦之所以

---

① 吕祖谦：《东莱吕太史别集》卷七《与朱侍讲》，《吕祖谦全集》第一册，浙江古籍出版社2008年版，第410页。

② 参见李洪波《吕祖谦文献学研究》，博士学位论文，北京大学，2013年。

③ 吕祖谦：《东莱音注唐鉴》序，《吕祖谦全集》第九册，浙江古籍出版社2008年版，第1页。

选择《唐鉴》作为音注对象，与吕氏对该书的推崇密不可分。

《唐鉴》是北宋史学家范祖禹的一部史论著作。范祖禹协助司马光修《资治通鉴》，主要负责唐代部分史料的搜集与整理。范祖禹在助修《资治通鉴》的过程中，"得以考其兴废治乱之所由"，① 于是用编年体这种着意反映一代治乱兴衰的史体，加之以大量史评于后，随事立意，总结唐代十二位君主的政治得失，以为鉴戒。诚如范祖禹所说："然则今所宜监，莫近于唐，《书》曰：'我不可不监于有夏，亦不可不监于有商'。臣谨采唐得失之迹，善恶之效，上起高祖下终昭宣，凡三百六篇，为十二卷，为《唐鉴》"。② 他总结《唐鉴》的撰述旨趣为："稽其成败之迹，折以义理。"③《唐鉴》在北宋时由于范祖禹属"元祐党籍"而遭到禁毁，到南宋时期流行开来，宋高宗曾有言："读《资治通鉴》，知司马光有宰相度量；读《唐鉴》，知范祖禹有台谏手段。"④《唐鉴》对后世影响很大，清仁宗有言："范祖禹所著《唐鉴》一书，胪叙一代事迹，考镜得失，其立论颇有裨于治道。"⑤ 范祖禹因而被称为"唐鉴公"。

吕祖谦选择《唐鉴》作为注释对象，是有多重原因的：一是《唐鉴》契合吕祖谦经世致用的为学思想。《唐鉴》从其命名便可看出，是为君主总结王朝治乱兴衰的经验教训。吕祖谦尤为重视此道，他认为学者需要设身处地去理会历史中的治乱兴衰："昔陈莹中尝谓《通鉴》如药山，随取随得。然虽是有药山，又须是会采，若不能采，不过博闻强记而已。壶丘子问于列子曰：'子好游乎？'列子对曰：'人之所游，观其所见；我之所游，观其所变。'此可取以为看

---

① 范祖禹：《唐鉴》序，上海古籍出版社1984年版，第1页。
② 范祖禹：《唐鉴》序，上海古籍出版社1984年版，第3页。
③ 范祖禹：《唐鉴》卷首《进〈唐鉴〉表》，上海古籍出版社1984年版。
④ 张端义：《贵耳集》，出自《四库全书总目提要》卷八十八，河北人民出版社2000年版，第2279页。
⑤ 胡凤丹：《重刻唐鉴音注序》，《吕祖谦全集》第九册，浙江古籍出版社2008年版，第1页。

史之法。大抵看史见治则以为治，见乱则以为乱，见一事则止知一事，何取？观史当如身在其中，见事之利害，时之祸患，必掩卷自思，使我遇此等事，当作如何处之。如此观史，学问亦可以进，知识亦可以高，方为有益。"① 吕祖谦与范祖禹对揭示历史治乱兴衰并为现实活动提供依据都有着浓厚的兴趣，这是吕祖谦作《唐鉴音注》原因之一。二是吕祖谦希望《唐鉴》可以传播更广，为更多人所知晓。范祖禹著录《唐鉴》时说："然先生为文，深不欲人知，谏草多自焚去弗存，并欲毁京师所刊《唐鉴》，子冲固请得免。"② 再加上崇宁二年（1103 年）对该书的禁毁，使得《唐鉴》难以流传开来。吕祖谦出入馆阁并参与《徽宗实录》的编修，于《唐鉴》非常清楚，有了为其作注的客观条件。三是《唐鉴》一书与吕祖谦颇有渊源。吕祖谦先人吕公著、吕希哲皆服膺程氏之学，吕祖谦对于程颐更是推崇备至，为《程氏易传》刊刻颇费心力，而范祖禹的《唐鉴》与程颐也有着密切联系："范淳夫尝与伊川论唐事，乃为《唐鉴》，尽用先生之论。先生谓门人曰：'淳夫乃能相信如此！'。"③ 程颐非常欣赏《唐鉴》："元祐中客有见伊川者，几案见无他书，惟印行《唐鉴》一部。先生曰：'近方见此书，三代以后无此议论。'"④ 范祖禹与吕祖谦拥有共同的学术渊源，这也使得吕祖谦对范祖禹的见解更容易产生认同。吕祖谦在《唐鉴音注》中提出："其间是非褒贬，无不以学士为准。"⑤ 吕祖谦对范祖禹的史论见解服膺程度可见一斑。

---

① 吕祖谦：《丽泽论说集录》卷八《门人集录史说》，《吕祖谦全集》第二册，浙江古籍出版社 2008 年版，第 218 页。

② 黄宗羲、全祖望：《宋元学案》卷二十一《华阳学案》，中华书局 1986 年版，第 847 页。

③ 程颢、程颐：《二程外书》卷十一，文渊阁四库全书本。

④ 程颢、程颐：《二程外书》卷十二，文渊阁四库全书本。

⑤ 吕祖谦：《东莱音注唐鉴》重刻唐鉴音注序，《吕祖谦全集》第九册，浙江古籍出版社 2008 年版，第 1 页。

二 《唐鉴音注》的注释形式

《唐鉴音注》对《唐鉴》的注解主要包含两个内容："先之以音义，继之以注释。"① "音义"采用了直音法和反切法；"注释"主要通过其他文献对《唐鉴》中涉及的制度、史事、地理等方面内容加以补充，便于读者理解。

注释音义是读者学习领会字义和学术交流中的第一步。其中标注的文字读音与现代汉字读音多有不同，为研究音韵变迁留下了宝贵资料。吕祖谦认为音义是理解文献的根本，他说："夫字者，坟籍根本。世之学徒多不晓字，读《五经》者是徐邈而非许慎，习赋颂者信褚诠而忽吕忱，明《史记》者专徐、邹而非篆籀，学《汉书》者悦应、苏而略《苍》《雅》。"② 对不重视音义的为学现象深以为非，他对音义的重视在《唐鉴音注》一书中便得以实践。吕祖谦按照音调和直音法来注释音调：

> 遣刘文静使突厥，注释：使，去声。
>
> 而齐之以起兵，注释：齐，音协，下同。③
>
> 佞人之难远也！注释：远，去声。④
>
> 使郎将尒朱焕等以甲遗文干。注释：将，去声。尒亦尔同。遗，去声。
>
> 西突厥统叶护可汗。注释：汗，平声。

---

① 吕祖谦：《东莱音注唐鉴》重刻唐鉴音注序，《吕祖谦全集》第九册，浙江古籍出版社 2008 年版，第 1 页。

② 吕祖谦：《少仪外传》上卷，《吕祖谦全集》第二册，浙江古籍出版社 2008 年版，第 14 页。

③ 吕祖谦：《东莱音注唐鉴》卷一《高祖上》，《吕祖谦全集》第九册，浙江古籍出版社 2008 年版，第 1 页。

④ 吕祖谦：《东莱音注唐鉴》卷一《高祖上》，《吕祖谦全集》第九册，浙江古籍出版社 2008 年版，第 6 页。

则是以女为间。注释：间，去声。①

五伯之所不为也。注释：伯，读如霸。②

跪奏乞一襦袴。注释：上音儒，下音库。③

反切法则是使用两个字来拼出读音，以下仅举数例：

国人恶之。注释：恶，乌故切。④

鍈弟户部郎中焊，注释：焊，何旦切。⑤

翰偾军降虏，注释：降，户江切。⑥

同平章事房琯，注释：琯，乌故切。⑦

帝尝遣健步出城觇贼，注释：觇，库廉切，视也。⑧

对于《唐鉴》中的词义，吕祖谦也进行注释，如对"直言而恶告讦"中的"讦"，吕祖谦解释为"谓攻发人之阴私"。⑨ 对于其中的通假字，吕祖谦也将其标注出来，如"微熟视曰"中的"熟"，吕祖

———————————

①　吕祖谦：《东莱音注唐鉴》卷一《高祖下》，《吕祖谦全集》第九册，浙江古籍出版社 2008 年版，第 13 页。

②　吕祖谦：《东莱音注唐鉴》卷六《太宗四》，《吕祖谦全集》第九册，浙江古籍出版社 2008 年版，第 62 页。

③　吕祖谦：《东莱音注唐鉴》卷十三《德宗二》，《吕祖谦全集》第九册，浙江古籍出版社 2008 年版，第 145 页。

④　吕祖谦：《东莱音注唐鉴》卷九《玄宗中》，《吕祖谦全集》第九册，浙江古籍出版社 2008 年版，第 97 页。

⑤　吕祖谦：《东莱音注唐鉴》卷九《玄宗中》，《吕祖谦全集》第九册，浙江古籍出版社 2008 年版，第 104 页。

⑥　吕祖谦：《东莱音注唐鉴》卷十一《肃宗》，《吕祖谦全集》第九册，浙江古籍出版社 2008 年版，第 114 页。

⑦　吕祖谦：《东莱音注唐鉴》卷十一《肃宗》，《吕祖谦全集》第九册，浙江古籍出版社 2008 年版，第 115 页。

⑧　吕祖谦：《东莱音注唐鉴》卷十三《德宗三》，《吕祖谦全集》第九册，浙江古籍出版社 2008 年版，第 145 页。

⑨　吕祖谦：《东莱音注唐鉴》卷四《太宗二》，《吕祖谦全集》第九册，浙江古籍出版社 2008 年版，第 34 页。

谦标注为"与孰同"。^① 吕祖谦还用典籍中的注释来注解，在解释"弥留"一词时，他引用《尚书·顾命》中的话为之注解"病日臻。既弥留。"同时亦引胡安国的话："弥留，久留也。"^②

对于句意，吕祖谦会用更为通俗易懂的说法进行注解，如"秦以诈力一天下，划灭方国为郡县"一句中，如若读者不知道郡县制始于秦这一知识点，就会不理解句意，因而吕祖谦注释："秦罢诸侯，立郡县，始置郡守。"^③ 吕祖谦对于其中容易引起歧义的地方进行注解，如"无不发其陵"一句缺少主语，吕祖谦在注解中遂注明："谓贼发其冢。"^④ 范祖禹议论中运用的反问、排比等一些修辞手法，虽然使议论更加充分，吕祖谦认为仍然有点明句意的必要，如范祖禹针对三代以下仇视夷狄的现象议论道："彼虽夷狄，亦犹中国之民也。趋利避害，欲生恶死，岂有异于人乎？"吕祖谦注释点明句意："言夷狄虽非中国比类，其贪生恶死亦与中国之人同。"^⑤

吕祖谦在注解中还运用举例子的方法注释。在说明唐代帝王"以逆族异类为同宗"的情况时，吕祖谦便举李勣为例来说明："如唐李勣，曹州离狐人，本姓徐氏。高祖赐姓李，附宗正籍属是也。"^⑥ 范祖禹有"数赦之害，前世论之详矣。"之句，吕祖谦在注释中不但增补了事例，还标注了出处："如《后·王符传》'贼民之甚者，莫大

---

① 吕祖谦：《东莱音注唐鉴》卷四《太宗二》，《吕祖谦全集》第九册，浙江古籍出版社2008年版，第35页。
② 吕祖谦：《东莱音注唐鉴》卷十六《德宗五》，《吕祖谦全集》第九册，浙江古籍出版社2008年版，第178页。
③ 吕祖谦：《东莱音注唐鉴》卷四《太宗二》，《吕祖谦全集》第九册，浙江古籍出版社2008年版，第30—31页。
④ 吕祖谦：《东莱音注唐鉴》卷四《太宗二》，《吕祖谦全集》第九册，浙江古籍出版社2008年版，第35页。
⑤ 吕祖谦：《东莱音注唐鉴》卷六《太宗四》，《吕祖谦全集》第九册，浙江古籍出版社2008年版，第58页。
⑥ 吕祖谦：《东莱音注唐鉴》卷一《高祖上》，《吕祖谦全集》第九册，浙江古籍出版社2008年版，第6页。

于数赦。数赦、赎刑，则恶人昌而善人伤矣’之类。"① 吕氏对《唐鉴》例子的增补不仅限于人物和史事，还应用于说明制度：

> 古者，天子建国赐姓命氏。注释：《左》隐八年："天子建德，因生以赐姓。"
>
> 自三代之衰，称姓者或以国，注释：如《风俗通·姓篇》："序四氏于国，齐、鲁、宋、卫是也。"
>
> 或以地，注释："如高氏出齐，太公之后食粟于高，因氏焉。"
>
> 或以官，注释：汉仓氏、庾氏，其祖本主仓庾之官。《食货志》云："居官以为姓号。"注云："仓氏、庾氏是也。"②

《唐鉴》以议论见长，范祖禹又是"高文博学"③的大学者，因而《唐鉴》中经常引用典故来进行议论。典故代表的含义往往是非常丰富的，读者不了解典故就无法准确地领会句意。吕祖谦往往将典故的出处原文列于其下，再对典故进行注解。如范祖禹引《诗经》中"诒厥孙谋，以燕翼子"句，吕祖谦先是标出该句在《诗经》中的具体出处："《文王有声》诗：'丰水有芑，武王岂不仕！诒厥孙谋，以燕翼子。'"再引用《毛诗》和郑玄注来解释："毛氏云：'燕，安。翼，敬也。'郑氏云：'诒，传也。孙，顺也。'"④ 吕祖谦在解释"冯妇搏虎"这一典故时，采用《孟子》里的原话："《孟·尽心》：'晋人有冯妇者，善搏虎。有众逐虎，虎负嵎，莫之敢撄。望见冯妇，

---

① 吕祖谦：《东莱音注唐鉴》卷三《太宗一》，《吕祖谦全集》第九册，浙江古籍出版社2008年版，第22页。

② 吕祖谦：《东莱音注唐鉴》卷一《高祖上》，《吕祖谦全集》第九册，浙江古籍出版社2008年版，第6页。

③ 苏轼：《苏轼文集》卷五十《与范元长书八》，中华书局1986年版，第1460页。

④ 吕祖谦：《东莱音注唐鉴》卷七《高宗》，《吕祖谦全集》第九册，浙江古籍出版社2008年版，第67页。

趋而迎之。冯妇攘背下车，众皆悦之，其为士者笑之。'"① 范祖禹在行文中，还将典故融入叙述中，这时候加注时不但要解释典故，还要对叙述的内容有所阐释。例如《唐鉴》有言："昔赵襄子有晋阳之难，群臣皆懈，惟高共不敢失礼。及襄子行赏，以共为先。"吕祖谦在注释时首先对事件的起因"晋阳之难"作了解释，再来说明事后行赏高共为先："《史·赵世家》：赵襄子与韩、魏之国攻晋阳岁余，引汾水灌其城。城中悬釜而炊，易子而食。群臣皆有外心，礼益慢，惟高共不敢失礼。襄子惧，乃夜使相同私于韩、魏。韩、魏与合谋，以三月丙戌，三国反灭智伯，共分其地。于是襄子行赏，高共为上。张孟同曰：'晋阳之难，唯共无功。'襄子曰：'方晋阳急，群臣皆懈，唯共不敢失人臣礼，是以先之。'"②

吕祖谦还以注释的形式增补史实。《唐鉴》中有："明皇以藩王有功，成器居嫡长而能辞位以授之"之句，而对于其中更为详细的情况范祖禹并未展开，吕祖谦在注释中增补了事情始末："《唐·让皇帝宪传》：本名成器，睿宗为皇帝，故宪立为皇太子。睿宗将建东宫，以宪嫡长，又尝为太子，而楚王有大功，故久不定。宪辞曰'储嗣，天下之公器。时平则先嫡，国难则先功，重社稷也。使付授非宜，海内失望。'因涕泣固辞。时大臣亦言楚王有定社稷功，且圣庶抗嫡，不宜更议。帝嘉宪让，遂许之。立楚王为皇太子。"③《唐鉴》中有"自李林甫时，言路塞绝"之句，但对于言路如何塞绝，以及严重到何种程度并未展开，吕祖谦在注释便引《新唐书·李林甫传》："居相位十九年，固宠市权，欺蔽天子耳目。谏官皆持禄养资，无敢言事者。补阙杜琎再上书言政事，斥为下邽令。因以语动其余曰：'明主

---

① 吕祖谦：《东莱音注唐鉴》卷六《太宗四》，《吕祖谦全集》第九册，浙江古籍出版社 2008 年版，第 55 页。

② 吕祖谦：《东莱音注唐鉴》卷十一《肃宗》，《吕祖谦全集》第九册，浙江古籍出版社 2008 年版，第 115 页。

③ 吕祖谦：《东莱音注唐鉴》卷八《睿宗》，《吕祖谦全集》第九册，浙江古籍出版社 2008 年版，第 83 页。

在上，群臣将顺不暇，亦何所论？君独不见立仗马乎，终日无声，而
饫三品刍豆。一鸣，则黜之矣。后虽欲不鸣，得乎？'由是谏诤
路绝。"①

吕祖谦以注释的形式考订史实。吕祖谦为《唐鉴》作注时，关于
唐史记载的史书已有多部，因而可以参合考订多部书中的记载以为所
用。《唐鉴》中关于太子李弘的死因有："李泌以为武后欲谋篡国，
酖太子弘"一句，这里范祖禹也并未对这一说法加以考证，吕祖谦则
引多部史书记载考订这一说法：

> 《通鉴考异》曰："《新书·本纪》云：'天后杀皇太子。'
> 《新传》云：'从幸合璧宫，遇酖薨。'《唐历》云：'弘仁孝英
> 果，深为上所钟爱。以请嫁三公主，失爱于天后，不以寿终。'
> 《实录》《旧传》皆不言遇酖。"②

综合以上记载，吕祖谦以按语形式梳理了文献记载的脉络并阐释了自
己的看法：

> 按：李泌对肃宗云："孝敬皇帝为太子监国，仁明岂悌。天
> 后方图临朝，乃酖杀。立雍王贤为太子。"《新书》盖据此及
> 《唐历》也。
> 按：弘之死，其文难明，今但云时人以为天后酖之，疑以
> 传疑。③

---

① 吕祖谦：《东莱音注唐鉴》卷十《玄宗下》，《吕祖谦全集》第九册，浙江古籍出
版社 2008 年版，第 108 页。
② 吕祖谦：《东莱音注唐鉴》卷七《高宗》，《吕祖谦全集》第九册，浙江古籍出版
社 2008 年版，第 72 页。
③ 吕祖谦：《东莱音注唐鉴》卷七《中宗》，《吕祖谦全集》第九册，浙江古籍出版
社 2008 年版，第 72 页。

地理知识是读懂史书的必备知识，"左图右史"的说法说明了古人已经认识到了地理对读史的作用。而地理中行政区划和名称的变迁，更是使得贯通地理之学非常困难。吕祖谦在《音注》中，于地名沿革等需要注意的问题皆列出注释。《唐鉴》中涉及的地理名词，到宋代名称或建置已发生改变，这就需要注者标明原委，如"一旦贼兵起幽、蓟"一句中，吕祖谦注释"蓟"："唐开元十八年以洛阳县为蓟州。"①对于行文中出现的商周时期的方国地名，吕祖谦也注释出其大致方位。范祖禹有："昔武王伐商，亦有微、卢、彭、濮。"吕祖谦注释：

> 《书·牧誓》：武王与受战于牧野。王曰："嗟！我友邦冢君，御事：司徒、司马、司空、亚旅、师氏、千夫长、百夫长及庸、蜀、羌、髳、微、卢、彭濮人。"孔安国云："八国皆蛮夷戎狄属文王者。国名，羌在西蜀，髳、微在巴蜀，卢、彭在西北。庸、濮在江、汉之南。"②

范祖禹在议论中说："《春秋》每岁必书公之所在。及其居乾侯也，正月必书曰'公在乾侯'，不与季氏之专国也。"《春秋》的记载中对鲁国国君在何地蕴含了深刻的含义，这里地名所属国家就具有多层含义：当鲁君不在鲁国属地时，实际上说明了政权已被季孙氏掌握，因而吕祖谦在注释中详细列出地名所属国：

> 《春秋》昭二十五年："九月，己亥，公孙于齐，次于阳州。"杜预云："讳奔，故曰孙，若自孙让而去位者。"阳州齐、鲁境上邑。孙，音逊。

---

① 吕祖谦：《东莱音注唐鉴》卷十《玄宗下》，《吕祖谦全集》第九册，浙江古籍出版社 2008 年版，第 108 页。

② 吕祖谦：《东莱音注唐鉴》卷十一《肃宗》，《吕祖谦全集》第九册，浙江古籍出版社 2008 年版，第 118 页。

二十六年，"三月，公至自齐，居于郓。"二十七年同。

二十八年："公如晋，次于乾侯。"在魏郡斥丘县晋境内邑。

二十九年："春，公至自乾侯，居于郓。"

三十年："春王正月，公在乾侯。"

三十一年同。①

　　典章制度之学是理解历史的一把钥匙。吕祖谦对制度之学非常重视，《历代制度详说》《左氏类编》等书便是梳理考订制度的史著。在《唐鉴音注》中，虽然并没有专门立论来梳理制度之学，却多有点睛之笔，在此吕祖谦更加重视对制度的阐释和解读。《唐鉴》中有："三公论道经邦，协理阴阳"一句，何为"三公"？吕祖谦解释道："《书·周官》：'立太师、太傅、太保，兹惟三公。论道经邦，协理阴阳。'《前·百官公卿表》：'太师、太傅、太保，兹惟三公。''或说司马主天，司徒主人，司空主人，是为三公'。"② 这里吕祖谦引用《书经》《汉书·百官公卿表》中的说法来解释三公。值得注意的是，《汉书》中关于"三公"已有两种不同含义。到唐时期，"三公"的意义有了新的变化，《唐鉴》中有："且既有太尉、司徒、司空，而又有尚书省。"吕祖谦注释道："《唐·百官志》：'太尉、司徒、司空各一人，是为三公，正一品。'"③ 同样是关于"三公"的解释，吕祖谦通过援引文献资料的不同来说明其不同含义，提醒读者注意其含义的古今异同。

　　吕祖谦还对《唐鉴》中关于制度进行补充说明。范祖禹在史论中有："唐初定均田，有给田之制，盖犹有在官之田也。"吕祖谦在注

---

　　① 吕祖谦：《东莱音注唐鉴》卷七《中宗》，《吕祖谦全集》第九册，浙江古籍出版社 2008 年版，第 76 页。

　　② 吕祖谦：《东莱音注唐鉴》卷二《高祖下》，《吕祖谦全集》第九册，浙江古籍出版社 2008 年版，第 10 页。

　　③ 吕祖谦：《东莱音注唐鉴》卷二《高祖下》，《吕祖谦全集》第九册，浙江古籍出版社 2008 年版，第 11 页。

释中补充道:"《唐·食货志》:'唐之始时,授人以口分、世业田,而取之以租庸调之法。'"① 接下来范祖禹有:"其后租庸调法坏,而为两税,给田之制因不复见。"② 吕祖谦注释道:"同上。'天宝以来,骄君昏主,奸吏邪臣,取济一时,屡更其制。由是财利之说兴,聚敛之臣进。盖口分、世业之田坏而为兼并,租庸之法坏而为两税。'"③ 吕祖谦在此用较少的篇幅解释了唐初到中唐赋税制度变化的原因,并没有去解释何为租庸调法、两税法,这是为了与范书表达上相契合,范书在此主要侧重于阐发井田制废除引起的贫富不均现象及其影响,而对于租庸调法、两税法的具体内容并不是讨论重点,因而吕祖谦的注释便侧重于变化原因的阐释。

吕祖谦的《唐鉴音注》有以下特点值得注意:一是大量引用六经、经传、史著等经典文献注释其文。仅在第一卷中,吕祖谦的注释便引用了先秦典籍《诗》《书》《礼》《论语》《孟子》《荀子》《国语》《左传》《春秋》,历代史籍《史记》《汉书》《后汉书》《宋书》《新唐书》。这些被引用的典籍往往都是范书句子的出处,这种注释方法更加准确,避免以讹传讹的现象。二是尊重原著,不加褒贬。吕祖谦除了将《唐鉴》每卷一分为二,将十二卷的原书拆分为二十四卷的《唐鉴音注》之外,对原书的篇目次序等,未做任何改动。且"其间是非褒贬,无不以学士为准",④ 其注释以帮助理解原文为宗旨,不杂己见,相比其他注释之书,或阐发注者议论,或笔削原著,这可谓是《唐鉴音注》一大特色。《唐鉴音注》的成书促进了《唐

---

① 吕祖谦:《东莱音注唐鉴》卷二《高祖下》,《吕祖谦全集》第九册,浙江古籍出版社 2008 年版,第 11 页。

② 吕祖谦:《东莱音注唐鉴》卷二《高祖下》,《吕祖谦全集》第九册,浙江古籍出版社 2008 年版,第 11—12 页。

③ 吕祖谦:《东莱音注唐鉴》卷二《高祖下》,《吕祖谦全集》第九册,浙江古籍出版社 2008 年版,第 12 页。

④ 吕祖谦:《东莱音注唐鉴》重刻唐鉴音注序,《吕祖谦全集》第九册,浙江古籍出版社 2008 年版,第 1 页。

鉴》一书的传播，吕祖谦的音注也因考证翔实、注解合宜，成为阅读
《唐鉴》的重要参考书，《唐鉴音注》"俾与《唐鉴》并传不朽，以
为万世君人者之金镜哉!"①

第三节　吕祖谦《左传》学的文献学成就

吕祖谦是宋代《左传》学重要学者。如前所述，吕祖谦的《左
传》学著述丰富，其中以《左氏博议》《左氏传说》《左氏传续说》
之"左氏三传"影响最大。《左氏博议》重视议论，多为对于义理的
阐发；《左氏传说》开始重视名物训诂，对历史事件的分析也更为深
刻；《左氏传续说》则更减少了空洞的说教，所论多是有据的实学。
同时，《左传》学系列著作也在历史文献学上取得了重要成就。

一　重视历史文献的归类

吕祖谦为学讲求根底扎实，因而对于文献整理非常重视。他的《左
氏类编》便是将《左传》中的材料按门类条分缕析，分为十九门，分别
是周、齐、晋、楚、吴越、夷狄、附庸、诸侯制度、风俗、礼、氏族、
官制、财用、刑、兵、地理、春秋前事、春秋始末、论议，其中礼、氏
族、官制等门还引用了《国语》中的文献补充于《左传》文献之后。

在《左氏类编》的开头，吕祖谦为整个左传的纪年作了大事年
表，方便读者查阅。从《论语》《礼记》《左传》《周礼》《汉书》
《尚书》《春秋释例》《春秋左氏经传集解》《发明义理》《上蔡谢先
生良佐与胡文定公安国书》中选择材料，归纳出《左传》的主旨纲
领所在。与卷首大事记相对应的，是卷末的"春秋前事"和"春秋
始末"两门，"春秋前事"条列的是《左传》中记述前代的史事，包

---

① 吕祖谦：《东莱音注唐鉴》重刻唐鉴音注序，《吕祖谦全集》第九册，浙江古籍出
版社 2008 年版，第 1 页。

括隐公元年"惠公之季年，败宋师于黄"①、隐公二年"公会戎于潜，修惠公之好也"②、隐公三年"齐、郑盟于石门，寻卢之盟也"③、隐公六年"盟于艾，始平于齐也"④、隐公十一年"公之为公子也，与郑人战于狐壤，止焉，郑人囚诸尹氏。赂尹氏，而祷于其主钟巫。遂与尹氏归，而立其主"⑤、文公十一年"宋武公之世，鄋瞒伐宋"⑥。"春秋始末"则是按时间顺序将《左传》中较为重要的大事条列出来，没有"年表"详尽，但是事件的记载较为完整详细。

在每一门下，吕祖谦将与之相关的史料按《左传》纪年方式，以鲁国史书的编年排列出来。对于诸侯国之间交往和战争这样你来我往、难以去归纳的史料，吕祖谦设立了"齐晋""晋楚""吴越"三门，将诸侯国之间的和战交往情况梳理清楚。"齐晋"一门列了襄公三年"晋将合诸侯，使士匄告齐乞盟"⑦、昭公十三年"晋人将寻盟，齐人不可。叔向告于齐"⑧、襄公二十七年"宋向戌欲弭诸侯之兵，如晋，许之；如楚，亦许之；如齐，许之；告于秦，秦亦许之。皆告于小国，为会于宋"⑨。这里不但是列出齐晋交往的史料，还将"弭

---

① 吕祖谦：《左氏类编》"春秋始末"，《吕祖谦全集》第六册，浙江古籍出版社 2008 年版，第 244 页。
② 吕祖谦：《左氏类编》"春秋始末"，《吕祖谦全集》第六册，浙江古籍出版社 2008 年版，第 244 页。
③ 吕祖谦：《左氏类编》"春秋始末"，《吕祖谦全集》第六册，浙江古籍出版社 2008 年版，第 244 页。
④ 吕祖谦：《左氏类编》"春秋始末"，《吕祖谦全集》第六册，浙江古籍出版社 2008 年版，第 244 页。
⑤ 吕祖谦：《左氏类编》"春秋始末"，《吕祖谦全集》第六册，浙江古籍出版社 2008 年版，第 244 页。
⑥ 吕祖谦：《左氏类编》"春秋始末"，《吕祖谦全集》第六册，浙江古籍出版社 2008 年版，第 244 页。
⑦ 吕祖谦：《左氏类编》"齐晋"，《吕祖谦全集》第六册，浙江古籍出版社 2008 年版，第 61 页。
⑧ 吕祖谦：《左氏类编》"齐晋"，《吕祖谦全集》第六册，浙江古籍出版社 2008 年版，第 62 页。
⑨ 吕祖谦：《左氏类编》"齐晋"，《吕祖谦全集》第六册，浙江古籍出版社 2008 年版，第 62 页。

兵之会"这样重大的涉及多个诸侯国的外交事件列出，并引用赵孟的话将各国之间微妙的关系点出："晋、楚、齐、秦匹也。晋之不能于秦，犹楚之不能于秦也。"①"吴越"一门吕祖谦所用篇幅在三门中为最，原因是在"齐晋""晋楚"之门外，有专门列"齐""晋""楚"三门，而"吴越"合为一门，其条列内容大致包括楚国与吴、越结盟、吴国与晋国通好开始伐楚、吴楚之间战争、吴与秦大败楚国、吴伐越、吴伐陈、吴伐齐、越国灭吴国。实际上是将春秋后期的军事外交材料作了集中的罗列，并使事件发生先后顺序、其中的内在关系一目了然。

二　重视典章制度文献的考证与解析

典章制度是理解历史的关键，不掌握一个时期的典章制度，就无法理解历史发展变化的深层次原因，因而吕祖谦在《左传》学中非常重视解释和考证典章制度的材料，从文献的整理归纳，到考察制度如何变迁，到辨析各家之说的正误，于制度一类用功颇深。吕祖谦对《左传》中典章制度的注重，以《左氏传续说》最为明显，该书本是为继《左氏传说》而作，以补其未论，"至于朝祭、军旅、官制、赋役诸大典及晋楚兴衰、列国向背之事机，诠释尤为明畅"②。在论述中增加了很多典章制度方面的内容，仅卷三便有"古者肉食亦自有制，唯贵者、老者耳"③"古人只理会神民，如《周礼》所说宾、祀处"④"上大夫便是卿。《周礼》才书卿了，便无上

---

① 吕祖谦：《左氏类编》"齐晋"，《吕祖谦全集》第六册，浙江古籍出版社2008年版，第62页。

② 吕祖谦：《左氏传续说》附录，《吕祖谦全集》第七册，浙江古籍出版社2008年版，第392页。

③ 吕祖谦：《左氏传续说》卷三《庄公十年》，《吕祖谦全集》第七册，浙江古籍出版社2008年版，第52页。

④ 吕祖谦：《左氏传续说》卷三《庄公十年》，《吕祖谦全集》第七册，浙江古籍出版社2008年版，第53页。

大夫，止书中大夫、下大夫"①"古者君薨，太子即位，皆有丧次"②
等条。

在文献整理上，《左氏类编》中多个门类有典章制度的内容。吕
祖谦在《左氏类编》一书中排列最为详细的便是"诸侯制度"一门，
据黄灵庚先生考证，其中共列五百八十余条，分为"诸侯封爵、礼
乐、祭祀、贡献、地理、丧仪、朝觐、婚姻、废立、交聘、居室、官
制、兵制、会同、卜笠"等类，可谓详尽。③在"官制"一门中，吕
祖谦又细分周、鲁、晋、楚、齐、宋、郑、卫、家臣九类排列各诸侯
国的官制。在"论议"门下，特有"论典礼"一类，将《左传》中
涉及对典礼论述的内容全部罗列出来，如昭公十七年"郯子论官
名"、④昭公二十四年"晏子论礼"、⑤定公十年"孔子论嘉乐不野
合"、⑥哀公六年"楚昭王论命祀"。⑦除此之外，《左氏类编》中
"礼""财用""刑"三门都是与典章制度有关的门类，可见《左氏
类编》一书中典章制度类分量之重。

吕祖谦还重视对典章制度的流变进行考证，对不同材料中的诠释
进行辨析。吕祖谦认为《左传》中的典章制度既有周代的旧典，又
有春秋当时的礼制，他在桓公十四年"会于曹曹人致饩礼也"条下
说道：

---

① 吕祖谦：《左氏传续说》卷三《庄公十四年》，《吕祖谦全集》第七册，浙江古籍
出版社 2008 年版，第 58 页。

② 吕祖谦：《左氏传续说》卷三《庄公三十二年》，《吕祖谦全集》第七册，浙江古
籍出版社 2008 年版，第 73 页。

③ 黄灵庚：《吕祖谦〈左传〉学述要》，2009 年《春秋》三传与经学文化学术研讨会。

④ 吕祖谦：《左氏类编》"论议"，《吕祖谦全集》第六册，浙江古籍出版社 2008 年
版，第 255 页。

⑤ 吕祖谦：《左氏类编》"论议"，《吕祖谦全集》第六册，浙江古籍出版社 2008 年
版，第 256 页。

⑥ 吕祖谦：《左氏类编》"论议"，《吕祖谦全集》第六册，浙江古籍出版社 2008 年
版，第 256 页。

⑦ 吕祖谦：《左氏类编》"论议"，《吕祖谦全集》第六册，浙江古籍出版社 2008 年
版，第 256 页。

　　《左氏》所谓礼，非《左氏》自说，乃是周之典礼。盖夫子未笔削《春秋》时，鲁史本谓《鲁春秋》。《鲁春秋》之法，合于周礼者则书，不合于周礼者亦书，所以示劝戒也。故韩宣子适鲁，见《易象》与《鲁春秋》曰："周礼尽在鲁矣。"今《左氏》所谓"礼也"之类便是。然其中却又有两般：有周之旧典礼经，又有春秋当时之所谓礼。如："郑人齐人朝王，礼也""祭公来，遂逆王后于纪，礼也""曹人致饩，礼也"，此皆古之所谓礼也。如"大夫三月，同位至"，如"君薨，卒哭而祔"之类，此皆是春秋当时之所谓礼。《左传》书礼处极多，要须编辑作一处看，方见得两般分明。古之周礼，非今《周礼》之书。今《周礼》之书，只可谓之《周官》。①

　　吕祖谦对《左传》中的"礼"进行辨析，他从《左传》的源头《春秋》说起，认为《春秋》出自鲁史，其中多是合于周礼的记载，以示劝诫。但《左传》一书中又不尽是周礼，又有春秋时期的"礼"，这两种不同的"礼"的含义需要了解。同时他认为周礼与后来的《周礼》一书颇为不同，这两者也不能混淆。

　　在隐公元年"春，公将如棠观鱼者，臧僖伯谏曰'春蒐、夏苗、秋狝、冬狩，皆于农隙以讲事也'"条下，吕祖谦对春秋时的"蒐"制作了详细的考证，认为分为"因时而蒐"和"因事而蒐"两种，且蒐时"辨等列，顺少长，又却是寓此礼意在其间"，因而"蒐之本意，只欲蒐索兽之不孕者，亦以兵是凶器，不得不略杀一两件，以销铄兵气。四时必讲，亦以舒民之勇气也"②。而秦之后，则失去了蒐

---

　　① 吕祖谦：《左氏传续说》卷二《桓公十四年》，《吕祖谦全集》第七册，浙江古籍出版社 2008 年版，第 35 页。
　　② 吕祖谦：《左氏传续说》卷一《隐公五年》，《吕祖谦全集》第七册，浙江古籍出版社 2008 年版，第 10 页。

制的本意："自秦以来，三时皆废，止于秋时讲武。世之论者，遂谓古制三时务农，一时教战。以此看来，乃自秦以后法，非古制也。"①吕祖谦还从其他典籍的记载中来考证这一现象：

> 《春秋经》书"蒐"、书"狝"、书"狩"尚多有之，唯"苗"一事，虽不载于《春秋》，或存或废，制度犹在。自秦、汉而下，存者唯"狩"而已。以《后汉·礼仪志》考之，《月令》：季秋，"天子乃教田猎，以习五戎。"《月令章句》曰："寄戎事之教于田猎。武事不可空设，必有以诚，故寄教于田猎。开肆五兵，天子诸侯无事而不田为不敬，田不以礼为暴天物。《周礼》：司马以旗致民，平列陈如战之陈。……《魏书》曰："建安二十一年三月，曹公亲耕藉田，有司奏四时讲武于农隙。汉承秦制，三时不讲，唯十月车驾幸长安水南门，会五营士，为八阵进退。今金革未偃，士兵素习，可无四时讲武！但以立秋择吉日，大朝车骑，号曰治兵，上合礼名，下承汉制也。"秦、汉间制度如此。殊失古意矣。②

吕祖谦注重考察制度流变的源头。他从"郑子驷为田洫，司氏、堵氏、侯氏、子师氏皆丧田焉，故五族以作乱"这一条记载中推断出西周末年井田制崩坏已现端倪："郑子驷为田洫，而当时司氏、堵氏、侯氏、子师氏何为许多人皆丧田焉？以此观之，盖周之井田废坏，至此已见其端。四家侵占，遂更沟洫为田。子驷后来要整顿田洫，便把四家田再开，故四家作乱。且田洫自古有之，若仍旧制，何缘丧田？必其间尝有侵削，皆非旧制，有如子产欲复郑田制，民谤以为取我田

---

① 吕祖谦：《左氏传续说》卷一《隐公五年》，《吕祖谦全集》第七册，浙江古籍出版社 2008 年版，第 10 页。

② 吕祖谦：《左氏传续说》卷一《隐公五年》，《吕祖谦全集》第七册，浙江古籍出版社 2008 年版，第 10—11 页。

畸而伍之。此又见井田渐坏。"① 从四家丧田而侵占沟洫这样的历史细节中,吕祖谦敏锐地认识到井田制已经开始崩坏,贵族开始大量失去田地。

类似的例子还有乐礼的崩坏。孔子认为不正之乐"归之郑声"②,吕祖谦考证当时并不只有郑国有不正之乐,"卫有桑间濮上之音,子夏魏文侯之对言甚详,皆是不正之乐"③。那孔子为何将不正之乐唯独归为郑声呢?吕祖谦认为这是由于"盖郑音首坏先王之乐,其奸声尤甚"④,说明了乐的崩坏从郑国开始。

吕祖谦从制度的沿革角度阐释文献之间的联系。他在成公十年"荀偃士匄请伐偪阳"、成公十四年"荀偃言鸡鸣而驾塞井夷竈"中论及晋悼公政治举措中的失败之处,从晋国没有尽灭偪阳俘虏和晋悼公封偪阳于宋国的举动得出:"所以不忍尽灭,使周内史者,可见制度尚在。《周官》内史之职,掌八柄,曰爵、曰赏以封诸侯。晋要封偪阳,必命周内史。此周之官制尚在,《左氏》与《周礼》源流体统相承接。"⑤ 周内史参与到晋封偪阳于宋的活动中,说明当时周朝的官制还是存在并且运行着的,从这一制度层面可以看出《左传》对《周礼》的承接和二者的紧密联系。

吕祖谦从对制度的分析中纠正文献中的错误说法。如桓公二年"今晋,甸侯也,而建国,本既弱矣,其能久乎"⑥ 条下,吕祖谦论

---

① 吕祖谦:《左氏传说》卷七《襄公十年》,《吕祖谦全集》第七册,浙江古籍出版社 2008 年版,第 91 页。

② 吕祖谦:《左氏传说》卷七《襄公十年》,《吕祖谦全集》第七册,浙江古籍出版社 2008 年版,第 91 页。

③ 吕祖谦:《左氏传说》卷七《襄公十年》,《吕祖谦全集》第七册,浙江古籍出版社 2008 年版,第 91 页。

④ 吕祖谦:《左氏传说》卷七《襄公十年》,《吕祖谦全集》第七册,浙江古籍出版社 2008 年版,第 91 页。

⑤ 吕祖谦:《左氏传说》卷七《襄公十年》,《吕祖谦全集》第七册,浙江古籍出版社 2008 年版,第 90 页。

⑥ 吕祖谦:《左氏传续说》卷二《庄公二十二年》,《吕祖谦全集》第七册,浙江古籍出版社 2008 年版,第 20 页。

述所谓"甸"有两种:"有畿甸之甸,有侯甸之甸。"其中,"《禹贡》曰:'五百里甸服。'此是畿甸之甸。《周礼·职方志》曰:'乃辨九服之邦国,方千里曰王畿,其外方五百里曰侯服,又其外方五百里曰甸服。'此是侯甸之甸。"① 但是《周礼·职方志》又记载:"凡邦国千里,封公以方五百里则四公,方四百里则六侯,方三百里则七伯,方二百里则二十五子,方百里则百男,以周知天下。"② 这段记载与其他书的载录并不相符,因而吕祖谦认为:

> 大抵《周礼》所载,皆与其他书合。惟此一处,却有可疑。恐是后来诸侯欲侵占土地者,私广其数目耳。且以《孟子》考之,公侯皆方百里,伯七十里,子、男五十里。以此益可见古者三等之制。又曰:"周公之封于鲁为方百里也,地非不足而俭于百里。太公之封于齐也为方百里也,地非不足而俭于百里。"古者公侯皆是百里,如何便有三百里、四百里之制?况《孟子》正是当时人,岂不可信?③

吕祖谦通过详细的考证,论证了《周礼·职方志》中这段关于制度的记载不可靠,并指出其原因可能是诸侯为侵占更多土地而故意增加封地面积,更改了这段史实。

三 重视对历史文献细节的挖掘

吕祖谦对《左传》的研究,毋庸置疑是有对义理的阐发、对先儒的针砭等内容,这是当时学术风气的影响,吕祖谦也概莫能外。但是

---

① 吕祖谦:《左氏传续说》卷二《庄公二十二年》,《吕祖谦全集》第七册,浙江古籍出版社 2008 年版,第 20—21 页。

② 吕祖谦:《左氏传续说》卷二《庄公二十二年》,《吕祖谦全集》第七册,浙江古籍出版社 2008 年版,第 21 页。

③ 吕祖谦:《左氏传续说》卷二《庄公二十二年》,《吕祖谦全集》第七册,浙江古籍出版社 2008 年版,第 21—22 页。

相对于其他史家，"盖祖谦邃于史事，知空谈不可以说经，故研究《传》文，穷始末以核得失，而不倡废《传》之高论。视孙复诸人，其学为有据多矣。"① 吕祖谦这种"穷始末"、"核得失"、为学有据的特征在其后期著述中尤为明显。

吕祖谦能从《左传》中见微知著，从细微处总结历史发展情况，这与经学家由名物训诂而阐发义理的方法不同，是从历史记载出发回归历史事实的做法。吕祖谦认为："大抵看《左传》须旁看方可，若一事只作一事看不可。"② 这就需要对史事敏锐的洞察力，找到事与事之间的联系。隐公十一年"息侯伐郑"一事下，楚国并未出现在这一记载中，但吕祖谦由此便能"看得楚之盛衰"，原因是"盖息、蔡皆近楚之国，既盛，则必有吞并之意。彼朝夕自救之不暇，何暇及其他。看此，可见是时楚未强盛也。何故？盖楚衰则边楚之国必强，楚盛则边楚之国必弱"。③ 由此便能看出当时楚国并未强盛，周边小国尚有余力攻伐郑国。桓公六年"鲁以周班后郑"一事下，吕祖谦认为"此段见得鲁秉周礼④，原因是"举春秋之初一事而言之，则以周班后郑，而致三国之师。举春秋之末言之，则以不见天子不稽首，而取齐侯之责。原始要终，则鲁之秉周礼可知。然鲁秉周礼，见与于大国则甚易。今也吾方秉礼，而彼之加于我者，大则甲兵，小则责让，乃能终守而不替，此则甚难。"⑤ 吕祖谦将"周班后郑"和"不见天子不稽首"两件史事联系起来，这两件事前者发生在春秋初

---

① 纪昀：《四库全书总目提要》卷二十七《春秋类二》，河北人民出版社2000年版，第711页。

② 吕祖谦：《左氏传说》卷一《隐公十一年》，《吕祖谦全集》第七册，浙江古籍出版社2008年版，第5页。

③ 吕祖谦：《左氏传说》卷一《隐公十一年》，《吕祖谦全集》第七册，浙江古籍出版社2008年版，第5页。

④ 吕祖谦：《左氏传说》卷一《桓公六年》，《吕祖谦全集》第七册，浙江古籍出版社2008年版，第7页。

⑤ 吕祖谦：《左氏传说》卷一《桓公六年》，《吕祖谦全集》第七册，浙江古籍出版社2008年版，第7页。

年，后者发生在春秋末年，吕祖谦由此得出鲁国始终秉持周礼的结论，并指出这是鲁国受圣人感化风气使然，虽"大则甲兵，小则责让"亦不能改。在闵公七年条下，对"德刑礼义无国不记"一句中的"无国不记"，吕祖谦认为由此可以"见得诸侯国皆有史，如庄氏谓《汲冢纪年》篇有书鲁、晋事，类《春秋》者可见"。① 仅从这一句中便可推断出当时诸侯国皆有史书，它们与《春秋》相类似。

吕祖谦还对《左传》叙事中的言外之意进行阐发。《左传》虽未明言，但吕祖谦结合自己学识和洞察力，往往能得出一些论断，这些论断虽然是吕祖谦的主观看法，但从中可以一窥吕祖谦是如何理解文献的。《左氏传续说》卷首记曰："惠公元妃孟子，孟子卒，继室以声子，生隐公。"② 这段话在《左传》中仅是作为叙事所用，并无其他含义，但吕祖谦认为这段话隐含着立隐公为君的意义。吕祖谦首先叙述古代诸侯继承制度："古者诸侯继世虽以适而不以长，然元妃苟无适嗣，则庶长当立。自先儒皆有是说，此理甚明。"③ 结合鲁国情况："今惠公元妃既无适子，则继室之子虽非适子，却是庶长。"④ 又从《左传》的叙述顺序得出结论："《左氏》首载'孟子卒'，即载'继室以声子生隐公'一句，而隐公之当立，焕然无复可疑……《左氏》载下面仲子为鲁夫人事，则曰：'有文在其手，曰为鲁夫人。'言其有文如此，实非夫人也。桓公，亦均之为庶子耳。叙事至此，则隐公之当立与否，益易见矣。"⑤ 吕祖谦还将这种读史方法总结为：

①　吕祖谦：《左氏传续说》卷四《僖公七年》，《吕祖谦全集》第七册，浙江古籍出版社 2008 年版，第 94 页。
②　吕祖谦：《左氏传续说》卷一《隐公元年》，《吕祖谦全集》第七册，浙江古籍出版社 2008 年版，第 1 页。
③　吕祖谦：《左氏传续说》卷一《隐公元年》，《吕祖谦全集》第七册，浙江古籍出版社 2008 年版，第 1 页。
④　吕祖谦：《左氏传续说》卷一《隐公元年》，《吕祖谦全集》第七册，浙江古籍出版社 2008 年版，第 1 页。
⑤　吕祖谦：《左氏传续说》卷一《隐公元年》，《吕祖谦全集》第七册，浙江古籍出版社 2008 年版，第 1 页。

"只此一段，正如法吏断案，善叙陈其事，而法意自在其中。此《左氏》具文见意处，所以学者要看得详细。"① 他认为在读《左传》过程中，需要像法吏断案一样，从叙事中寻找线索，总结出当时的历史事实。在桓公十七年"君子谓昭公知所恶矣"一事，吕祖谦认为这句话实际暗含下半句："此一句是《左氏》讥昭公处。言其特能知之耳，而不能去之意自见于言外。此正是恶恶而不能去也。"② 吕祖谦认为《左传》中这种只书半句而隐去下半句的叙述手法，正是其笔法高明之处，"《左传》中如此处，皆《左氏》笔高，含不尽意"。③ 吕祖谦还从《左传》中看出了史书的普遍叙事方法。在桓公十八年"公将有行，遂与姜氏如齐，申繻曰：'女有家，男有室，无相渎也，谓之有礼。易此，必败。'"吕祖谦认为这里暗含姜氏是第一次到齐国，因而《左传》以谏言反映这段史事："《左氏》所以载申繻谏辞一段者，便要见得姜氏是第一次如齐处。言前此未尝如齐，至此方往，故申繻以未曾有此，遂入谏耳。故《左氏》因以谏辞系之。大抵作史之法皆如此。"④

吕祖谦认为《左传》虽然不是字字寓褒贬，却是"字字缜密"⑤，即使《史记》也比不上《左传》缜密，且"一部《左传》都不曾载一件闲事，盖此书是有用底书"。⑥ 因而他认为《左传》一书可以挖掘的内容非常丰富，值得学者反复熟看。在僖公四年"及

---

① 吕祖谦：《左氏传续说》卷一《隐公元年》，《吕祖谦全集》第七册，浙江古籍出版社 2008 年版，第 1—2 页。
② 吕祖谦：《左氏传续说》卷二《桓公十七年》，《吕祖谦全集》第七册，浙江古籍出版社 2008 年版，第 40 页。
③ 吕祖谦：《左氏传续说》卷二《桓公十七年》，《吕祖谦全集》第七册，浙江古籍出版社 2008 年版，第 40 页。
④ 吕祖谦：《左氏传续说》卷二《桓公十七年》，《吕祖谦全集》第七册，浙江古籍出版社 2008 年版，第 40 页。
⑤ 吕祖谦：《左氏传续说》纲领，《吕祖谦全集》第七册，浙江古籍出版社 2008 年版，第 1 页。
⑥ 吕祖谦：《左氏传续说》纲领，《吕祖谦全集》第七册，浙江古籍出版社 2008 年版，第 1 页。

将立奚齐，既与中大夫成谋"句中，吕祖谦认为这是"《左氏》书法最高处"[①]，原因有二：一是符合道义上的真实记载。"盖当时骊姬所惮者，惟里克一人而已。然里克柔弱避祸，却有中立之语，使骊姬敢于逐申生而立奚齐，全无忌惮。此便是与里克同商量一般。"[②] 虽然里克并未与骊姬合谋，但逐申生立奚齐事件中，里克是唯一能阻止的人，但里克却胆小怕事，以中立自居，这实际上助长了骊姬的气焰，里克应该为此事的发生负责，因而"与中大夫成谋"一句符合道义上的真实。二是"中大夫"可见春秋之初周代制度尚存。吕祖谦分析道：

> 古者大国三卿，皆命于天子。次国二卿，一卿命于天子，一卿自命。故命于天子者谓之卿。如《周礼》所书止有中大夫，却无上大夫，盖卿便是上大夫，正与此制合。注中所谓"中大夫为佐卿"，非也，但只是亚于卿者。齐侯是大国，亦只是二卿。管仲曰："有天子之二守国、高在。"观此，则齐止二卿而已。想是公之国方命三卿，侯国只命二卿而已。晋武公是篡位而入国，天子未尝命它卿，故只有中大夫。中大夫便是晋国秉政之臣。以此见春秋之初，此制尚在。虽晋之强暴，亦未敢改。后来此制紊乱，天子反灭，诸侯反多，一国既有卿，又有上大夫、中大夫，如叔向所言。[③]

四 注重历史文献的内在逻辑

吕祖谦对左丘明的史法评价很高，认为"左氏综理微密，后之为

---

① 吕祖谦：《左氏传续说》卷四《僖公四年》，《吕祖谦全集》第七册，浙江古籍出版社 2008 年版，第 87 页。
② 吕祖谦：《左氏传续说》卷四《僖公四年》，《吕祖谦全集》第七册，浙江古籍出版社 2008 年版，第 87 页。
③ 吕祖谦：《左氏传续说》卷四《僖公四年》，《吕祖谦全集》第七册，浙江古籍出版社 2008 年版，第 87 页。

史者鲜能及之"。① 正因为左丘明史法严密，前后相贯，不录空言，因而吕祖谦可以从《左传》文献的内在逻辑入手，对其中的史料加以甄别。针对《左传》文公十三年"其处者为刘氏"一语，吕祖谦认为："此一句本无谓，恐西汉人添入"。② 原因是"盖《左氏》一书本无闲句。设有此句时，后面必有事相应。后面无一事应，所以见此句是添入。盖西汉时惟《公》《穀》列于学官，《左氏》不曾立学官，到后汉因此立学官。"③ 吕祖谦还注意到《左传》细微处的前后相应，认为"大凡《左传》载事，虽小小事，皆前后相应"。④ 如文公十八年"公游于申池"一事，吕祖谦将之与襄公十八年"楚申池之竹木"一句对应起来，"可见多竹木之处"，⑤ 吕祖谦读史之细由此可见一斑。

吕祖谦对《左传》的理解并不仅仅是字句典故之间的解读，更有着对《左传》结构内容的揭示，从更深层次上把握《左传》的文献内涵。吕祖谦认为《左传》的三十卷内容可以分为三节：第一节是从第一卷到第三卷庄公九年，庄公九年"齐桓公初出"，春秋五霸之首的齐桓公登上历史舞台，这一段时间"霸者未兴，当时之权亦未尝专在一国"；第二节是从庄公九年到召陵之盟，共二十四卷的内容，这是一段"五霸迭兴之际"的时代；第三节是从召陵之盟到卷末，这段内容主要是晋楚争霸和吴越争霸。⑥ 吕祖

---

① 吕祖谦：《东莱吕太史别集》卷十三《甲午〈左传〉手记》，《吕祖谦全集》第一册，浙江古籍出版社 2008 年版，第 559 页。

② 吕祖谦：《左氏传续说》卷六《文公十三年》，《吕祖谦全集》第七册，浙江古籍出版社 2008 年版，第 134 页。

③ 吕祖谦：《左氏传续说》卷六《文公十三年》，《吕祖谦全集》第七册，浙江古籍出版社 2008 年版，第 134 页。

④ 吕祖谦：《左氏传续说》卷六《文公十八年》，《吕祖谦全集》第七册，浙江古籍出版社 2008 年版，第 149 页。

⑤ 吕祖谦：《左氏传续说》卷六《文公十八年》，《吕祖谦全集》第七册，浙江古籍出版社 2008 年版，第 149 页。

⑥ 吕祖谦：《左氏传续说》纲领，《吕祖谦全集》第七册，浙江古籍出版社 2008 年版，第 2 页。

谦将每一阶段的历史特点概括出来，从中找到每一个阶段的历史主题，这就不单单只是对文献内在逻辑的把握，更是对历史发展大势的洞察。

吕祖谦对《左传》的整体性把握还体现在他的《左传》学著述中。一是不断丰富发展已有的《左传》学成就。正是对《左传》学有整体的全面的认识，吕祖谦因而能清醒地认识到自己研究的局限处和突破处，从《左氏传说》到《左氏传续说》，吕祖谦将自己研究《左传》学的心得成果不断地反映到著述中，从未停下研究的脚步，即便在《左氏传续说》成书后，他依然有进一步的研"左"计划。在写给周必大的书信中，吕祖谦说："意欲及筋骸尚未衰惫，考治训诂，极意翻阅，至五十以后乃稍稍趋约，庶几不至蹭等也。"① 吕祖谦希望自己在训诂考证的基础上，于学问上循序渐进。吕祖谦在此虽然并未明言所指即《左传》，但结合文意不难得出所指必是经传，而"不至蹭等"则说明是他有一定研究基础的经传，那么便应该包含对《左传》学的研究。二是注重历史人物或事件的前后贯通。吕祖谦说："看《左传》须看一代之所以升降，一国之所以盛衰。一君之所以治乱，一人之所以变迁，能如此看，则所谓'先立乎其大'者，然后看一书之所以得失。"② 吕祖谦在这里明确指出，看《左传》需要知晓一人一君一国乃至一代的变迁首尾，将首尾结合起来才能看出完整的历史发展脉络，然后才能看出《左传》一书的优劣之处。吕祖谦详细论述了如何贯通首尾地去认识一代一国一君一人的变迁，以下仅举其中关于一人之变迁为例：

　　所谓"一人之所以变迁"者，今且举两端而言之。有自善而

① 吕祖谦：《东莱吕太史别集》卷九《与周丞相》，《吕祖谦全集》第一册，浙江古籍出版社 2008 年版，第 444 页。

② 吕祖谦：《左氏传说》卷首《看左氏规模》，《吕祖谦全集》第七册，浙江古籍出版社 2008 年版，第 1 页。

入恶者，有自恶而入善者。如郑庄真母姜氏于城颍，天理已绝，古今大恶也。及其终也，一有悔心，因颍考叔以遗羹之意开导也，天理油然而生，遂为母子如初。此自恶入善者。如郑请成，陈侯不许，五父有"亲仁善邻"之谏，见得历历分明。其于谋国也如此，岂不甚善？不一二年间，如郑莅盟而歃如忘，全不以盟誓为事，到此昏然不晓，如丧心失志者，与前面谏陈侯时和气无复存，几乎自是两个人。此善入恶者。①

吕祖谦所举的这两例，一为自善而恶，一为自恶而善，这就说明在解读《左传》的过程或者是评价其中的人物时，不能仅就一时一事来评判，而要综合前后，熟知首尾。宋儒好发废古之论，吕祖谦告诫学者"观史且要熟看事之本末源流，未要便生议论"，②吕祖谦强调的"本末源流"，便是要将一人一事的首尾贯穿起来看。

五 注重典籍之间的互相联系

虽然史部书籍早从《隋书·经籍志》时便已独立出来，但吕祖谦研究《左传》的文献范围并不仅局限于史部书籍，他将六经中的材料、各家经传的成果、正史中的相关篇章都吸收到对《左传》的研究中，将这些文献中反映出的史实与《左传》进行对照印证。在《孟子·告子》篇中，专门论述了春秋五霸和当时诸侯的罪过，吕祖谦认为孟子论五霸的话，正是反映春秋时期的史事，可与《左传》对应起来看。《孟子》中有："天子适诸侯曰巡狩，诸侯朝于天子曰述职。春省耕而补不足，秋省敛而助不给。入其疆，土地辟，田野治，养老尊贤，俊杰在位，则有庆，庆以地。入其疆，土地荒芜，遗

---

① 吕祖谦：《左氏传说》卷首《看左氏规模》，《吕祖谦全集》第七册，浙江古籍出版社2008年版，第2页。

② 吕祖谦：《左氏传续说》纲领，《吕祖谦全集》第七册，浙江古籍出版社2008年版，第2页。

老失贤，掊克在位，则有让。一不朝，则贬其爵，再不朝，则削其地，三不朝，则六师移之。是故天子讨而不伐，诸侯伐而不讨。"①吕祖谦从这些话中结合《舜典》《周官》的记载，还原了周代巡狩述职制度的详情：

> 当时巡狩，非只是巡一方，乃是遍四方巡之。古之人君兵卫之出亦少，所以易，虽是一岁之中，亦巡得遍。诸侯朝于天子曰述职。如《舜典》所谓"明试以功，车服以庸"，是春省耕而补不足，秋省敛而助不给，是偶因所见以与之，非遍天下而与之也。故天子所至谓"幸"此。略以匮乏农耕之具者与之，至于困穷之甚者，诸侯亦自有罚。养老、尊贤、俊杰在位，此自是三事。养老只是养老一事，不必问其他。如国老、庶老皆是老。尊贤只是尊贤，不必问其他，未论到才上。俊杰是在位有才能者。方养老时，其间固是多贤，只是专论尚齿意思，未论贤否之如何。方尊贤时，其间固是多才，只是尊贤，不论其才之如何。此是大议论，须是经历久远方可见。天子讨而不伐，诸侯伐而不讨。诸侯只是方伯连率，如汤伐葛之类谓之伐。三不朝，则六师移之，如"羲和湎淫，命胤侯以征之"是也。②

在此，吕祖谦结合《孟子》特别是《舜典》《周礼》中的记载，对周礼的职官制度有了进一步的认识，对"天子巡狩"和春秋时期的"诸侯巡狩"在制度层面的差异作了进一步阐述。

《孟子》中对葵丘之会的盟约表述如下："葵丘之会诸侯，束牲、载书而不歃血。初命曰'诛不孝，无易树子，无以妾为妻。'再命

---

① 孟子撰，万丽华、蓝旭译注：《孟子·告子下》，中华书局2006年版，第274—275页。
② 吕祖谦：《左氏传续说》纲领，《吕祖谦全集》第七册，浙江古籍出版社2008年版，第3页。

曰：'尊贤育才，以彰有德。'三命曰：'敬老慈幼，无忘宾旅。'四命曰：'士无世官，官事无摄，取士必得，无专杀大夫。'五命曰：'无曲防，无遏籴，无有封而不告，'曰：'犯我同盟之人，既盟之后，言归于好。'"① 而在《左传》中，则将五条盟约的内容省略，只是将"犯我同盟之人，既盟之后，言归于好"一句记载了下来，吕祖谦对比二者记载的差异论述道：

> 《左传》载葵丘之会，隐其五命，而止曰"凡我同盟之人，既盟之后，言归于好"。以孟子五命之事观之，见得左氏爱仲之深，而于桓公之过皆隐而不书，如内政之类皆是。桓虽为霸主，而于五命之戒亦未免有所犯，故左氏特隐之，所以使后世不知桓公言之而躬自蹈之也。观孟子、左氏之言，其意岂不尽见？孟子之言出于无心，故无所隐。左氏之言拘于有爱，故欲隐其过。②

由此可见《左传》中的隐去是作者刻意为之，葵丘之会的五条内容即使齐桓公自己也未能遵守，左丘明特意隐去这段话，是为了"使后世不知桓公言之而躬自蹈之也"，而孟子对五霸是采取批判态度的，因而没有这层顾虑，便直书出来。

吕祖谦还运用《诗经》中的内容来阐释《左传》，在"陈及郑平十二月陈五父如郑莅盟壬申及郑伯盟歃如忘"条下，吕祖谦说道：

> "如忘"者，精神不在于盟也。往岁郑伯请成于陈，陈侯不许。五父谏曰："亲仁、善邻，国之宝也。君其许郑！"此数句足见五父之贤矣。其至于与郑伯盟时，亦不过数年间耳，何

---

① 孟子撰，万丽华、蓝旭译注：《孟子·告子下》，中华书局2006年版，第275页。
② 吕祖谦：《左氏传续说》纲领，《吕祖谦全集》第七册，浙江古籍出版社2008年版，第3—4页。

其先后相反之甚！以《墓门》之诗观之："墓门有梅，有鸮萃止。夫也不良，歌以讯之。"而序《诗》者以为"刺陈佗无良师傅，以至于不义，恶加于万民焉"。盖陈佗初间数语，以其本有善心，资质自好，后来只缘师傅不善，朝夕相与处者非其人，故荡散其心术，凿坏其资质，所以至此。以此知人之善恶，本无定分，只在朝夕所相与处如何耳。学者于此不可不时时警省。①

对于陈佗前后的反差，吕祖谦从《诗经·陈风·墓门》中找到了其原因，并结合《诗序》中的内容，指出陈佗"后来只缘师傅不善，朝夕相与处者非其人，故荡散其心术，凿坏其资质，所以至此"。

吕祖谦注意区分同一文献前后的思想内容变化，在"韩宣子聘于鲁，见《易象》与《鲁春秋》曰：'周礼尽在鲁'"一句中，吕祖谦认为：

此数句最要看。观《易象》《鲁春秋》与周礼初无干预，须看得宣子善观书处。如春秋周礼自《易》看，若《易》与周礼大不相干，此最难看。盖《左氏》所书，合于礼者褒之，不合于礼者贬之。此与周礼相去犹近。然《左氏》所释乃鲁之旧史，未经夫子之笔削者。宣子但见夫子未笔削之《春秋》，不见夫子已笔削之《春秋》。夫子已笔削之后，抑扬高下，无非妙用所在。此非宣子所能见。《易象》之初，未有爻辞，至文王、周公，始为之。大抵经礼三百，曲礼三千，吉凶军宾嘉皆寓于其中。故《易》之三百八十四爻，所以该在是礼。周公作《周礼》之书，所以具其条目。是以周公既作《易》之后，又作《周礼》，宾相表裹如此，知周礼之所以尽在鲁也。宣子固不能知此，必其得于

---

① 吕祖谦：《左氏传续说》卷一《隐公七年》，《吕祖谦全集》第七册，浙江古籍出版社 2008 年版，第 14 页。

老师宿儒之传，故能言之。①

　　这里吕祖谦指出文献本身的变迁亦是需要注意的。如《春秋》本是孔子笔削《鲁春秋》而作，《左传》所传的便是《鲁春秋》而不是经孔子删定的《春秋》；《易象》一书本无爻辞只有卦象，到文王、周公时开始作爻辞，然后周公又作《周礼》与《易象》互为表里。具体到晋国的大夫宣子，并未能见到孔子删定的《春秋》，也不知道《易象》一书的成书过程，这是需要读者注意的地方。

六　"学而有用"的《左传》学研究目标

　　吕祖谦之所以孜孜于《左传》一书的研究，其目的并不只是做一门扎实的学问以传后世，而是希望他的研究能成为一门有用之学。他认为："《左氏》一书，接三代之末流，五经之余派，学者苟尽心于此，则有不尽之用矣。故今特言其大槩耳。"② 吕祖谦所说的"用"，就是他研究《左传》的目的所在。黄俊杰在阐述我国古代的诠释学传统时说道："中国文化中的诠释学传统，具有强烈的现实取向，它不是虚无缥缈的形而上学的玄思，而是与人民共其呼吸、哀民生之多艰的政治学，它更是可以使任厄穷独处知道而乐的生命哲学。"③ 从个体角度而言，吕祖谦期望人们从他对《左传》的重新阐发中，明白为学做人的道理，知晓理学视域下的是非并能践行仁义之道，达到修身养性的目的；从社会角度而言，对《左传》的重新阐发更契合当时政治形势的需要，《左传》中反映的春秋之世与南宋时期周边形势的相似，对当时的政治主题具有借鉴意义。他对当时的学风不注重

---

　　① 吕祖谦：《左氏传说》卷九《襄公二年》，《吕祖谦全集》第七册，浙江古籍出版社 2008 年版，第 120 页。

　　② 吕祖谦：《左氏传说》卷首《看左氏规模》，《吕祖谦全集》第七册，浙江古籍出版社 2008 年版，第 4 页。

　　③ 李清良：《黄俊杰论中国经典诠释传统：类型、方法与特质》，载洪汉鼎主编《中国诠释学》（第一辑），山东人民出版社 2003 年版。

实学提出了批评："今人为学，多尚虚文，不于着实处下工夫，到临事之际，种种不晓。学者须当为有用之学。"①

在"学而有用"的思想影响下，吕祖谦在解读《左传》中便采用将训诂注释与义理解说相结合的方法。注重义理的解说是当时的学术风气，学者延续从中唐便开始的疑经风气，重义理而轻训诂。吕祖谦作为当时的学者自然不可能例外，但他对于义理的阐述有清醒的认识："近时多忽传注而求新说，此极害事。后生于传注中，须是字字参考始得。"② 对于宋儒一味好发议论的特点，吕祖谦批评道："终日历数古人之臧否，而我无与焉，不识所谓切近者，果何等语？意者夫子之褒贬，借古而警今耶？生同世，居同里，荣悴戚休，尚有旁观平睨，茫然如不见者，况用赏罚于冢中枯骨，若今人何？圣人作《经》，殆不如是也。然则，《春秋》所谓切近者，岂无所在耶！通古今为一时，合彼己为一体，前和后应，彼动此随，然后知吾夫子之笔削，本非为他人设。"③ 他认为一味臧否古人是没有意义的，不如"通古今为一时，合彼己为一体"，将这些古人的言行是非和自己对照起来学习。他说孔子作《春秋》便是为了借古察今，而其中的褒贬之义"本非为他人设"，而是用以对照自身言行的。

吕祖谦从"先轸死狄师"条中，对如何正确地修养心性提出了深刻的见解。《左传》僖公三十三年有："狄伐晋，及箕。八月，戊子，晋侯败狄于箕。郤缺获白狄子。先轸曰：'匹夫逞志于君，而无讨，敢不自讨乎？'免胄入狄师，死焉。"④ 先轸为了赎罪不带胄甲冲入敌

---

① 吕祖谦：《左氏传说》卷五《宣公十一年》，《吕祖谦全集》第七册，浙江古籍出版社 2008 年版，第 68 页。

② 吕祖谦：《东莱吕太史外集》卷五《己亥秋所记》，《吕祖谦全集》第一册，浙江古籍出版社 2008 年版，第 729 页。

③ 吕祖谦：《东莱吕太史别集》卷十三《春秋讲义》，《吕祖谦全集》第一册，浙江古籍出版社 2008 年版，第 544—545 页。

④ 吕祖谦：《左氏博议》卷十六《僖公三十三年》，《吕祖谦全集》第六册，浙江古籍出版社 2008 年版，第 383 页。

军中，结果身死其中。吕祖谦认为先轸有悔过之心是非常难得的："至难发者，悔心也；至难持者，亦悔心也。凡人之过，很者遂之，诈者文之，愚者蔽之，吝者执之，夸者讳之，怠者安之。孰能尽出数累之外，而悔心独发者乎？"① 然而先轸的悲剧在于其不能控制自己的悔心："是悔也，未发则忧其难发，既发则忧其难持。曷为其难持也？悔心之初，自厌自愧，自怨自咎，戚然焦然，不能一日安。苟无以持之，则自厌者苟且弛纵，必入于自肆矣；自愧者退缩羞赧，必入于自弃矣；自怨者郁积缴绕，必入于自怼矣；自咎者忧愤感激，必入于自残矣。"② 因而吕祖谦总结悔过之心，"是悔固可以生善，亦可以生不善也"③。吕祖谦将自己的感受代入其中，感慨道："吾读《左氏》至先轸之死，未尝不嘉其悔，而又伤其无以持悔也。轸以晋襄公之纵秦囚，不顾而唾，无礼于君甚矣。及箕之役，深悔前过，免胄而死于狄师，其一念之劲烈如此。"④ 究其原因，先轸没能控制自己悔过之心，因而不能实现"克己复礼"之功。先轸"前日犯君者，谓之悖；今日死狄者，谓之狂"。⑤ 在两个不同的阶段，先轸都做错了。他死于狄师正是由于他不能正确地悔过，而不是悔过本身的错误。吕祖谦认为正确的方法是："既归家，则忘其劳；既改过，则忘其悔。"⑥ 结合历史人物，吕祖谦不但阐发了道德的标准，还将如何践行道德的方法说明出来。

---

① 吕祖谦：《左氏博议》卷十六《僖公三十三年》，《吕祖谦全集》第六册，浙江古籍出版社 2008 年版，第 383 页。

② 吕祖谦：《左氏博议》卷十六《僖公三十三年》，《吕祖谦全集》第六册，浙江古籍出版社 2008 年版，第 383 页。

③ 吕祖谦：《左氏博议》卷十六《僖公三十三年》，《吕祖谦全集》第六册，浙江古籍出版社 2008 年版，第 383 页。

④ 吕祖谦：《左氏博议》卷十六《僖公三十三年》，《吕祖谦全集》第六册，浙江古籍出版社 2008 年版，第 384 页。

⑤ 吕祖谦：《左氏博议》卷十六《僖公三十三年》，《吕祖谦全集》第六册，浙江古籍出版社 2008 年版，第 384 页。

⑥ 吕祖谦：《左氏博议》卷十六《僖公三十三年》，《吕祖谦全集》第六册，浙江古籍出版社 2008 年版，第 384 页。

吕祖谦秉持"学贵有用"的态度，故而强调治学要实，主张在文献的扎实可靠上下功夫，因而特别重视历史文献的文字训诂和名物制度的考证。"学贵有用"的态度，也使得吕祖谦鲜有门户之见，而能广泛地吸收各家学说，贯通经、史，摒弃各家之间的界限。

第四章 吕祖谦的历史教育活动与思想

"历史教育是指以历史学为基础所进行的历史知识、历史观念和历史思维等的教育、教学与研究活动，在学科属性上属于史学史的研究范围和分支学科。"[1] 历史教育不仅包括学校历史教学，还包括家庭、社会等所从事的各类历史教育。吕祖谦是宋代杰出的史学家兼教育家，他在从事历史研究的同时，也非常重视历史教育，在长期的历史教育实践过程中，形成了系统而丰富的历史教育理论，在中国古代历史教育史上发挥重要的作用。

第一节 历史教育的实践活动

吕祖谦一生的历史教育活动主要包括两个方面，一是继承家族重视族内子弟教育的传统，重视对家族子弟进行道德伦理、文化知识等方面的教育，其中就包含有历史教育的内容；二是长期从事书院教学活动，对学生进行理学与史学教育活动。

一 家族子弟的历史教育活动

"一个家族能延绵数百年，其声华上足以抗衡天子，下足以为士流所景仰，必其对于家族之保持有别具心裁者在。此种心裁，端赖于

---

① 汪高鑫：《中国古代历史教育若干理论问题的思考》，《史学史研究》2018 年第 2 期。

家法之严谨，与子弟习学环境之优异，使子弟熏陶习染于家范书史之中，而自成才德也。"① 这里所谓"家法""家范"，便是一种家族教育的体现。前已述及，吕氏家族在宋代非常显赫，经久不衰，这与良好而又持续的家学、家教是密不可分的。"吕氏家教近石氏，故谨厚性成。又能网罗天下贤豪长者以为师友，耳濡目染，一洗膏粱之秽污。"② 在对家族子弟的教育活动中，就包含历史教育的内容。吕祖谦的伯祖吕本中是吕氏家学中承前启后的重要人物，他曾著有《童蒙训》一书，为"家塾训课之本"。③ 该书"大抵皆根本经训，务切实用。于立身从政之道，深有所裨"。④ 该书内容保留了很多事迹失传的学者资料，对了解道学兴起之前北宋的学术思想具有一定的启发意义。书中保留的很多先儒事迹，其中既有吕氏家族先祖，如吕公著、吕希哲、吕好问等人事迹皆在书中有录，也有北宋时期的学者大儒，如二程、邵雍、周行己、陈瓘、范仲淹等人的言行事迹亦被保留其中。可以说是一方面吕氏家族的"中原文献之传"体现得淋漓尽致，另一方面又有助于对北宋学术史的了解。该书还重视记述学术交游，通过将吕氏先人的交游对象排列出来，为后代树立楷模。吕本中曾引吕希哲语说道："中人以下，内无贤父兄，外无严师友，而能有成者，未之有也。"⑤ 这就充分说明交游对于天资一般的人来说是多么的重要。

《童蒙训》一书对吕祖谦的影响很大，吕祖谦重视学术交游、继承"中原文献之传"，我们都能从该书中找到依据。更为重要的是，吕祖谦的童蒙教育著作《少仪外传》，便是在继承《童蒙训》的基础

---

① 孙国栋：《唐宋之际社会门第之消融》，《唐宋史论丛》，上海古籍出版社 2010 年版，第 278 页。

② 黄宗羲、全祖望：《宋元学案》卷二十三《荥阳学案》，中华书局 1986 年版，第 906 页。

③ 纪昀：《四库全书总目提要》卷九十二，河北人民出版社 2000 年版，第 2359 页。

④ 纪昀：《四库全书总目提要》卷九十二，河北人民出版社 2000 年版，第 2359 页。

⑤ 吕本中：《童蒙训》，文渊阁四库全书本。

上又有所发展的,"一方面,在编著《少仪外传》时,大量引用吕本中的思想,特别是关于修身、重礼和道德教育的相关内容。另一方面,作为理学大儒的吕祖谦,其童蒙教育思想更显得具体化、日常化,小到洒扫应对、读书识字,大及待人接物、知礼守节,甚至为官之法,都成为其童蒙教育里重要的组成部分。"① 该书虽然以弘扬道德为主,但所叙述的很多前贤嘉言懿行,自然可以被看作为一种历史教育。

乾道四年（1168 年）,吕祖谦编修的《东莱公家传》,可以被视为一部家族人物传记。该书通过记述曾祖吕好问的为人事迹,目的是为吕好问正名。书中描述道:"公体气高亮,音吐洪畅,衣冠甚严,顾盼辉如也。平生经籍之外无它嗜。居阳翟,年六十余矣,犹自课诵《五经》,日终一帙……晚归朝廷,遇大变,两陷虏营,出入白刃间,左右喘汗无人色,公裕然如平时……靖康之难,公含垢忍耻,以就大计。"② 这里所谓含垢忍耻,指的是靖康事变过程中,吕好问为保全赵宋宗庙与金人虚与委蛇之事。在这部家传中,吕好问兼具壮阔与悲情的一生跃然纸上。吕祖谦之所以将这段"距今逾三纪"的往事记载下来,其目的是"使子孙有考焉"③,以便正确理解家族历史人物。

吕祖谦重视对于家法族规的制定,而这些家法族规中也包含了历史教育的内容。乾道五年（1169 年）,吕祖谦编定《阃范》,这本书"非因诸生课程也"④,是为家庭教育读本,"东莱吕祖谦伯恭父为严陵教官,与其友取《易》、《春秋》、《书》、《诗》、《礼》传、鲁《论》、《孟子》,圣贤所以发明人伦之道,见于父子兄弟夫妇之际者,悉笔之

---

① 李鹏:《吕祖谦童蒙教育思想研究》,硕士学位论文,河北大学,2013 年。
② 吕祖谦:《东莱吕太史文集》卷十四《东莱公家传》,《吕祖谦全集》第一册,浙江古籍出版社 2008 年版,第 222—223 页。
③ 吕祖谦:《东莱吕太史文集》卷十四《东莱公家传》,《吕祖谦全集》第一册,浙江古籍出版社 2008 年版,第 224 页。
④ 吕祖谦:《东莱吕太史别集》卷十《答潘叔度》,《吕祖谦全集》第一册,浙江古籍出版社 2008 年版,第 488 页。

于编。又泛考子史诸书，上下二千余载间，凡可以示训者，皆辑之。"① 该书取材多出自史著，《闺范》成书后，张栻评价很高："某谓此书行于世，家当藏之，而人当学之也。家庭闺范之内，乡里族党之间，随其见之深浅、味之短长，笃敬力行，皆足以有补。"② 张栻还要求自己的女儿学习，吕祖谦在写给友人的信中说到："《闺范》，张守小女皆诵，且夕当据已刊者印数十板去，恐令女、令嗣亦要诵也。"③ 可见《闺范》自问世后便颇受时人推崇，成为闺阁教习之书。

吕祖谦还留心于各种礼法的制定。乾道六年（1170 年），好友潘景宪的父亲去世，吕祖谦便将自己所作的《奠礼》寄给他："昔人有言：'惟送死可以当大事。'昆仲讲学有素，必将大复古礼，以革俗习之陋。某妄议讨论，朝夕朔望《奠礼》纳呈，恐或可有资采用耳。"④ 其后吕祖谦对丧礼一事非常关注，随后在信中说："丧礼废弛已久，振而复之，当自昆仲始。大殓以前，礼数恐无及。今且讨论大殓以后……"⑤ 对于宅兆的选址，吕祖谦认为当依司马光《书仪》，不能听信阴阳家之说："宅兆已有定卜否？伊川五说之外，其他似不必循也。《温公书仪》说'居庐'一段深切至到，曾细观之否？"⑥ 乾道八年（1172 年），在父亲吕大器丧事结束后，他在给朱熹的信中说："丧礼，乡无恙时，屡戒饬令，一遵典制，毋参以谬礼，今不敢有违。祭礼，数年来尤勤催督，竟不及裁定。竣暑退，亦欲稍稍讲

---

① 张栻：《南轩集》卷十四《闺范序》，《张栻全集》中册，长春出版社 1999 年版，第 750 页。
② 张栻：《南轩集》卷十四《闺范序》，《张栻全集》中册，长春出版社 1999 年版，第 750 页。
③ 吕祖谦：《东莱吕太史别集》卷十《答潘叔度》，《吕祖谦全集》第一册，浙江古籍出版社 2008 年版，第 488 页。
④ 吕祖谦：《东莱吕太史别集》卷九《与潘侍郎》，《吕祖谦全集》第一册，浙江古籍出版社 2008 年版，第 455 页。
⑤ 吕祖谦：《东莱吕太史别集》卷十《答潘叔度》，《吕祖谦全集》第一册，浙江古籍出版社 2008 年版，第 485 页。
⑥ 吕祖谦：《东莱吕太史别集》卷十《答潘叔度》，《吕祖谦全集》第一册，浙江古籍出版社 2008 年版，第 485 页。

订。往时吾丈所定《条目》，便望早付下，或有暇更为参酌，令使可遵行尤幸。"① 这时吕祖谦已经开始着手与朱熹商定丧礼、祭礼。乾道九年（1173 年），吕祖谦向朱熹讨要《祭仪》："《祭仪》闻久已裁定，因便望示录幸甚。"② 淳熙元年（1174 年），吕祖谦终于收到朱熹的《祭仪》。在写给老师汪应辰的信中，吕祖谦认为朱熹的《祭仪》尚有不足处："元晦《祭仪》配祭一段……无乃以私而废公，以卑而废尊乎！"③ 故认为还需要再议论商讨之。淳熙七年（1180 年），吕祖谦开始建设家庙，修《宗法》和《祭礼》，④ 直到吕祖谦淳熙八年（1181 年）去世前，他读《宗法》的记载有 7 次之多⑤，并在去世之前草拟《宗法条目》："俟数年行得有次序，《条目》始可定也。"⑥ 在《宗法条目》中，吕祖谦将家塾的管理纳入到其中，对家塾的"居处""饮食""衣服""束修"等，都一一进行了规范。

在吕祖谦编定的各种礼法中，其对礼法源流的梳理和旁征博引，俨然如简略的典制体史书，以下仅举一例。吕祖谦在《宗法》中引用《礼记·祭法》中所举的先王的禘祫之祭的例子，来说明礼法：

> 有虞氏禘皇帝，（注：舜祖颛顼，出于黄帝，则所谓禘其祖之所自出也。）而郊喾，（注：帝王郊天，当以始祖配天，即舜合以颛顼配天也。为身继尧绪，不可舍唐之祖，故推喾以配天，而

---

① 吕祖谦：《东莱吕太史别集》卷七《与朱侍讲》，《吕祖谦全集》第一册，浙江古籍出版社 2008 年版，第 408 页。

② 吕祖谦：《东莱吕太史别集》卷八《与朱侍讲》，《吕祖谦全集》第一册，浙江古籍出版社 2008 年版，第 416—417 页。

③ 吕祖谦：《东莱吕太史别集》卷七《与汪端明》，《吕祖谦全集》第一册，浙江古籍出版社 2008 年版，第 391 页。

④ 吕祖谦：《东莱吕太史文集》附录，《吕祖谦全集》第一册，浙江古籍出版社 2008 年版，第 748 页。

⑤ 吕祖谦：《东莱吕太史文集》卷十五《庚子辛丑日记》，《吕祖谦全集》第一册，浙江古籍出版社 2008 年版，第 238—298 页。

⑥ 吕祖谦：《东莱吕太史别集》卷一《宗法条目》，《吕祖谦全集》第一册，浙江古籍出版社 2008 年版，第 299 页。

以颛顼为始祖。情礼之至也。）祖颛顼，（注：舜之世系出自颛顼，故以为始祖。）而宗尧。（注：当禹身亦宗舜，凡祖者，创业传世之所出也。宗者，德高而可尊，其庙不迁也。）……郑玄注《祭法》云："禘为配祭昊天上帝于圜丘也。"盖见《祭法》所说，文在郊上，谓为郊之最大者，故为此说耳。《祭法》所论禘、郊、祖、宗者，谓六庙之外，永世不绝者有四种耳，非关配祭也。禘之所及最远，故先言之耳，岂关圜丘哉！若实圜丘，《五经》之中何得无一字说处？又云："'祖之所自出，谓感生帝灵威仰也。'此何妖妄之甚！此文出自谶纬，始于汉哀、平间伪书也，故桓谭、贾逵、蔡邕、王肃之徒疾之如雠。而郑玄通之于《五经》，其为诬蠹甚矣！"牧之野，武王之大事也。既事而退，柴于上帝，祈于社，设奠于牧室。遂率天下诸侯执豆边，逡奔走，追王大王亶父、王季历、文王昌，不以卑临尊也。①

在此，吕祖谦历数先王禘袷制度，以此说明先王时期并无圜丘之制，这都是出自东汉伪书。吕祖谦还在"别子为祖"一条下，举了鲁桓公的例子："如鲁桓公生四子，庄公既立为君，则庆父、叔牙、季友为别子。"② 在"继别为宗"和"继禘者为小宗"下，分别列举了公孙敖和季武子为例进行说明。

二 书院历史教育活动

南宋乾淳年间，"理学家由反省官学科举之教掀起书院运动"③。在这种时代大潮下，一些著名学者纷纷创立书院，为门弟子讲学论

---

① 吕祖谦：《东莱吕太史别集》卷一《宗法》，《吕祖谦全集》第一册，浙江古籍出版社 2008 年版，第 279—281 页。

② 吕祖谦：《东莱吕太史别集》卷一《宗法》，《吕祖谦全集》第一册，浙江古籍出版社 2008 年版，第 283 页。

③ 邓洪波：《讲道以化科举：南宋书院建设的目标与理想——以朱熹、张栻等理学家为中心的讨论》，《北京联合大学学报》（人文社会科学版），2011 年第 3 期。

道，书院讲学因此大兴。吕祖谦不但与好友张栻、朱熹、陆九渊等人创办了书院，而且相互间讲学论道非常频繁。隆兴元年（1163年），27 岁的吕祖谦连中"博学宏词科"和进士两科，次年被授为"南外宗学教授"。乾道五年（1169 年）为严州州学教授，"铎音大振，士由远方负笈者日众，泮宫至不足以容之"。① 这时他结识了时任严州太守张栻，并在张栻的支持下，大力整顿严州州学并制定了学规。他为州学制定了《己丑规约》《乾道五年十月关诸州在籍人》《谢遣初学约束》《乾道六年规约》，对在籍人的日常行为和学业管理作出明确的规范。他还为州学编定了《己丑课程》《春秋讲义》《阃范》。乾道六年（1170 年），朱熹率弟子来访张栻、吕祖谦，开始与吕祖谦相识。乾道八年（1172 年），吕祖谦担任秘书省正字，参与礼部考试工作，由此结识了陆九渊。淳熙二年（1175年），吕祖谦受朱熹邀请入闽，二人对于《乡约》《蓝田吕氏乡仪》② 皆有讨论，朱熹还为二书作跋文。就在这个月，吕祖谦还组织了著名的鹅湖之会，朱熹与陆九渊的论辩扩大了各自学说的影响力，对以后理学的发展影响深远。鹅湖之会更是首开书院会讲之先河，吕祖谦说："诸公皆集，甚有讲论之益。"③ 讲学不但可以宣扬自己的学说，还能在与学友的论辩中取长补短，吕祖谦对此很有体会。他在写给内弟的信中便说："尊兄从容侍旁，讲学当有新功。但切磋琢磨要须益友。"④ 吕祖谦还积极维护书院整体的形象，在朱熹为刊刻《精义》与人引起冲突，希望寻求吕祖谦出面助其官司的时候，吕祖谦劝诫道："此非不识痛痒，盖吾徒讲学，政须于日用

---

① 郑瑶、方仁荣：《景定严州续志》卷二《官宦》，文渊阁四库全书本。
② 据束景南《朱熹年谱长编》：盖其时朱熹、吕祖谦方各自著《祭仪》，又欲讨论《伊洛渊源录》，故遂及蓝田吕氏之书也。
③ 吕祖谦：《东莱吕太史别集》卷十《答潘叔度》，《吕祖谦全集》第一册，浙江古籍出版社 2008 年版，第 493 页。
④ 吕祖谦：《东莱吕太史别集》卷九《与内兄曾提刑》，《吕祖谦全集》第一册，浙江古籍出版社 2008 年版，第 458 页。

间就事上商量，似为亲切。"①

　　吕祖谦一生历任不少官职，但大部分时间还是在婺州，"入仕虽久，而在官之日仅四年，故在婺之日最多。四方学者几于云集，横经受业，皆在于此"②。因而吕祖谦有较为充裕的时间从事讲学和书院教育。乾道二年（1166 年），吕祖谦丁母忧，回武义明招山守墓，不少学者慕名而来，吕祖谦因而在明招寺办学，"四方之士争趋之"③。吕祖谦在写给刘子澄的书信中说明了当时明招学堂的盛况："士子相过，聚学者近三百人。时文十日一作，使之不废而已。其间有志趣者，亦间有之。城中相识如新当涂潘教授景宪、金华彭主簿仲刚，皆向学甚锐，朝夕过从，颇似有益。"④ 乾道四年（1168 年），吕祖谦创立书院，"授业曹家巷"⑤，当时书院尚无"丽泽"之名。而据《年谱》"乾道六年八月，会诸生于丽泽"之语，⑥ 可知丽泽书院的名称当早于乾道六年八月已经出现。早在明招讲学时期，吕祖谦便作《乾道四年九月规约》，丽泽书院创立后，又对书院规约进行了补充，作《乾道六年规约》。乾道九年（1173 年），吕祖谦回乡丁忧，这一年，"诸生复集，讲《尚书》，有《癸巳手笔》"⑦。这时吕祖谦在明招山为父守孝，因而重开明招山学堂，但丽泽书院的讲学并未中断，吕祖谦还作《乾道九年直日须知》，

　　① 吕祖谦：《东莱吕太史别集》卷七《与朱侍讲》，《吕祖谦全集》第一册，浙江古籍出版社 2008 年版，第 411 页。

　　② 吕祖谦：《东莱吕太史文集》附录，《吕祖谦全集》第一册，浙江古籍出版社 2008 年版，第 821 页。

　　③ 脱脱：《宋史》卷四三四《儒林四》，《吕祖谦传》，中华书局 1985 年版，第 12872 页。

　　④ 吕祖谦：《东莱吕太史别集》卷九《与刘衡州》，《吕祖谦全集》第一册，浙江古籍出版社 2008 年版，第 453 页。

　　⑤ 吕祖谦：《东莱吕太史文集》附录，《吕祖谦全集》第一册，浙江古籍出版社 2008 年版，第 741 页。

　　⑥ 吕祖谦：《东莱吕太史文集》附录，《吕祖谦全集》第一册，浙江古籍出版社 2008 年版，第 742 页。

　　⑦ 吕祖谦：《东莱吕太史文集》附录，《吕祖谦全集》第一册，浙江古籍出版社 2008 年版，第 744 页。

对丽泽书院诸生的丧仪守孝之制作出规范。即使吕祖谦外任其间，书院活动也未尝停止。吕祖谦的弟子巩丰曾追忆道："丰自弱冠，即获拜先生于山林，追数门人，莫如丰旧。己丑、庚寅之岁，先生迟次金华，分教严濑，已而校雠道山，丰皆获裹粮负笈以从。如是者数年，齿壮而家甚贫，遂迫于课试。月书季考，往来庠序，岁时逝于水陆，自是亦浸疏于函丈矣。"① 可见丽泽书院在吕祖谦外出为官之时依然存续。

吕祖谦在写给朱熹的书信中，对书院讲学的情况作了详细说明："科举之习，于成己成物诚无益。但往在金华，兀然独学，无与讲论切磋者。闾巷士子，舍举业则望风自绝，彼此无缘相接。故开举业一路，以致其来，却就其间择质美者告语之，近亦多向此者矣。自去秋来，十日一课，姑存之而已。至于为学所当讲者，则不敢怠也。伊川学制，亦尝与张丈参酌。如改试为课，岁时归省皆太学事，郡庠则初无分数利诱，而归省者固往来不绝也。增辟斋舍，俟秋间郡中有力迺为之。尊贤堂之类，但当搜访有经行之人，延请入学，使诸生有所矜式，则已不失先生之意，恐不必特揭堂名也。"② 吕祖谦以有助于科举来吸引学子，对于其中有志于理学者，则进一步教导之。他还与张栻一起讨论伊川学制，对学子归省、斋舍等书院建设的具体问题与朱熹商讨说明。

在丽泽书院的教学中，吕祖谦非常重视历史教育的开展，其中包括《尚书》《春秋》《左传》《史记》《资治通鉴》等史著的教学，他曾在书信中对友人说："《通鉴》课不欲久辍，见所抹者，并后两三册，或令叔昌携来为佳。"③ 可见丽泽书院中关于《资治

---

① 吕祖谦：《东莱吕太史文集》附录，《吕祖谦全集》第一册，浙江古籍出版社 2008 年版，第 811 页。

② 吕祖谦：《东莱吕太史别集》卷七《与朱侍讲》，《吕祖谦全集》第一册，浙江古籍出版社 2008 年版，第 398 页。

③ 吕祖谦：《东莱吕太史别集》卷十《答潘叔度》，《吕祖谦全集》第一册，浙江古籍出版社 2008 年版，第 492 页。

通鉴》是开设了专门课程的。吕祖谦不但进行授课，还对这些史著进行改编以适应教学需要。他将《左传》一书阐发为《左氏传说》《左氏类编》《左氏手记》，《春秋》一书有《春秋讲义》《新唐书略》等。《左传》《资治通鉴》二书吕祖谦还作了标抹本。吕祖谦还编定历史教材有《观史类编》《东莱先生西汉财论》《历代制度详说》等。淳熙六年（1179 年），吕祖谦向弟子口授《尚书讲义》，"东莱夫子讲道于金华，首撷是书之蕴。门人宝之，只言双字，退而识录。见者恐后，亟以板行。家藏人诵，不可禁御。夫子谓'俚辞间之，繁乱复杂，义其隐乎？'修而定之，澜执经左右，面承修订之旨。"① 吕祖谦讲授《尚书》的讲义非常受欢迎，以致"传习既广，而漫不可收拾"②，于是便口授学子《秦誓》上至《洛诰》数篇，以正传本所讹之处。

《春秋讲义》是乾道五年（1169 年）吕祖谦为严州州学教授时所作，在县志中有如下记载："吕祖谦……乾道五年需太学博士次来为郡员外博士，铎音大振，士由远方负笈者日众，浮泮宫至不足以容之。在学著《春秋讲义》。"③ 正是有众多学子的"问津"，他特作《春秋讲义》，以阐发其义理。④ 他认为，孔子所以著《春秋》，诸经所以流传，不是为了臧否古人，"夫子之笔削，本非为他人设"，而是为了"切近"，达到"通古今为一时，合彼己为一体，前和后应，彼动此随"的境界。

《丽泽论说集录》是吕祖谦在书院讲课时"口授为讲义"⑤，由门人记录，吕祖俭、吕乔年父子整理而成，其中末三卷为史记杂说，所

---

① 时澜：《增修东莱书说原序》，见《吕祖谦全集》第三册《东莱书说二种》附录，浙江古籍出版社 2008 年版，第 620 页。

② 马端临：《文献通考》卷一百七十七，中华书局 1986 年版，考一五三四。

③ 郑瑶、方仁荣：《景定严州续志》卷二《官宦》，文渊阁四库全书本。

④ 据《春秋讲义·序》，《吕祖谦全集》第二册，浙江古籍出版社 2008 年版，第 544 页。

⑤ 吕祖谦：《丽泽论说集录》附录，《吕祖谦全集》第二册，浙江古籍出版社 2008 年版，第 269 页。

包含的历史教育内容非常丰富。仅《史说》卷，便包含了纪传编年优缺点、读史方法、才与德的关系、从本质上看历史事件、"理"与"近理"的区别联系、人才论、为官之道等问题的讨论。[①] 仅举其中一例说明之：吴起为人贪财好色，却能与士兵同甘共苦，如何理解这两种前后反差巨大的行为呢？吕祖谦认为，要透过历史现象看本质，"非起前贪而后廉也，前之贪，贪财也；后之廉，贪功名也。渔人以饵致鱼，非能舍饵也，欲得鱼耳。"[②] 只是吴起前后所贪的东西有所改变了，吴起本质并没有改变。

《历代制度详说》为科举考生所编，它是在流传了 150 年后，才被后代门人编书出版，每门下又分为"制度"和"详说"两个部分，"制度"部分征引文献，"详说"是对该制度及其沿革的分析和评论，作为"家塾私课之本"影响很大。

除了应用于书院教学的教材之外，吕祖谦还编写了若干历史普及读物。《十七史详节》《西汉精华》《东汉精华》《左氏博议》便是这方面的作品。吕祖谦的《年谱》中对于《十七史详节》一书并无记载，但据陈振孙在《新唐书略》[③]"解题"下所说："吕祖谦授徒，患新史难阅，摘要抹出，而门人钞之"[④]，可知至少《唐书详节》是吕祖谦在授徒期间所作。而从《十七史详节》的子目里也可以看出，《东汉详节》也是出于门人之手。明人林俊认为："吕成公《史记详节》成于早年，芟辑阔疏。"[⑤] 杨士奇也有"谓东莱早年所成"[⑥] 之语。从《年谱》中我们可以看出，吕祖谦早年授徒是乾道三年

---

① 吕祖谦：《丽泽论说集录》卷八《门人集录史说》，《吕祖谦全集》第二册，浙江古籍出版社 2008 年版，第 218—238 页。

② 吕祖谦：《丽泽论说集录》卷八《门人集录史说》，《吕祖谦全集》第二册，浙江古籍出版社 2008 年版，第 220 页。

③ 按：《新唐书略》即是《唐书详节》初本。

④ 陈振孙：《直斋书录解题》卷四，上海古籍出版社 2015 年版，第 110 页。

⑤ 林俊：《见素集》卷四，文渊阁四库全书本。

⑥ 杨士奇：《东里文集》卷十，文渊阁四库全书本。

（1167 年）开始"有学子前来讲习者"，① 中间时有间断，淳熙元年（1174 年）"遣散诸生"，② 大致《十七史详节》的成书时间即在这一时期。由于在《年谱》和《文集》中并没有提到《十七史详节》的相关情况，后世学者对于《十七史详节》的作者情况存在争议。王鸣盛认为："吕祖谦有《十七史详节》二百六十九卷，此书随意采掇，粗疏无理，疑亦出于南渡书肆，嫁名祖谦，而其为宋时人笔则无疑。"③ 王氏怀疑《十七史详节》是当时书商托名祖谦而作，原因是此书"随意采缀，粗疏无理"，不像是出自史学大家的手笔。客观地说，《十七史详节》确实存在体例不精、为例不纯的现象，但据此认为《十七史详节》作者并非吕祖谦似乎并不恰当，吕祖谦一贯重视史学的价值，其创办书院讲学也有编撰《十七史详节》这种通俗历史读物的需要。最有可能的情况是，《十七史详节》的成书并非吕祖谦一人独撰，其门人也参与辑录工作。此外，当时的书贾亦有增补图籍情况，"每种前冠以疆理、世系、纪年诸图，乃从宋末时书肆所行纂图互注之本加入，非东莱所作，益信矣"。④ 可能正是由于《十七史详节》不是出自吕祖谦一人之手，因而吕祖俭在作《年谱》时并未提及此书。

四库馆臣认为《两汉精华》并不是吕祖谦有意著书："盖是书乃阅史之时摘录于册，以备文章议论之用。后人重祖谦之名，因而刊之，与洪迈《经史法语》均非有意著书者也。"⑤ 据此我们亦可以看出，《两汉精华》可以作为素材，以备学者写作时阐发议论而用。标

---

① 吕祖谦：《东莱吕太史文集》附录，《吕祖谦全集》第一册，浙江古籍出版社 2008 年版，第 741 页。

② 吕祖谦：《东莱吕太史文集》附录，《吕祖谦全集》第一册，浙江古籍出版社 2008 年版，第 744 页。

③ 王鸣盛：《十七史商榷》卷九十九《十七史》，中华书局 2010 年版，第 1462 页。

④ 丁丙：《善本书室藏书志》卷十，清光绪刻本。

⑤ 纪昀：《四库全书总目提要》卷六十五，河北人民出版社 2000 年版，第 1766 页。

抹本《春秋左氏传》和《通鉴详节》的成书见于《年谱》中，^① 其原著虽不复见，但都是为了帮助学子更好地掌握历史知识而作。

他为诸生课试而作的《左氏博议》在学子中广为流传，"诸生岁时休沐，必钞置褚中，解其归装无虚者。并舍姻党复从而广之，曼衍四出，漫不可收。"^②《左氏博议》随事立义，借史事发挥义理之见，"凡《春秋》经旨概不敢僭论，而枝辞赘喻，则举子所以资课试者也"。^③《直斋书录解题》说吕祖谦"于《左氏》一书，多所发明，而不为文。似一时讲说，门人所抄录者"。^④

由上可知，吕祖谦的书院教育活动非常活跃，其中既有广泛的与学者之间的交游讲学论辩活动，更有出于教育教学需要而为弟子编写的规约与教材。其中用于授课的教材，绝大多数属于历史教材，可见吕祖谦对于书院历史教育高度重视之一斑。

第二节　历史教育的主要内容

如上所述，吕祖谦历史教育活动既有面向家族子弟的历史教育，更有面向书院（也包括州学）弟子的历史教育。根据教育受众的不同，其教育内容也有差异。以下分别从童蒙历史教育、书院历史教育和通俗历史教育三个方面，对吕祖谦历史教育的主要内容作出论述。

一　童蒙历史教育内容

吕祖谦并无专门的关于童蒙历史教育著述，但是富有教育意义的

---

① 见《东莱吕太史文集》附录，《吕祖谦全集》第一册，浙江古籍出版社 2008 年版，第 744 页。

② 吕祖谦：《左氏博议》附录，《吕祖谦全集》第六册，浙江古籍出版社 2008 年版，第 575 页。

③ 吕祖谦：《左氏博议》附录，《吕祖谦全集》第六册，浙江古籍出版社 2008 年版，第 575 页。

④ 陈振孙：《直斋书录解题》卷三，上海古籍出版社 2015 年版，第 66 页。

历史人物和事件、历代童蒙教育的典范，是他相关童蒙教育著述中不可或缺的内容。其中《少仪外传》中的历史教育内容最多、最为丰富，故以之为例进行阐述。

吕祖谦在《少仪外传》中引用文献多达近七十种，从中摘录出事例来说明编辑成书，这其中有不少涉及历史人物和事件的引用，吕祖谦借此阐释修身为学的道理，这是历史教育的一种形式。还有一种便是吕祖谦指出历史这门学问的价值，并教导稚子如何读史的方法。

《少仪外传》历史教育的主要方法，是借历史人物和事件来阐述道理。该书"杂引前哲之懿行嘉言，兼及于立身行己、应世居官之道，所该繁富，不专于洒扫进退之末节"。① 作为面向家族后生的启蒙类教本，该书在历史教育中多使用第一人称，以对话的形式说明道理，读来通俗明了。在《少仪外传》中，还引用了《颜氏家训》《司马温公家训》《胡氏传家录》《治家十事》《柳氏家训》等传家名作，从这些经典的童蒙教育作品中吸取养分。

在《少仪外传》中，有两大教育核心，一是修身。童蒙教育的对象是童稚幼子，立身处世的基本道德规范需要他们学习并遵守，这是童蒙教育的重要特点。二是为学。童蒙教育是日后治学的起点，打下良好的基础、养成优良的学习习惯，能让后辈在求学道路上受益无穷。

关于修身，吕祖谦认为首先要能区分历史人物人品的高下，"何者是圣贤所为之事，何者是下愚所为之事，向善背恶，去彼取此，此幼学所当先也"。② 他以颜回、孟子为例，认为他们"学之虽未至，亦可为贤人"③。学子要树立远大志向，通过不断领悟圣贤的为人，"言温而气和，则颜子之不迁，渐可学矣。过而能悔，又不惮改，则

---

① 纪昀：《四库全书总目提要》卷九十二，河北人民出版社 2000 年版，第 2369 页。
② 吕祖谦：《少仪外传》上卷，《吕祖谦全集》第二册，浙江古籍出版社 2008 年版，第 2 页。
③ 吕祖谦：《少仪外传》上卷，《吕祖谦全集》第二册，浙江古籍出版社 2008 年版，第 2 页。

颜子之不贰，渐可学矣。知埋鬻之戏不如俎豆，念慈母之爱始于三迁，自幼至老，不厌不改，终始一意，则我之不动心亦可如孟子矣。"① 在行为上向圣人看齐，"则颜、孟之事，我亦可学"。②

孝敬父母、恭兄爱弟，是儒家核心的道德要求，吕祖谦在《少仪外传》中，以不同历史人物对此加以说明。首先是对父母的孝心，吕祖谦举了梁元帝萧绎的例子："梁孝元在江州，尝有不豫，世子方等亲拜中兵参军李猷焉。"③ 李猷本是其父的僚属，地位低贱，但生为人子的萧方却要拜之，是"以求哀也"。④ 其次是友爱兄弟，吕祖谦指出，对待兄弟的爱与对待父母的孝是有区别的，"人之事兄，不可不同于事父，何爱弟不及爱子乎？⑤ 吕祖谦以刘琎为例："沛国刘琎尝与兄瓛连栋隔壁，瓛呼之数声不应，良久方答。瓛怪问之，乃云：'向来未著衣帽故也'。以此事兄，可以免矣！"⑥ 在此吕祖谦并不认为刘琎的行为值得提倡，反而认为这是礼数太过，并不值得提倡。再次是对宗族的重视。吕祖谦认为一族以下，即使世远年湮，亦不能当作涂人。他认为："凡宗亲世数，有从父，有从祖，有族祖。江南风俗，自兹已往，高秩者通呼为尊，同昭穆者虽百世犹称兄弟。若对他人称之，皆云族人。河北士人，虽三二十世，犹呼为从伯、从叔。"⑦ 他举梁武帝时一例说

① 吕祖谦：《少仪外传》上卷，《吕祖谦全集》第二册，浙江古籍出版社 2008 年版，第 2 页。
② 吕祖谦：《少仪外传》上卷，《吕祖谦全集》第二册，浙江古籍出版社 2008 年版，第 2 页。
③ 吕祖谦：《少仪外传》上卷，《吕祖谦全集》第二册，浙江古籍出版社 2008 年版，第 12 页。
④ 吕祖谦：《少仪外传》上卷，《吕祖谦全集》第二册，浙江古籍出版社 2008 年版，第 12 页。
⑤ 吕祖谦：《少仪外传》上卷，《吕祖谦全集》第二册，浙江古籍出版社 2008 年版，第 11 页。
⑥ 吕祖谦：《少仪外传》上卷，《吕祖谦全集》第二册，浙江古籍出版社 2008 年版，第 12 页。
⑦ 吕祖谦：《少仪外传》上卷，《吕祖谦全集》第二册，浙江古籍出版社 2008 年版，第 12 页。

明之:"梁武帝尝问一中土人曰:'卿北人,何故不知有族?'答曰:
'骨肉易疏,不忍言族耳。'"① 吕祖谦认为这一回答"当时虽为敏对,
于礼未通"。② 对于宗庙的重要性,吕祖谦以西汉名臣丙吉举例说明:
"丙吉子显,甘露中有罪,削爵为关内侯。始,显少为诸曹,尝从祠高
庙,至夕牲日,乃使出取斋衣。丞相吉大怒,谓其夫人曰:'宗庙之
重,而显不敬慎,亡吾爵者,必显也。'夫人为言,然后乃已。"③

良好的个人习惯对于立身为学也大有裨益,吕祖谦认为君子应远
离奇诡之人。他以昭明太子为例:

> 梁昭明太子葬其母丁贵嫔,遣人求墓地之吉者。或赂宦者俞三
> 副,求卖地,云:"若得钱三百万,以百万与之。"三副密启上,
> 言:"太子所得地,不如今地于上为吉。"上年老多忌,即命市之。
> 葬毕,有道士云:"此地不利长子,若厌之,或可申延。"乃为蜡鹅
> 及诸物埋于墓侧长子位。宫监鲍邈之、魏雅,初皆有宠于太子,邈
> 之晚见疏于雅,乃密启上曰:"雅为太子厌祷。"上遣检掘,果得鹅
> 物,大惊,将穷其事。徐勉固谏而止,但诛道士。由是太子终身惭
> 愤,不能自明。及卒,上征其长子南徐州刺史华容公欢至建康,欲
> 立以为嗣。衔其前事,犹豫久之,卒不立。庚寅,遣还镇。④

昭明太子听信厌术,继而招致君父猜忌,在忧愤中去世。吕祖谦借司
马光之语说明君子立身正道的重要性:"君子之于正道,不可少顷离

---

① 吕祖谦:《少仪外传》上卷,《吕祖谦全集》第二册,浙江古籍出版社 2008 年版,
第 12 页。

② 吕祖谦:《少仪外传》上卷,《吕祖谦全集》第二册,浙江古籍出版社 2008 年版,
第 12 页。

③ 吕祖谦:《少仪外传》下卷,《吕祖谦全集》第二册,浙江古籍出版社 2008 年版,
第 35—36 页。

④ 吕祖谦:《少仪外传》下卷,《吕祖谦全集》第二册,浙江古籍出版社 2008 年版,
第 49 页。

也，不可跬步失也。以昭明太子之仁孝，武帝之慈爱，一染嫌疑之迹，身以忧死，罪及后昆，求吉得凶，不可湔涤，可不戒哉！是以诡诞在士，奇邪之术，君子远之。"①

待人以礼是士大夫的基本素养之一，对君主更是要恭敬有礼，吕祖谦举《北史》中的一个极端例子说明待人接物的重要性："魏左将军李栗性简慢，常对道武舒放不肃，咳唾任情。道武积其宿过，遂诛之。"② 即便是少数民族建立的政权，都重视一些为人处世中的基本礼仪，不能任情放纵。

如何处理兴趣爱好与为学的关系，是需要学子注意的地方。古代士大夫于琴棋书画之道多有涉猎，不少人更是沉湎其中，这是不可取的。吕祖谦举一例形象地说明了这个道理：

> 甄琛举秀才，入都积岁，颇以弈棋废日，至乃通夜不止。手下苍头，常令执烛，或睡顿，大加其杖，如此非一。奴不胜楚痛，乃曰："郎君辞父母仕宦，若为读书执烛，不敢辞罪。乃以围棋，日夜不息，岂是向善之意？而肆加杖罚，不亦非理？"琛怅然惭感，遂从许赤彪假书研习。③

古时有画工、画师，皆是属于仆役杂使之人，相比于读书人地位很低。吕祖谦以大画家阎立本的教训来说明擅长绘画对读书人是可悲的：

> 阎立本善画。秦府《十八学士图》及贞观中凌烟阁《功臣图》，并立本之迹也，时人咸称其妙。太宗尝与侍臣学士泛舟于春

---

① 吕祖谦：《少仪外传》下卷，《吕祖谦全集》第二册，浙江古籍出版社 2008 年版，第 49 页。

② 吕祖谦：《少仪外传》下卷，《吕祖谦全集》第二册，浙江古籍出版社 2008 年版，第 37 页。

③ 吕祖谦：《少仪外传》上卷，《吕祖谦全集》第二册，浙江古籍出版社 2008 年版，第 8—9 页。

苑池中，有异鸟随波容与，太宗击赏数四，诏坐者为咏，召立本，令写焉。时阁外传呼云："画师阎立本！"时已为主爵郎中，奔走流汗，俯伏池侧，手挥丹粉，瞻望座宾，不胜愧赧。退，诫其子曰："吾少好学读书，幸免墙面。缘情染翰，颇及侪流，唯以丹青见知，躬厮役之务，辱莫大焉。汝宜深诫，勿习成末技！"①

培养良好的治学习惯是童蒙教育的另一大重要功能。吕祖谦认为为学当需勤奋。他以司马光为例："司马温公幼时，患记问不若人。群居讲习，众兄弟既成诵游息矣，独下帷绝编，迨能背诵，乃止。"②吕祖谦提出治学需有"见贤"和"尊贤"之心。所谓"见贤"，吕祖谦引用孔子答子贡的话说明："工欲善其事，必先利其器。居是邦也，事其士大夫之贤者，友其士之仁者。"③仅仅"见贤"是不够的，"又须要尊贤"④。吕祖谦认为时人"于有势者则能屈，而于贤不能尊，是未之熟思"⑤，韩愈的《师说》"曲中今世人之病"。⑥吕祖谦认为须保持整洁的环境有益于学习。他以范祖禹为例："范太史燕居，正色危坐，未尝不冠。出入步履，皆有常处。几案无长物，研墨刀笔终岁不易其所。平生所观书，如手未触。"⑦吕祖谦指出为学当爱护书

---

① 吕祖谦：《少仪外传》上卷，《吕祖谦全集》第二册，浙江古籍出版社 2008 年版，第 10 页。

② 吕祖谦：《少仪外传》上卷，《吕祖谦全集》第二册，浙江古籍出版社 2008 年版，第 1 页。

③ 吕祖谦：《少仪外传》上卷，《吕祖谦全集》第二册，浙江古籍出版社 2008 年版，第 1 页。

④ 吕祖谦：《少仪外传》上卷，《吕祖谦全集》第二册，浙江古籍出版社 2008 年版，第 3 页。

⑤ 吕祖谦：《少仪外传》上卷，《吕祖谦全集》第二册，浙江古籍出版社 2008 年版，第 3 页。

⑥ 吕祖谦：《少仪外传》上卷，《吕祖谦全集》第二册，浙江古籍出版社 2008 年版，第 4 页。

⑦ 吕祖谦：《少仪外传》上卷，《吕祖谦全集》第二册，浙江古籍出版社 2008 年版，第 6 页。

籍，"借人典籍，皆须爱护，先有缺坏，就为补治，此亦士大夫百行之一也。济阳江禄读书未竟，虽有急速，必待卷束整齐，然后得起，故无损败，人不厌其求假焉。或有狼藉几案，分散部帙，多为童幼婢妾之所点污，风雨犬鼠之所毁伤，实为累德。"① 古人由于物质条件有限，书籍多借阅甚至手抄，保持文献的完整和整洁，不但方便他人借阅，也避免文献流传过程中产生的讹误。

吕祖谦重视课程的作用，他认为"为学之本，莫先于读书。读书之法，须令日有课程"②。"大抵后生为学，须是严立课程，不可一日放慢。"③ 有了课堂的传授，可以解惑："句读有未晓，大义有未通，不惜与人商榷，不惜就人读授"④；可以让学习有计划："今取《六经》及《论语》《孟子》《孝经》，以字计之……合四十八万四千九十五字。且以中才为率，若日诵三百字。不过四年半可毕。或以天资稍钝，减中才之半，日诵一百五十字，亦止九年可毕。苟能熟读而温习之，使入耳著心，久不忘失，全在日积之功耳。"⑤

吕祖谦重视史书在童蒙教育中的作用，他认为读史想要有收获必须持之以恒："史书须每日读取一卷，或半卷以上，始见功。"⑥ 在学习过程中自身的思考、与师友互动都是必不可少的："须是从人授读，疑难处便质问。须是孜孜就人，不可自家先自放慢也。然此是学之

---

① 吕祖谦：《少仪外传》上卷，《吕祖谦全集》第二册，浙江古籍出版社 2008 年版，第 12 页。

② 吕祖谦：《少仪外传》上卷，《吕祖谦全集》第二册，浙江古籍出版社 2008 年版，第 4 页。

③ 吕祖谦：《少仪外传》上卷，《吕祖谦全集》第二册，浙江古籍出版社 2008 年版，第 4 页。

④ 吕祖谦：《少仪外传》上卷，《吕祖谦全集》第二册，浙江古籍出版社 2008 年版，第 4 页。

⑤ 吕祖谦：《少仪外传》上卷，《吕祖谦全集》第二册，浙江古籍出版社 2008 年版，第 33 页。

⑥ 吕祖谦：《少仪外传》上卷，《吕祖谦全集》第二册，浙江古籍出版社 2008 年版，第 5 页。

业，又须理会所以为学者何事。一人一住，一语一默，须要尽合道理。求古圣贤用心，竭力从之，亦无不至矣。夫指引者，师之功也。行有不至，从旁规戒者，朋友之任也。"①

吕祖俭在跟随吕祖谦学习过程中，"与闻所以为此编之意"。②《少仪外传》"指其前言往行所当知而易见者，登之于策，使之不待考索，而自有得于日用之间。其于未易遽知而非可卒见，则皆略而不载。苟读是编而无所厌忽，各因其所得而有自立之地"③。吕祖俭认为，《少仪外传》取"前言往行"中学子应当知晓的基本道理编成一书，学子无需去搜罗即可学习，且其书通俗易懂，富有趣味性，学子能从中各取所需。

由上可见，《少仪外传》一书在对童蒙进行道德规范时，皆是以历史人物嘉言懿行举例说明的，而且为童蒙指出了具体的读史方法，历史教育内容非常丰富。

二　书院历史教育内容

南宋时期是书院发展的一个繁荣时期，据邓洪波先生考证，南宋书院总数为442所，是北宋书院的6倍。④ 这与理学的发展密不可分，当时的理学家如朱熹、张栻、陆九渊都积极地建设书院作为发扬自己学说、扩大理学影响力的重要手段，四书五经等儒家经典成为书院讲学的重要内容。而"五经"作为"先王政典"⑤，具有史籍的属性，且理学诸子把史学作为穷理的重要手段，程朱理学教育就主张学生读

---

① 吕祖谦：《少仪外传》上卷，《吕祖谦全集》第二册，浙江古籍出版社2008年版，第5页。
② 吕祖谦：《少仪外传》下卷，《吕祖谦全集》第二册，浙江古籍出版社2008年版，第59页。
③ 吕祖谦：《少仪外传》下卷，《吕祖谦全集》第二册，浙江古籍出版社2008年版，第59页。
④ 邓洪波：《中国书院史》，东方出版中心2006年版，第110页。
⑤ 章学诚撰，叶长青注：《文史通义注》卷一《内篇一·易教上》，中华书局1985年版，第1页。原文为："六经皆先王之政典也。"

史、通过读史来格物致知，朱熹便说："程夫子教人，先读《语》《孟》，次及诸经，然后看史，其序不可乱也。"① 这一时期的书院对于科举考试的态度也较为开明，吕祖谦还为应考举子作《左氏博议》以作参考。科举考试中的经义科要求学子对历史知识有一定的了解，吕祖谦更是在讲学中开设了读《通鉴》、读《左传》的课程。对于学子如何治学，吕祖谦认为应以"四书"为先，再到"五经"："学问当以《孝经》《论语》《中庸》《大学》《孟子》为本。熟味详究，然后通求之《诗》《书》《易》《春秋》，必有得也。"②

　　乾道五年（1169 年）吕祖谦在严州为州学教授时，曾为诸生讲授"五经"，其内容就是收录在《全集》中的《己丑课程》。《己丑课程》从体裁上来说与语录体相似，在编排上不是按所授书目来划分，而是注重从典籍中阐发义理，与历史教育有关的主要是《春秋》中的内容。吕祖谦教导诸生不能机械地去看待历史人物，他认为吴起虽历仕鲁、魏、楚三国，"而皆逢尤焉。国虽三，而起则一也"，③ 在外部环境不允许的情况下，并不能说明吴起不忠于君。吕祖谦从历史的细微处说明伦理情谊的重要性："苏秦、张仪同门友也。苏秦将止秦兵，不以情而遣仪，乃以术而激仪，何邪？盖平昔师友之间未尝用情，故临事不可以情告也。"④ 吕祖谦在学规中一再强调同窗友情，将"不诚于朋友"列为禁规，苏秦、张仪的例子则从反面说明友情的重要性。《论语·尧曰》有言："不知言无以知人也。"⑤ "知言"是修养工夫的重要手段，对于如何"知言"，吕祖谦举了乐毅的例

---

　　① 朱熹：《晦庵先生朱文公文集》卷三五《答吕伯恭》，《朱子全书》第 21 册，上海古籍出版社、安徽教育出版社 2002 年版，第 1533 页。

　　② 黄宗羲、全祖望：《宋元学案》卷三十六《紫微学案》，中华书局 1986 年版，第 1234 页。

　　③ 吕祖谦：《东莱吕太史别集》卷十二《己丑课程》，《吕祖谦全集》第一册，浙江古籍出版社 2008 年版，第 532 页。

　　④ 吕祖谦：《东莱吕太史别集》卷十二《己丑课程》，《吕祖谦全集》第一册，浙江古籍出版社 2008 年版，第 533 页。

　　⑤ 《论语》尧曰篇第二十，中华书局 2006 年版，第 307 页。

子："乐毅伐齐曰：'若不遂乘之，待彼悔前之非，改过恤下，而抚其民，则难虑也。'"① 乐毅的事迹和功业引得诸多学者的敬仰和惋惜之情，苏轼曾说："乐毅战国之雄，未知大道，而窃尝闻之，则足以亡其身而已矣。……夫以齐人苦闵王之暴，乐毅苟退而休兵，治其政令，宽其赋役，反其田里，安其老幼，使齐人无复斗志，则田单者独谁与战哉！"② 吕祖谦却从其言中读出了不同的信息："推此言，则世之论毅者岂其然乎！"③ 乐毅这番话说明了他发动的对齐的战争并非解救生民于水火中，而是抱着征服的心态。

乾道六年（1170 年）吕祖谦为严州的诸生作《春秋讲义》。《春秋讲义》的议论针对以下而发："隐公""元年""春王正月""不书即位""三月公及邾仪父盟于蔑""夏五月郑伯克段于鄢""秋七月天王宰咺来归惠公仲子之赗""九月及宋人盟于宿""冬十有二月祭伯来""公子益师卒""二月春公会戎于潜""夏五月莒人入向""无骇帅师入极"，《春秋》一书微言大义，含义精深，吕祖谦所选的这几篇都是《春秋》中有代表性的篇目。对于《春秋》一书对学子的价值，吕祖谦有深入的思考，提出了"切近"的体悟方法。所谓"切近"，是为了达到这一的境界："通古今为一时，合彼己为一体，前和后应，彼动此随，然后知吾夫子之笔削，本非为他人设。"④ 要达到这样的境界，离不开《春秋》一书："吾夫子作《春秋》，盖以深切自命；而传《经》者亦谓之拨乱世，反之正，莫近《春秋》。君子将用力于切近之地，置是《经》，其何从！"⑤《春秋》本就是孔子"以深切自命"之作，要领

---

① 吕祖谦：《东莱吕太史别集》卷十二《己丑课程》，《吕祖谦全集》第一册，浙江古籍出版社 2008 年版，第 535 页。

② 苏轼：《苏轼文集》卷四《乐毅论》，中华书局 1986 年版，第 99—100 页。

③ 吕祖谦：《东莱吕太史别集》卷十二《己丑课程》，《吕祖谦全集》第一册，浙江古籍出版社 2008 年版，第 535 页。

④ 吕祖谦：《东莱吕太史别集》卷十三《春秋讲义》，《吕祖谦全集》第一册，浙江古籍出版社 2008 年版，第 544—545 页。

⑤ 吕祖谦：《东莱吕太史别集》卷十三《春秋讲义》，《吕祖谦全集》第一册，浙江古籍出版社 2008 年版，第 544 页。

悟"切近"的方法，自然不能抛开《春秋》。吕祖谦进一步指出，如果
不将《春秋》中的微言大义结合自身情况去下修养工夫，那么读《春
秋》是没有效果的："降隐讫哀，阅君十二。其褒者，既往之功也；其
贬者，既往之罪也；其国其爵，其氏其名，皆既往之陈迹也。终日历
数古人之臧否，而我无与焉，不识所谓切近者，果何等语？"① 这种将
读史与个人修养结合起来的方法，是吕祖谦致用思想在历史教育中的
体现，他认为即使是日常生活中的邻居也有人是"旁观平睨，茫然如
不见者"，② 更何况《春秋》中所载的人皆是"冢中枯骨"，他们又能
"若今人何？"孔子作《春秋》，便是希望以此来拨乱世、有益于治道，
"学者当深观《春秋》，以察天理人欲之辨。"③

　　《丽泽论说集录》一书是吕祖谦书院历史教育的"口授讲义"，
内容包括"史说"与"杂说"二门。蒋金德先生在点校《丽泽论说
集录》后说："系吕祖谦门人记录其师平日讲学之语。在祖谦生前，
本书内容已有传抄本流布，祖谦因其多舛误，曾戒勿传习，但终不可
止。祖谦亡后，由其弟祖俭删辑整比，再经祖俭子乔年附益编次付
梓，始成此书。"④ 由于这是平日讲学内容所编，因而较著述更加具
有教育意义，吕祖谦的阐述也更为充分。如对于如何向君主或上级求
情这样具体的事情，吕祖谦举了三国时期吴国将领骆统为张温向孙权
求情，孙权并不理会。吕祖谦认为这是骆统不懂求情之法，"大凡解
人之怒，须是委曲做一道理，顺其意说彼人不是，然后徐以言语解
之，其怒方息。今不能解人之怒者，他人正说彼不是，我方且以为

---

① 吕祖谦：《东莱吕太史别集》卷十三《春秋讲义》，《吕祖谦全集》第一册，浙江
古籍出版社 2008 年版，第 544 页。

② 吕祖谦：《东莱吕太史别集》卷十三《春秋讲义》，《吕祖谦全集》第一册，浙江
古籍出版社 2008 年版，第 544 页。

③ 吕祖谦：《东莱吕太史别集》卷十三《春秋讲义》，《吕祖谦全集》第一册，浙江
古籍出版社 2008 年版，第 554—555 页。

④ 蒋金德：《点校说明》，《吕祖谦全集》第二册《丽泽论说集录》，浙江古籍出版社
2008 年版，第 1 页。

定，是激其怒而趣其祸也。"① 而"激其怒而趣成其祸"的例子，"如田蚡正怒灌夫，窦婴乃言夫勇冠三军；宣帝正怒盖宽饶，郑昌乃言猛虎在山、藜藿为之不采：二人卒不免死"②，下场非常凄凉。而求情成功的例子，吕祖谦举了两例，一为："霍光怒田千秋擅召中二千石，杜延年必言千秋素无持守，而为好言于下，至于擅召中二千石，其亡状"；一为："钟期言不中，以琴撞秦始皇，始皇怒。或言于秦皇曰：'悍人也！'此一言已释秦皇之怒气十五六矣。"③ 吕祖谦还从历史的教训中告诫学子为官之后，即使身在外也要关心朝局，他以张奂的悲剧说明这个教训："窦武等欲诛宦官，中道事泄。曹节等矫诏讨武，以张奂新徵，不知本谋，遂令与周靖围武，武自杀，陈蕃亦死。张奂虽素为忠直刚正之人，缘在外只理会边事，都不知朝廷士大夫贤否忠邪，一旦被召，遂为奸人所卖，反害正人。后虽悔痛，因青蛇事上疏，乞改葬蕃、武，已无及矣。"④ 吕祖谦还将前人优良家风与国家风俗联系起来，他说："杨椿戒子孙一段，大抵前辈老成教人，丁宁再三，自有忠厚遗风。周公作《无逸》戒成王，敦朴谨重，正父兄教子弟之体。后魏杨氏累世孝友，当时号为名家，人莫能及。盖缘老成之教不同，观其布衣韦带之语，可见前辈朴素如此。大抵朴素简约即兴之渐，奢侈靡丽即衰之渐，天下国家皆然。"⑤ 朴实敦厚的家风，是一个家族甚至国家得以长盛不衰的秘诀，而一旦步入奢靡之风，离衰落也就不远了。

---

① 吕祖谦：《丽泽论说集录》卷八《入越录》，《吕祖谦全集》第二册，浙江古籍出版社 2008 年版，第 230 页。
② 吕祖谦：《丽泽论说集录》卷八《入越录》，《吕祖谦全集》第二册，浙江古籍出版社 2008 年版，第 230 页。
③ 吕祖谦：《丽泽论说集录》卷八《入越录》，《吕祖谦全集》第二册，浙江古籍出版社 2008 年版，第 230 页。
④ 吕祖谦：《丽泽论说集录》卷八《入越录》，《吕祖谦全集》第二册，浙江古籍出版社 2008 年版，第 225—226 页。
⑤ 吕祖谦：《丽泽论说集录》卷八《入闽录》，《吕祖谦全集》第二册，浙江古籍出版社 2008 年版，第 234 页。

《历代制度详说》本是吕祖谦"私课之本"，"这套教材流传使用150 年后，才被后代门人编成《历代制度详说》出版"①。这本书为学子在科举中的策论提供了典章方面的知识，同时对学子入仕后熟悉政府的各种制度打下基础。《历代制度详说》包含赋役、漕运、盐法、酒禁、钱币、荒政、田制等诸门，对关系国计民生的重要制度渊源沿革既有知识上的传授，又有"详说"部分阐发议论。更为可贵的是，吕祖谦的史论并不是脱离现实的判断。例如在"田制"的"详说"中，吕祖谦对当时学者想推行井田制的想法予以批评，认为是不符合实际情况的，土地的自有买卖是时代发展的结果。② 吕祖谦认为不同的时代面临的问题是不一样的，每一时代的制度优劣是需要去仔细推究才能得出结论的："自周迄于今日，因革损益，或事轻而官重，或官轻而事重，或分或合，或简或繁。且如汉九卿，较周六官，一官所掌今归几卿，一卿所掌昔隶几官，统体孰正孰偏？出纳孰壅孰决？参考孰疏孰密？丞相、御史统九卿，与周三公六卿，其意同异优劣如何？每代皆当如此推究。"③

三　社会通俗历史教育内容

吕祖谦还编写了一些旨在对社会普及历史知识的大众通俗历史读物，像《左氏博议》《解题》《十七史详节》《西汉精华》《东汉精华》《唐鉴音注》等，皆属这类历史普及读物。吕祖谦的这些著述有明确的受众群体，虽然从学术性来评判其价值有限，但从这些著述的流行和影响来看，无疑都是非常成功的历史教育著述。

《左氏博议》成书于乾道四年（1168 年）吕祖谦丁母忧期间，是

---

① 田浩：《朱熹的思维世界》，陕西师范大学出版社 2002 年版，第 104 页。

② 吕祖谦：《历代制度详说》卷九《田制》，《吕祖谦全集》第九册，浙江古籍出版社 2008 年版，第 118 页。

③ 吕祖谦：《东莱吕太史别集》卷十四《读史纲目》，《吕祖谦全集》第一册，浙江古籍出版社 2008 年版，第 562 页。

他的著作中的早期作品，也是吕祖谦"左氏三传"成书最早的一部。吕祖谦在《左氏博议》中的不少学术观点，到后来的《左氏传说》《左氏传续说》中都有所修订，但这并不影响《左氏博议》一书在历史教育上的价值。吕祖谦在自序中即说，该书是"举子所以资课试也"。① 既然是为学子备考应试之作，便与当时的科举制度关系密切。瞿世瑛在《左氏博议》的跋语中说："盖所谓时文者，至宋南渡后创制之经义。其法视诗、赋、论、策为胜，故承用最久。而要其所以名经义者，非诚欲说经，亦姑妄为说焉，以取所求耳。故其为文，不必果得于经所以云之意，而又不肯自认以为不知。"② 由于举子对于经义没有足够的见识去阐发，在科举考试中便需要范文的佐助，《左氏博议》由此应运而生。《左氏博议》一书由于多作议论不免有附会之词，"然以其稽古之博，蓄理之多，触机而出，持之必有故，而发之必有焉"③。

《解题》是《大事记》一书的一部分，吕祖谦为了便于初学者理解学习，"所载皆职分之所当知，非事杂博，求新奇，出于人之所不知也"④。明确说明了《解题》中的论述皆为初学者当知之事，并无新奇创见之语。如针对"汉孝文皇帝元年"下之"修代来功。封卫将军宋昌为壮武侯"条，《解题》说："《史记》十表，意义弘深，始学者多不能达。今附见于此……"⑤ 这是考虑到"十表"的文献超出了初学者的理解范围，故而集中在此以通俗的语言加以说明。又如

---

① 吕祖谦：《左氏博议》附录，《吕祖谦全集》第六册，浙江古籍出版社 2008 年版，第 576 页。
② 瞿世瑛：《跋》，《吕祖谦全集》第六册《左氏博议》附录，浙江古籍出版社 2008 年版，第 579 页。
③ 瞿世瑛：《跋》，《吕祖谦全集》第六册《左氏博议》附录，浙江古籍出版社 2008 年版，第 579 页。
④ 吕祖谦：《大事记·解题》卷一《周敬王三十九年》，《吕祖谦全集》第八册，浙江古籍出版社 2008 年版，第 231 页。
⑤ 吕祖谦：《大事记·解题》卷十《汉孝文皇帝元年》，《吕祖谦全集》第八册，浙江古籍出版社 2008 年版，第 630 页。

"周显王十年"下之"公孙鞅变法"条，《解题》说："学者苟以伏羲、神农、黄帝、尧、舜、禹、汤、文、武、周公之法与商鞅变法之令并观之，大略可睹矣。"① 之所以吕祖谦提出要学者将商鞅变法与先王之法并观，是因为"法始于伏羲而备于周，虽其间有略有详，要之皆本于伏羲也。法变于秦，而极于五代，虽其间有革有因，要之不能大异于秦也"②。而将自伏羲至周公之法对比商鞅之法，则关于法的起源及如何损益的过程就非常清楚了。通俗历史读物区别于研究性历史书籍的一点在于作者在撰述意识上，要能准确无误地告诉读者能获取从书中获取哪些知识，并且能对不同书籍发挥的不同作用有所传授。《解题》在"周威烈王二十三年"下说："自此卷以后，凡事之本末，当求之《通鉴》。训释名义，参考同异，蒐补缺遗，当求之《解题》。"③ 既将《资治通鉴》一书纳入到读者的阅读范围中来，又对《大事记·解题》和《资治通鉴》不同的作用予以准确说明，对初学者来说避免了走弯路的可能。

　　十七史作为纪传体史书的代表，又被称为"正史"。吴怀祺先生通过考察晁公武和王应麟两位宋代学者的论述，认为在他们眼里，"所谓'正史'，只是'便于批阅'，并没有十分推崇的意味"。④ 正是由于"十七史"具有"便于批阅"的长处，方便"随时节抄"，⑤且对于初学者来说，纪传体史书阅读起来难度也相对较低，非常适合用来作为历史教育的普及读物，《十七史详节》由此而生。《十七史详节》编纂的目的之一，是出于科举的需要。在宋代科举考试中，

---

　　① 吕祖谦：《大事记·解题》卷三《周显王十年》，《吕祖谦全集》第八册，浙江古籍出版社 2008 年版，第 310 页。
　　② 吕祖谦：《大事记·解题》卷三《周显王十年》，《吕祖谦全集》第八册，浙江古籍出版社 2008 年版，第 310 页。
　　③ 吕祖谦：《大事记·解题》卷二《周威烈王二十三年》，《吕祖谦全集》第八册，浙江古籍出版社 2008 年版，第 277 页。
　　④ 吴怀祺：《中国史学思想史》，商务印书馆 2007 年版，第 134 页。
　　⑤ 纪昀：《四库全书总目提要》卷六十五，河北人民出版社 2000 年版，第 1765 页。

策、论在进士科和制科中占据重要的地位，策、论是以政论和史论为主的综合性考试，而吕氏作《十七史详节》的初衷，便是为了学子研习历史的需要，故而该书非常注重史论。除了保留旧史中的史论，还吸收了不少名家的论史名作，诸如裴骃的《史记集解》、刘恕的《通鉴外纪》、苏辙的《古史》、胡寅的《读史管见》，等等。吕祖谦在《十七史详节》中将历史的知识性和可读性的统一。《十七史详节》作为教授生徒和初学者的历史普及读物，既不可阅读难度过大，又不能缺乏历史知识教育。吕祖谦充分利用前人对十七史的研究成果，以注解的方式加入《十七史详节》中，解决了知识性和可读性的兼顾问题。本书第二章详细论述了吕祖谦在注解方式上的创新，在此不再赘言。

《两汉精华》是吕祖谦在读两《汉书》过程中摘录大要而成书，对于学子来说，该书的史论部分尤有价值，胡愦在该书的跋语中说："东莱吕先生独得之笔，盖本于经而深于史学者，议论是非，虽《春秋》亦弗是过……珍诵弗已，谓有裨于后学多矣……俾观史者便于取衷，其嘉惠之心何如哉！"[1] 对于学子来说，《两汉精华》一是能将两汉历史大略反映出来，便于读者读懂两《汉书》；二是能为学子的策论提供丰富翔实的材料。为了方便学子阅读，吕祖谦将该书的体例作了适当创新，以议论之品题来做目录，这在第二章已有详述，此不赘言。尤其值得注意的是，《东汉精华》卷首作《统论》，将东汉一朝的历史大势反映其中，这与吕祖谦认为读史需要识得大统体的思想是一脉相承的。《统论》还将两汉政治、风俗的不同之处加以对比，两汉虽都是刘姓宗亲，但其中历史的异同处值得学子好好总结，吕氏此举亦能启发学子思考深察之。

---

① 吕祖谦：《两汉精华》附录，《吕祖谦全集》第七册，浙江古籍出版社 2008 年版，第 284 页。

第三节　历史教育的思想与方法

吕祖谦在长期的治史活动与书院讲学过程中，对历史教育有着独到的见解，形成了独具特色的历史教育思想。主要表现在三个方面，一是认为历史教育的目的在于蓄德成己；二是在经史关系上主张经史并重；三是讲求务实，将历史教育与现实紧密结合起来。在历史教育的活动和著述中，吕祖谦善于总结方法，点拨读者学习历史的关键所在，这是其历史教育的重要组成部分。

一　历史教育思想

首先，蓄德成己的历史教育目的论。吕祖谦常年从事书院讲学，在为书院制定的学规中，就非常重视对于学生的蓄德教育。在最早的《乾道四年学规》中，开篇即是"凡预此集者，以孝弟、忠信为本"[1]，忠孝可说是学规的根本所在。在此之外，还阐释了入书院学习必备条件："其不顺于父母，不友于兄弟，不睦于宗族，不诚于朋友，言行相反，文过遂非者，不在此位。"[2] 规约可以督促学生良好道德习惯的养成。《乾道五年规约》首条也说："凡与此学者，以讲求经旨、明理躬行为本"[3]。"明理躬行"，即是要把道德准则付诸实践。此后，吕祖谦又制定有《乾道五年十月关诸州在籍人》《乾道六年规约》《乾道九年直日须知》等规约，对同学之间的往来、与亲族间的交往及相应吊唁礼仪等活动行为作了规范，这些规约在当时都有很大的影响。学者认为，吕祖谦的学规与朱熹的学规相比较起来，"强调在儒家生活规范中体认道德

---

① 吕祖谦：《东莱吕太史文集》卷五《乾道四年规约》，《吕祖谦全集》第一册，浙江古籍出版社 2008 年版，第 359 页。
② 吕祖谦：《东莱吕太史文集》卷五《乾道四年规约》，《吕祖谦全集》第一册，浙江古籍出版社 2008 年版，第 359 页。
③ 吕祖谦：《东莱吕太史文集》卷五《乾道五年规约》，《吕祖谦全集》第一册，浙江古籍出版社 2008 年版，第 360 页。

修养，是这两种学规最基本的相似处"①。

吕祖谦在治史和历史教育实践中，非常强调蓄德成己的重要性。众所周知，古代历史教育普遍非常重视道德修养，往往从做人的基本规范到如何立身处事，都能在历史教育中得到启示。吕祖谦作为宋代史学家兼理学家，自然非常重视在历史教育中贯彻蓄德精神。在由门人编写的《丽泽讲义》中，吕祖谦对读史的功用作如是说："多识前言往行，考迹以观其用，察言以求其心，而后德可蓄。"② 这就是说，通过读史多了解"前言往行"，目的是"观其用""求其心"，最终落实到"蓄德"上。吕祖谦教导门人的"读史六要"，首要便是"择善"③。择善即是从史书史料中选出有益于纲常教化的事例来教育学子。吕祖谦一直担心"但恐择善未精，非特自误，又复误人。"④ 因而亲自从《左传》《史记》《汉书》《后汉书》等史书中节录出史实事例，教导学子如何在史书中"择善"，体会义理思想。对《春秋》这样亦经亦史的经典，他提出"学者当深观《春秋》，以察天理人欲之辨"⑤。

在吕祖谦看来，德行的优劣是比才能、智力更重要的素养，对于社稷而言，"独恐希进之人，不足测知圣意之缊，妄意揣摩，诋排儒学。智力足以控制海宇，不必道德；权利足以奔走群众，不必诚信；才能足以兴起事功，不必经术"⑥。故而他教导学生：

---

① 田浩：《朱熹的思维世界》，陕西师范大学出版社 2002 年版，第 126 页。
② 黄宗羲、全祖望：《宋元学案》卷五十一《东莱学案》，中华书局 1986 年版，第 1654 页。
③ 吕祖谦：《丽泽论说集录卷》卷十《门人所记杂说二》，《吕祖谦全集》第二册，浙江古籍出版社 2008 年版，第 257 页。
④ 吕祖谦：《东莱吕太史别集》卷七《与张荆州》，《吕祖谦全集》第一册，浙江古籍出版社 2008 年版，第 395 页。
⑤ 吕祖谦：《东莱吕太史别集》卷十三《甲午〈左传〉手记》，《吕祖谦全集》第一册，浙江古籍出版社 2008 年版，第 559 页。
⑥ 吕祖谦：《东莱吕太史文集》卷三《乾道六年轮对劄子》，《吕祖谦全集》第一册，浙江古籍出版社 2008 年版，第 55 页。

看史非欲闻见该博，正是要"识前言往行，以蓄其德"。大抵事只有成己、成物两件。"蛊者，事也。"《象》止说"振民育德"。前时亦尝作六事看，如儆戒、择善、闻范、议论、处事、治体，要之止是两件。然两事又却只是一个"成"字。史亦难看，须是自家镜明，然后见得美恶；称平，然后等得轻重。欲得镜明、称平，又须是致知格物。①

读史的目的是要"蓄德"，要点就是"成己""成物"。他解释"成己"是完善自身，"成己"之后，自然"见得美恶"；"成物"是指成就外物，知道事情轻重。"成己""成物"的概念来源《中庸》，朱熹认为"成己"是"成"的第一阶段，这是不断完善自身的过程，"成己"之后，"诚虽所以成己，然既有以自成，则自然及物，而道亦行于彼矣"，②在"成己"的基础上，把所得用于认识、作用于外在世界，达到化育万物的境界。吕祖谦在此认为读史的基础是要"成己""成物"，做到这两点又需要格物致知，不断修炼。

对于天理人欲之辨，吕祖谦认为学者需要仔细分辨：

天下之言，有近理而非者，此最难辨。如赵、魏二字辞缔疵之言，而谓知伯曰："夫二家岂不利朝夕分赵氏之田，而欲为危难不可成之事乎！"此两句最近事情，然自古限于诈谋者，多以此等语言。盖论目前之利害，似是切要，而其中则不然也。③

① 吕祖谦：《丽泽论说集录》卷十《门人所记杂说二》，《吕祖谦全集》第二册，浙江古籍出版社 2008 年版，第 259 页。
② 朱熹：《四书章句集注·中庸章句》，《朱子全书》第 6 册，上海古籍出版社、安徽教育出版社 2002 年版，第 51 页。
③ 吕祖谦：《丽泽论说集录》卷八《门人集录史说》，《吕祖谦全集》第二册，浙江古籍出版社 2008 年版，第 219 页。

学者不但要仔细分辨天理与人欲之间细微的差别，还要能踏实行事，方能有所成。吕祖谦在教育学子时以汉末申屠蟠为例：

> 汉末，范滂之徒，各持私议以是非天下，而申屠蟠翩然远逝，绝迹梁砀，因树为屋，自同佣人。及党锢祸起，独免疑论。蟠固知微矣，然亦未尽也。盖君子思不出其位，一出其位，而唯务点检他人之得失利害，则于本位必不子细，何者？心无二用故也。盖君子所以思不出其位，非固不敢出位，乃不暇也。蟠虽能终免疑论，然其所以绝迹者，亦由其始不能磨礲圭角，故必强制力拘方免于疑耳。自古多谓"和光同尘"，亦由其不能全之，常欲强掩之也。若本无迹，何用绝迹山林？若本不高，何用自同佣保？盖蟠始初不知己之所为无非常之事，故见其异而制之也。①

吕祖谦认为申屠蟠未能完全做到"君子思不出其位"，君子一旦心有二用，将精力花在"点检他人得失利害"上，则必然对于自己"成己"的修养工夫上不能尽心。申屠蟠虽免于党锢之争的议论中，却是用绝迹山林的强制方式做到的，"盖蟠始初不知己之所为无非常之事，故见其异而制之也"。吕祖谦同时犀利地指出，所谓"和光同尘"的说法，也都是强行挽尊的说辞，若没有虚浮的行迹又何须"和光同尘"呢？

　　吕祖谦把历史教育作为载体，从中总结出有益于道德教化的思想以期达到"成己"的教育目的。宋代理学思潮影响下，史书的讲授和编纂都有明显的义理化倾向，义理化倾向的目的是期望有益于风俗教化，重振伦常纲纪。吕祖谦在《读书记》中写道："读《诗》及《书》以涵养性情。每念古人君臣父子之间，反覆规诲，词意恳恻，

---

　　① 吕祖谦：《丽泽论说集录》卷八《门人集录史说》，《吕祖谦全集》第二册，浙江古籍出版社2008年版，第225页。

想见当时忠厚气象。使人感动，为之出涕。观《春秋》见圣人之于治乱、名义之间，凛乎其不可犯也。使是法也得行于其间，则三桓、六卿，何足道哉！及参于《左氏传》，见一时良大夫能持友其国者，又皆一出于礼，而国之安危，人之寿夭，又皆以礼观之，然后喟然叹曰：甚哉！礼之大者，国之天，民之命也。"① 吕祖谦从读史中看到的，是君臣父子间的"忠厚气象"，是圣人大道行于世的"凛乎其不可犯也"，是良大夫持国以礼的伦理纲常，吕祖谦为之神往。

吕祖谦希望讲学最终可以达到转移风俗的目的。从对历史的体察中，吕祖谦意识到风俗是非常难以改变的："汉至成帝百余年矣，文、景、武、昭、宣之盛，为两汉之冠，永光元年以诏条责丞相御史犹云：'方今承周、秦之敝，俗化陵夷，民寡礼义。'风俗之难移如此。"② 风俗的转变虽然艰难，但吕祖谦仍希望借由讲学的方式，自上而下达到转移风俗的目的，他说："讲学虽不敢自画，但微言渊奥，世故峥嵘，愈觉工夫无穷尽耳。窃尝思时事所以艰难，风俗所以浇薄，推其病源，皆由讲学所以不明之故。若使讲学者多其达也，自上而下，为势固易。虽不幸皆穷，然善类既多，气焰必大，亦可薰蒸上腾，而有转移之理矣。"③ 吕祖谦提倡实学，身体力行地去改变风俗，他认为讲学可以扩大自己的学术群体，数量足够多时便可以达到移风易俗的目的："讲实学者多，则在下移俗，在上美政，随穷达皆有益，政当同致力也。"④ 他批评空谈说教的学者："士大夫喜言风俗不好。风俗是谁做来？身便是风俗，不自去做，如何得会好？"⑤

---

① 吕祖谦：《读书记》，《吕祖谦全集》第一册，浙江古籍出版社 2008 年版，第 870 页。
② 吕祖谦：《丽泽论说集录》卷八《门人集录史说》，《吕祖谦全集》第二册，浙江古籍出版社 2008 年版，第 223 页。
③ 吕祖谦：《东莱吕太史别集》卷十《与学者及诸弟》，《吕祖谦全集》第一册，浙江古籍出版社 2008 年版，第 505 页。
④ 吕祖谦：《东莱吕太史别集》卷十《与学者及诸弟》，《吕祖谦全集》第一册，浙江古籍出版社 2008 年版，第 505 页。
⑤ 吕祖谦：《丽泽论说集录》卷十《门人所记杂说二》，《吕祖谦全集》第二册，浙江古籍出版社 2008 年版，第 260 页。

其次，经史并重的经史关系论。在传统学术中，经史关系非常密切。宋代理学背景之下，经史关系理论普遍具有重经轻史、荣经陋史的倾向。相比较而言，吕祖谦的史学特色更为浓厚，其论经史关系，却秉持经史并重的观点，而这，也正是他的教育活动之所以重视历史教育的原因所在。

一方面，吕祖谦作为理学中人，自然强调读经明理，肯定经学的重要性。有学者认为，"吕祖谦虽然不被《宋史》列入《道学列传》，并且鲜为现代学者所论及，但从 1160 年代末期到 1181 年他去世的十几年里，他其实是道学最重要的领袖"①。吕祖谦与张栻、朱熹在当时道学群体中很有影响力，朱熹在吕祖谦的祭文中说到："往岁已夺吾敬夫（张栻），今者伯恭胡为又至于不淑耶？道学将谁使之振？"②在吕祖谦所生活的时代，道学与道学群体面临诸多挑战，吕祖谦甚至认为，登门求学的学生都受此感染："虽有教无类，然今日此道单微，排毁者举目皆是，恐须谨严也。"③他在教学中，要求学生做到"明理躬行"。吕祖谦一生重视经学研究，著有《东莱书说》《古周易》《周易音训》《周易系辞精义》《吕氏家塾读诗记》《左氏博议》等经学著作，还与朱熹共同编修理学著作《近思录》。

另一方面，吕祖谦认为经学的发展是离不开史学的，需要以史证经，故而史学同样重要。他认为史学自身所具有的真实性，是经学阐发义理的依据，"简编失实，无所考信，则仲尼虽欲作〈春秋〉以示万世，将何所因乎？无车则造父不能御，无弓则后羿不能射，无城则墨翟不能守"④。《春秋》作为史书，经孔子之手修订而成为万世不易

①　田浩：《朱熹的思维世界》，陕西师范大学出版社 2002 年版，第 91 页。
②　朱熹：《晦庵先生朱文公文集》卷八七《祭张敬夫殿撰文》，《朱子全书》第 24 册，上海古籍出版社、安徽教育出版社 2002 年版，第 4074 页。
③　黄宗羲、全祖望：《宋元学案》卷五十一《东莱学案》，中华书局 1986 年版，第 1664 页。
④　吕祖谦：《左氏博议》卷八《庄公二十三年》，《吕祖谦全集》第六册，浙江古籍出版社 2008 年版，第 183 页。

的经典，吕祖谦认为，即使是孔子所作的《春秋》，能流传万世的关键在于其记载的真实可信，就如造父无车就不能发挥御车之术，后羿无弓便不能射日，墨子无城了便无物可守。吕祖谦还主张从史书的兴衰得失中求得义理。朱熹批评吕祖谦推崇司马迁："圣贤六经垂训，炳若丹青，无非仁义道德之说。今求义理，不于六经，而反取疏略浅陋之子长，亦惑之甚矣。"① 对吕祖谦求义理于史书中的作法，朱熹很不以为然，他认为学习义理要从"圣贤六经垂训"中得出，贬低司马迁的史学是"疏略浅陋"之学，而吕祖谦则认为司马迁"消除得血气，虽董仲舒亦不能及"。② 在如何评价司马迁的分歧上，折射出吕祖谦在经史关系上重史的一面。吕祖谦还从经学源头论经史关系，认为"六经"与史著之间并没有明显的界限，"六经"就是上古时代的史料，"看《诗》即是史，史乃是事实。如《诗》甚是有精神，抑扬高下，吟咏讽道，当时事情可想而知"，③ 打破了经学至高无上的权威性，可以说是"六经皆史"说的开端。

再次，吕祖谦认为历史教育需紧密结合实际。吕祖谦在历史教育中对于科举、为官、治学等现实因素都有充分的考虑，做到了立足于时代，又引领了时代潮流。一是将历史教育与科举相结合。吕祖谦曾多次被好友朱熹、张栻所批评，"南轩亦尝问朱子曰：'伯恭聚徒，世多议其非者。'"④ 引发好友批评的其中一个原因，便是不少向吕祖谦求学的学子是为了准备科举而来，而当时的理学家们是希望借讲学扩大学说影响力，张栻便说："某谓来者既为举业之故，先怀利心，

---

① 朱熹：《朱子语类》卷一二二《吕伯恭》，《朱子全书》第18册，上海古籍出版社、安徽教育出版社2002年版，第3853页。

② 吕祖谦：《左氏传续说》纲领，《吕祖谦全集》第七册，浙江古籍出版社2008年版，第1页。

③ 吕祖谦：《东莱吕太史外集》卷五《己亥秋所记》，《吕祖谦全集》第一册，浙江古籍出版社2008年版，第729页。

④ 黄宗羲、全祖望：《宋元学案》卷五十一《东莱学案》，中华书局1986年版，第1674页。

恐难纳之于义。"① 但吕祖谦却认为："科举之习，于成己成物诚无益。但往在金华，兀然独学，无与讲论切磋者。闾巷士子，舍举业则望风自绝，彼此无缘相接。故开举业一路，以致其来，却就其间择质美者告语之，近亦多向此者矣。"② 在书院教育中，吕祖谦开设了以应科考需要的历史课程，所编《左氏博议》《左氏类编》等历史书籍也主要是以备学子科考所用的。

二是将历史教育与人才培养相结合。吕祖谦曾说："大抵讲论治道，不当言主意难移，当思臣道未尽。不当思邪说难胜，当思正道未明。"③ 所谓"臣道"，便包含为国家培养有用之才。他教育学子不能偏文废武，东汉之前文武乃是一途："自古文武只一道。尧、舜三代之时，公卿大夫在内则理政事，在外则掌征伐。孔子之时，此理尚明，冉有用矛，有若劫舍，孔子亦自当夹谷之会。西汉犹知此理，大臣韩安国之徒亦出守边。东汉流品始分，刘巴轻张飞矣。"④ 在《历代制度详说》中，他对如何从制度层面管理国家提出很多建议。如对于盐法，吕祖谦在考察了历代盐法之后，认为当"取之以宽民力"，⑤不能全从利益的角度出发，方能推行，"盖所论兴贩、煮盐皆非地著之人，因而取之以宽民力。本之民力，然而取之欲宽，不尽其利，则盐可以公行。若迫而取之，必有官刑，此见小失大，盐法所以不行。"⑥

---

① 黄宗羲、全祖望：《宋元学案》卷五十一《东莱学案》，中华书局 1986 年版，第 1675 页。

② 吕祖谦：《东莱吕太史别集》卷七《与朱侍讲》，《吕祖谦全集》第一册，浙江古籍出版社 2008 年版，第 398 页。

③ 吕祖谦：《东莱吕太史别集》卷十《答潘叔度》，《吕祖谦全集》第一册，浙江古籍出版社 2008 年版，第 497 页。

④ 黄宗羲、全祖望：《宋元学案》卷五十一《东莱学案》，中华书局 1986 年版，第 1661 页。

⑤ 吕祖谦：《历代制度详说》卷五《盐法》，《吕祖谦全集》第九册，浙江古籍出版社 2008 年版，第 74 页。

⑥ 吕祖谦：《历代制度详说》卷五《盐法》，《吕祖谦全集》第九册，浙江古籍出版社 2008 年版，第 74 页。

二　历史教育方法

吕祖谦在长期从事历史教育过程中，积累了很多历史教育方法，具体来讲，主要表现在以下三个方面。

第一，读史需识"统体""大纲"。古今历史千变万化、错综复杂，如何把握自然需要方法。吕祖谦认为，读史的关键首先是要识得"统体""大纲"。他说："看史要识得时节不同处，春秋自是春秋时节，秦汉自是时节。"① 这里所谓"时节"，即是指时代。认为读史首先要了解时代和把握时代特点，也就是"春秋自是春秋时节，秦汉自是时节"，不能不顾时代背景。吕祖谦也用"统体"这个概念来说明时代特点，肯定了解时代特点的重要性。他说：

> 读史先看统体，合一代纲纪风俗消长治乱观之。如秦之暴虐，汉之宽大，皆其统体也。其偏胜及流弊处，皆当深考。复须识一君之统体，如文帝之宽，宣帝之严之类。统体盖谓大纲，如一代统体在宽，虽有一两君稍严，不害其为宽；一君统体在严，虽有一两事稍宽，不害其为严。读史自以意会之可也。至于战国、三分之时，既有天下之统体，复有一国之统体，观之亦如前例。大要先识天下统体，然后就其中看一国之统体；先识一代之统体，然后就其中看一君之统体。二者常相关也。②

在这段话中，吕祖谦强调读史必须了解"统体"，也就是一个时代的大格局，并且"深考"这种大格局的形成与特点。在吕祖谦看来，对于"统体"的考察，可以分别从空间和时间入手，从空间而言，

---

① 吕祖谦：《左氏传续说》纲领，《吕祖谦全集》第七册，浙江古籍出版社 2008 年版，第 2 页。

② 吕祖谦：《东莱吕太史别集》卷十四《读史纲目》，《吕祖谦全集》第一册，浙江古籍出版社 2008 年版，第 561 页。

有天下统体和一国统体之分；从时间而言，有一代统体和一君之别。考察的方法，既要由大而小，逐渐细微，又要注意大小之间的关联。

吕祖谦明确认为，所谓"统体"，也就是"大纲"。看大纲就是要看总体，"看史书事实，须是先识得大纲领处"①。也就是说，抓住了大纲领，也就抓住了时代总体特点。大纲一方面不受细节左右，所谓"如一代统体在宽，虽有一两君稍严，不害其为宽；一君统体在严，虽有一两事稍宽，不害其为严"；一方面又有助于进一步去了解细节，抓住了大纲，"则其余细事皆举"。究竟哪些内容属于"大纲目"？吕祖谦在教人读史时说："如不嗜杀人，如恤力役，如赈凶荒，如纳谏诤，如幸大臣第，其中仁厚宽恤，固结人心，维持国势处皆是，此是大纲目。"② 而这些内容，往往会影响到"一代纲纪风俗消长治乱"。读史识大纲，就是要识得一代治乱兴衰之因。在读《左传》时，吕祖谦就明确指出《左传》的"大纲"即是子贡的一句话："文、武未坠于地，在人。贤者识其大者，不贤者识其小者，莫不有文、武之道焉。"③ 他认为《左传》记载的史实是上有"先王遗制之"，下又见"后世变迁之所因"④，子贡的这句话，即是很好地反映了这一时期的"大纲领"。

吕祖谦认为，读史识"大纲"，还需要看"机括"。他说："既识统体，须看机括。国之所以兴所以衰，事之所以成所以败，人之所以邪所以正，于几微萌芽时察其所以然，是谓机括。"⑤ 这里所谓看"机括"，即是要人们懂得见微知著的道理。历史之大纲，亦即关乎历史成败的各

---

① 吕祖谦：《左氏传续说》纲领，《吕祖谦全集》第七册，浙江古籍出版社 2008 年版，第 2 页。

② 吕祖谦：《丽泽论说集录》卷八《门人集录史说》，《吕祖谦全集》第二册，浙江古籍出版社 2008 年版，第 244 页。

③ 吕祖谦：《左氏传续说》纲领，《吕祖谦全集》第七册，浙江古籍出版社 2008 年版，第 1—2 页。

④ 吕祖谦：《左氏传续说》纲领，《吕祖谦全集》第七册，浙江古籍出版社 2008 年版，第 2 页。

⑤ 吕祖谦：《东莱吕太史别集》卷十四《读史纲目》，《吕祖谦全集》第一册，浙江古籍出版社 2008 年版，第 561 页。

种因素，其形成都不是一早一夕的，读史不但要了解历史的成败，还要进一步了解导致成败的各种因素的起因，如果能从"几微萌芽时察其所以然"，才能够真正做到防微杜渐。吕祖谦的"机括"论，具有防患于未然的意识，对于总结历史治乱兴盛有重要思想启示作用。

第二，读史需注重方法。史书数量汗牛充栋，内容难易不一，如何阅读，必须注重方法。首先读史要有次序。吕祖谦认为："观史先自《书》始，然后次及《左氏》《通鉴》，欲其体统源流相承接耳"①，读史要从最早的史书《尚书》开始读，再读《左传》和《通鉴》，这是由于按这个次序读，史书的体裁和记载的史实是相承接的。吕祖谦还认为，"史当自《左氏》至《五代史》依次读，则上下首尾洞然明白。至于观其他书，亦须自首至尾，无失其序为善。若杂然并列于前，今日读某书，明日读某传，习其前而忘其后，举其中而遗其上下，未见其有成也"。② 这里吕祖谦指出了读史的两个问题：一是读史应以时间先后为序，通读下来；二是读史不能"杂"，"杂"既包括次序有失，也有胡乱择书的意思。

其次读史要有详有略。史书浩博，人的精力有限，不可能都能一一详读，这就需要有所选取，有的要精读，有的则可以大略知晓。吕祖谦说："学者观史各有详略，如《左传》《史记》《前汉》，皆当精熟细看，反复考究，真不可一字草草。"③ 而对于马、班以下史家，他认为"皆不得史法"④，只看个始末大概即可。在吕祖谦看来，编年体的《左传》和纪传体的《史记》《汉书》是历史撰述的典范之

---

① 吕祖谦：《东莱吕太史别集》卷七《与张荆州》，《吕祖谦全集》第一册，浙江古籍出版社 2008 年版，第 395 页。

② 吕祖谦：《东莱吕太史外集》卷五《杂说》，《吕祖谦全集》第一册，浙江古籍出版社 2008 年版，第 715 页。

③ 吕祖谦：《左氏传续说》纲领，《吕祖谦全集》第七册，浙江古籍出版社 2008 年版，第 1 页。

④ 吕祖谦：《左氏传续说》纲领，《吕祖谦全集》第七册，浙江古籍出版社 2008 年版，第 1 页。

作，学者读史，对这些经典史著必须详细阅读，"不可一字草草"，只有这样，才能深知其意。至于马、班以下历代正史，吕祖谦认为"皆不得史法"，在历史撰述上并没有什么突破，只是一种沿袭，故而大略看看即可。同样都属于详读的史书，也要区别对待，不能一概而论。道理很简单，因为这些史书结构、书法、详略皆有不同，读史者必须区别对待。如"看《史记》又与看《左传》不同，《左传》字字缜密，《史记》所载却有岁月差互、先后不同处，不似《左传》缜密。只是识见高远，真个识得三代时规模。此学者所当熟看"①。吕祖谦尤其推崇《左传》，他通过对其中细节的考究，总结出很多重要的结论。如他通过计算周朝将领的名字，证明周朝王室的军队确实越来越少。② 他认为《资治通鉴》体大思精，很好地反映了历史的兴衰之变："独《资治通鉴》用编年法，其志一人一事之本末，虽不若纪传之详，而国家之大体，天下之常势，首尾贯穿。兴废存亡之迹可以坐炤。此观史之咽会也。"③ 读史者应当对此格外留心。

第三，读史需"作有用看"。读史的目的在于吸取过去史实中的经验教训，来解决当下的社会政治问题。吕祖谦批评时人读书不讲致用的倾向，"今人读书，全不作有用看。且如人二三十年读圣人书，及一旦遇事，便与闾巷人无异，或有一听老成人之语，便能终身服行，岂老成之言过于《六经》哉？只缘读书不作有用看故也"④。"今人为学，多尚虚文，不于着实处下工夫，到临事之际，种种不晓，学者须当为有用之学。"⑤ 如何做到读史以致用，他提出：

---

① 吕祖谦：《左氏传续说》纲领，《吕祖谦全集》第七册，浙江古籍出版社 2008 年版，第 1 页。
② 田浩：《朱熹的思维世界》，陕西师范大学出版社 2002 年版，第 109 页。
③ 吕祖谦：《读书记》，《吕祖谦全集》第一册，浙江古籍出版社 2008 年版，第 871 页。
④ 吕祖谦：《丽泽论说集录》卷十《门人所录杂说二》，《吕祖谦全集》第二册，浙江古籍出版社 2008 年版，第 254 页。
⑤ 吕祖谦：《左氏传说》卷五《宣公十一年》，《吕祖谦全集》第七册，浙江古籍出版社 2008 年版，第 68 页。

教国子以三德三行，立其根本，固是纲举目张，然又须教以
国政，使之通达治体。古之公卿，皆自幼时便教之，以为异日之
用。今日之子弟，即他日之公卿，故国政之是者，则教之以为
法；或失，则教之以为戒。又教之以如何整救，如何措画，使之
洞晓国家之本末源委，然后他日用之，皆良公卿也。自科举之说
兴，学者视国事如秦、越人之视肥瘠，漠然不知，至有不识前辈
姓名者。一旦委以天下之事，都是杜撰，岂知古人所以教国子之
意。然又须知上之人所以教子弟，虽将以为他日之用，而子弟之
学，则非以希用也。盖生天地间，岂可不知天地间事乎！①

吕祖谦认为，德行教化只是"立其根本"，还需要"教以国政，使之
通达治体"。因为今日学子便是明日社稷之才，如果不通过读史来学
习"国政"，不知晓政治制度的得失与演变，那将是一种无用之学。
希望通过读史来知晓"天地间事"，认为这才是读史的真正目的。故
而他会发出"盖生天地间，岂可不知天地间事乎"这样的感慨。对
学子不晓前言往行，吕祖谦是痛心疾首的。在《历代制度详说》"田
制"目下，他考查了从井田制开始的历代田制，感慨"今世学者，
坐而言田制"②。吕祖谦认为田制的实行要依据实际情况，不能盲目
倡导三代的井田制。学而有用，是吕祖谦认为历史教育的根本所在：
"百工治器，必贵于有用，器而不可用，工弗为也。学而无所用，学
将何为也邪？"③器皿无用，工匠就不会去制作出来，学习如果无所
用，便失去了意义。他曾把学问比作"药山"，学者如果不会从中采

① 黄宗羲、全祖望：《宋元学案》卷五十一《东莱学案》，中华书局 1986 年版，第
1656—1657 页。
② 吕祖谦：《历代制度详说》卷九《田制》，《吕祖谦全集》第九册，浙江古籍出版
社 2008 年版，第 118 页。
③ 吕祖谦：《丽泽论说集录》卷十《门人所记杂说》，《吕祖谦全集》第二册，浙江
古籍出版社 2008 年版，第 263 页。

撷以为己所用，那不过是博闻强记而已，"壶丘子问于列子曰：'子好游乎？'列子对曰：'人之所游，观其所见；我之所游，观其所变。'此可取以为看史之法"。①

具体到读史中，如何做到"观其所变"来达到"为己所用"，他提出"观史当在其中"的观点。吕祖谦说："大抵看史见治则以为治，见乱则以为乱，见一事则止知一事，何取？观史当如身在其中，见事之利害，时之火患，必掩卷自思，使我遇此等事，当作如何处之？如此观史，学问亦可进，知识亦可高，方为有益。"②他认为读史不能如隔岸观火，不假思索，而是应该设身处地，想想如果自己遇到此事当如何处理，再来拿史书来对照，这样学问和知识都能提高。这样读史，有助于了解历史人物和事件，并在此基础上吸取人生的智慧。

---

① 吕祖谦：《丽泽论说集录》卷八《门人集录史说》，《吕祖谦全集》第二册，浙江古籍出版社 2008 年版，第 218 页。
② 吕祖谦：《丽泽论说集录》卷八《门人集录史说》，《吕祖谦全集》第二册，浙江古籍出版社 2008 年版，第 218 页。

第五章　吕祖谦的史学思想

吴怀祺先生认为，"吕祖谦的史学是两宋史学发展的标志之一，又是理学化史学蜕变的先兆"。① 前半句说明了吕祖谦于史学本身所取得的成就，后半句说明了时代理学思潮对吕祖谦史学的影响。理学与史学之二者，是吕祖谦"史学中最具价值之处"。② 探究吕祖谦的史学思想，也必须在这样一种背景下展开。纵观吕祖谦的史学思想，既有关于客观历史的认识，也有关于史学本身的认识。在理学与史学的张力下，吕祖谦对历史发展中的天人关系、古今之变，以及史学的求真与致用等问题，都作出了系统的论述，史学思想丰富而深邃。

第一节　天人关系论

天人关系是历史认识的重要内涵。探讨天人关系的本质，即是探讨历史盛衰的决定因素。吕祖谦非常关注历史盛衰问题，他关于历史盛衰的认识，是两宋历史认识的重要成果，有学者认为，"两宋时期的史学思想中的历史盛衰论，在吕祖谦那里已经达到一个新的高

---

① 吴怀祺：《宋代史学思想史》，黄山书社1992年版，第198页。

② 胡昌智：《吕祖谦的史学》，《书目季刊》1976年第2期，原文为："理学之盛行，影响吕祖谦者，于其论述及著作中，随处可见。……然而，史家之所以为史家，又不能不有客观条件……此二者，窃以为是其史学中最具价值之处。"

度。"① 吕祖谦探讨历史盛衰，一方面强调天或天理决定了历史兴衰，另一方面也肯定人事的重要作用。

一 吕祖谦的天道观

在我们讨论吕祖谦的天道观前，首先需要明确的是"天"的含义。冯友兰先生将"天"概括为"五义"："曰物质之天，即与地相对之天；曰主宰之天，即所谓皇天上帝，有人格的天、帝；曰运命之天，乃指人生中吾人所无奈何者，如孟子所谓'若夫成功则天也'之天是也；曰自然之天，乃指自然之运行，如《荀子·天论篇》所说之天是也；曰义理之天，乃谓宇宙之最高原理，如《中庸》所说'天命之谓性'之天是也。"② 从中我们可以看出，"天"既可以是具体的物质的；也可以指代主宰人命运的力量，即人格化的主宰；还可以指宇宙万物的总的规则，与"理"或"天理"的含义相似。在吕祖谦的天论中，"天"的指代包含了这些内容，而"天"理论最为丰富。

吕祖谦认为"天理"无所不在，万物皆遵循天理。他说："理之在天下，犹元气之在万物也。"③ 他在解说《尚书》中说道："德者，天地万物所同得实然之理，圣人与天地万物同由之也。此德既懋，则天地万物自然各得其理矣。"④ 万物有不同的属性，并不是"理有二理"，而是"理"在不同事物中的表现各有不同："一气之春，播于品物，其根其茎，其枝其叶，其华其色，其芬其臭，虽有万而不同，然曷尝有二气哉！理之在天下，遇亲则为孝，遇君则为忠，遇兄弟则为友，遇朋友则为义，遇宗庙则为敬，遇军旅则为肃。随一事而得一

---

① 吴怀祺：《中国史学思想史》，商务印书馆2007年版，第264页。
② 冯友兰：《中国哲学史》（上册），中华书局1961年版，第55页。
③ 吕祖谦：《左氏博议》卷三《隐公十一年》，《吕祖谦全集》第六册，浙江古籍出版社2008年版，第58页。
④ 吕祖谦：《增修东莱书说》卷八，《吕祖谦全集》第三册，浙江古籍出版社2008年版，第126页。

名，名虽至于千万，而理未尝不一也。气无二气，理无二理。"① 吕祖谦将忠孝仁义的道德规范，视为"天理"在人类社会中的体现，他说："君臣也，父子也，夫妇也，兄弟也，朋友也，五者，天下之大机也。"② 而长幼贵贱之序，则是由于天道本身如此。不过对于道德秩序中的从属一方，尊贵者并不能任情凌虐，这是由于"礼有上下，有尊卑，有邻国往来之礼，此皆是天道如此。君子之不虐幼贱，畏于天也。盖自人言之，则有贵贱强弱，有许多般。自天言之，天下皆是受天之一气，乌可以其幼贱而虐之？"③

在人力与"天"的关系中，吕祖谦认为人力可以暂时改变事物的发展状态，但是归根到底，"天"是不可违抗的，他说：

> 物之逆其天者，其终必还。凡出于自然，而莫知其所以然者，天也。羽之浮，石之沈，矢之直，蓬之曲，土之止，水之动，自古固然，而不可加损，庸非天乎？苟以人力胜之，则羽可积而沈也，石可载而浮也，矢可揉而曲也，蓬可扶而直也，土可垦而动也，水可壅而止也。人力既穷，则未有不复其初者焉。不积之，则羽还其天而浮矣；不载之，则石还其天而沈矣；不揉之，则矢还其天而直矣；不扶之，则蓬还其天而曲矣。止者，土之天也，垦者穷，则土之止固自若也。动者，水之天也，壅者穷，则水之动固自若也。有限之力，岂能胜无穷之天也耶？④

① 吕祖谦：《左氏博议》卷三《隐公十一年》，《吕祖谦全集》第六册，浙江古籍出版社 2008 年版，第 58 页。

② 吕祖谦：《左氏博议》卷十一《哀公二十五年》，《吕祖谦全集》第六册，浙江古籍出版社 2008 年版，第 278 页。

③ 吕祖谦：《左氏传续说》卷六《文公十五年》，《吕祖谦全集》第七册，浙江古籍出版社 2008 年版，第 145 页。

④ 吕祖谦：《左氏博议》卷一《隐公元年》，《吕祖谦全集》第六册，浙江古籍出版社 2008 年版，第 5 页。

他以不同物质为例说明了人力与"天"的关系，"天"作为天地万物都要遵循的原则，不是有限的人力所能彻底改变的，但是吕祖谦也肯定了人力的主观能动性，在一定范围内人力对世界的改变是有效的。

那么，"天理"作为宇宙的最高法则，能够被人所了解吗？吕祖谦认为是可以的。他认为在"理"之外，还有"气"的因素："然物得气之偏，故其理亦偏；人得气之全，故其理亦全。惟物得其偏。故犹之不能为薰，茶之不能为荠，松之不能为柏，李之不能为桃。各守其一而不能相通者，非物之罪也，气之偏也。至于人则全受天地之气，全得天地之理，今反守一善而不能相推，岂非人之罪哉！"① 他认为人是"全受天地之气"的，所以人天然地"全得天地之理"，而不应止步于一端。吕祖谦以颍考叔为例，认为他"能舍肉而不能舍车，则其孝有时而匮矣；能化庄公而不能化子都，则其类有时而不能锡矣"，② 这种"守一善而不能相推"的人物，他认为是不值得《左传》以诗来进行赞美的。

吕祖谦认为"天理"与"天命"是等同的，他说："命者，正理也，禀于天。而正理不可易者，所谓命也。"③ 在此，他认为"天命"与"天理"一样，是"不可易"的，能否遵循"天命"，是国家和个人兴衰成败的关键，他认为"使太甲循正理而行，安有覆亡之患哉！"④"天命"不以人的意志为转移，吕祖谦以汤武革命为例："当天命未绝之时，桀、纣为君，汤、武安于为臣，汤、武之本心也。及

---

① 吕祖谦：《左氏博议》卷三《隐公十一年》，《吕祖谦全集》第六册，浙江古籍出版社 2008 年版，第 58—59 页。
② 吕祖谦：《左氏博议》卷三《隐公十一年》，《吕祖谦全集》第六册，浙江古籍出版社 2008 年版，第 59 页。
③ 吕祖谦：《增修东莱书说》卷八，《吕祖谦全集》第三册，浙江古籍出版社 2008 年版，第 134 页。
④ 吕祖谦：《增修东莱书说》卷八，《吕祖谦全集》第三册，浙江古籍出版社 2008 年版，第 134 页。

天命之既绝,则桀、纣不可以为君矣,故汤、武不得已应命而起。"① "天命未绝"之时,即使残暴如桀、纣,汤、武作为臣子再贤明也只能臣服于其下;"天命既绝"后,则贤良如汤、武,也不得不起兵反抗。由此可见,朝代的更迭兴衰完全是以"天命"是否转移为根本的。

吕祖谦认为,"天命"是至公无私的,这是由于"天命"本身不以人的意志为转移:"天无私亲,所辅者德;民无常主,所怀者惠……不德不惠,则叔以文王之子而不得保其身。有德有惠,则仲以蔡叔之子而不得辞其国。天人无亲无常,至公之理于斯可见。"② 正是由于"天人无亲无常",因而可以做到"至公"。由于"天命"是至公的,因而人君和君子在修身方面便不能有丝毫的放松。吕祖谦引用周公的话说明天命之无常:"吾之于天,岂敢计祸福,必之哉,惟尽在我之诚,以顺天而已。"③ 即便是圣如周公,在天命之前仍需战战兢兢,不敢丝毫放松,更何况三代以下的君王,所以他说:"'天命不易,天难谌'者,不易盖天命之理。天命至公,不可攀援,不可倚著,古先圣王所以兢兢慄慄,若陨深渊者也。"④ 天道至公,因而无法为人所倚仗。吕祖谦以纣王为例,说:"天命至公,操则存,舍则亡。以商先王之多,基图之大,纣曾不得席其余荫,其亡忽焉。危微操舍之几,周公所以示天下深矣,岂徒曰慰解之而已哉。"⑤

吕祖谦进一步提出"天人相合"之说。人所处的一切环境都受天

---

① 吕祖谦:《增修东莱书说》卷八,《吕祖谦全集》第三册,浙江古籍出版社 2008 年版,第 128 页。

② 吕祖谦:《增修东莱书说》卷二十七,《吕祖谦全集》第三册,浙江古籍出版社 2008 年版,第 350 页。

③ 吕祖谦:《增修东莱书说》卷二十六,《吕祖谦全集》第三册,浙江古籍出版社 2008 年版,第 335 页。

④ 吕祖谦:《增修东莱书说》卷二十六,《吕祖谦全集》第三册,浙江古籍出版社 2008 年版,第 336 页。

⑤ 吕祖谦:《增修东莱书说》卷二十八,《吕祖谦全集》第三册,浙江古籍出版社 2008 年版,第 355 页。

的支配，人只能顺应"天命"去办事，因而天人是合一的，他说：

> 抑不知天大无外，人或顺或违，或向或背，或取或舍，徒为
> 纷纷，实未尝有出天之外者也。顺中有天，违中有天，向中有
> 天，背中有天，取中有天，舍中有天，果何适而非天耶？《左氏》
> 意以修旱备，为无预于天，抑不知臧文仲之谏，自何而发？鲁僖
> 公之悔，自何而生？旱备之修，自何而出？人言之发，即天理之
> 发也；人心之悔，即天意之悔也；人事之修，即天道之修也。无
> 动非天，而反谓无预于天，可不为大哀耶！①

吕祖谦批判了"天人相离"的观点，对于《左传》中所认为的"旱在天，备在人"② 这一论说进行了驳斥，他认为《左传》中将干旱的灾祸归为天，而君主和国家为干旱所作的准备归为人为，这样即使有天灾亦可免于人祸，天与人的关系似乎是平行的，殊不知人的一切行为，都是天意使然，天人从未相离过。

吕祖谦认为天人之间存在感应之说，他说：

> 夏之先后懋德如此，宜可以凭藉扶持，固亿万年之基本。子
> 孙才尔不率，天遂降之以灾。天理感应之速，反覆手间耳。非特
> 人君，学者亦有此理。盖万物皆备于我，一日克己复礼，天下归
> 仁。但匹夫无位，未必有此事。"方懋厥德，罔有天灾"，感应之
> 理存于懋德之中也。"子孙弗率，皇天降灾"，灾咎之理存于弗率
> 之中也。后世人君所以敢于为恶，皆恃天下为己有。伊尹之言，
> 所以夺太甲之所恃。假手者，非汤放桀，乃天也。以此深见伐夏

---

① 吕祖谦：《左氏博议》卷十二《僖公二十一年》，《吕祖谦全集》第六册，浙江古籍出版社 2008 年版，第 299 页。

② 吕祖谦：《左氏博议》卷十二《僖公二十一年》，《吕祖谦全集》第六册，浙江古籍出版社 2008 年版，第 299 页。

非汤之本意，实迫于天命之不得已耳。①

吕祖谦将灾异视为"天人感应"的征兆，对于将天下视为己物的昏主，上天就降灾异，进而假人之手使其失去人君之位，这对于君主是很有警醒意味的。吕祖谦认为不但天与人君存在"天人感应"，学者亦是如此，只是"匹夫无位，未必有此事"罢了。

吕祖谦认为，即使普通的人，也是可以领悟"天命"的。对于普通人来说，如果能经常去除自己的私欲，时时以"有德"来规范自己，专注于个人修养工夫，则可以做到知晓天命："天命流行，内而起居寝处，外而天下万事，无非天命，必有以救正之。救之工夫少间，便不是天命，杂于人为矣，则天命即不得其正矣。救者，整救之意也。时者，时时救之。几，又时之微者也。若顷刻之际，几微之中，一毫不救，则私欲间之，此精密之工夫也。大抵天命流行而不息，圣人亦当流行而不息。"②

吕祖谦的天道观突出了"天"或"天理"作为宇宙根本法则对于历史的支配作用，人是处在"天"的支配之下进行活动。"天"在现实中的体现，则是为君之德和社会纲常伦理道德与秩序，遵从"天命"，便是统治者要推行德政，社会要普遍遵守伦理道德规范。

二　吕祖谦的"重人事"思想

在吕祖谦的历史哲学中，对于"天道""天命""天理"的探讨，归根到底还是要落在"人"身上。吕祖谦肯定"天"作为万物法则的作用，但并没有否定人为的力量，相反，他认为人为和天理各有所

---

① 吕祖谦：《增修东莱书说》卷八，《吕祖谦全集》第三册，浙江古籍出版社2008年版，第126页。

② 吕祖谦：《增修东莱书说》卷四，《吕祖谦全集》第三册，浙江古籍出版社2008年版，第85页。

分："大抵有人事，有天理，人事尽，然后可以付之天；人事未尽，但一付天，不可。"①

首先，吕祖谦重视人才在历史中发挥的重要作用。他认为国家有杰出的人才降临，比上天所降的祥瑞更加值得庆祝，人才才是最重要的祥瑞："和气致祥，乖气致异。二气之相应，犹桴鼓也。物之祥不如人之祥，故国家以圣贤之出为佳祥，而景星、乔云、神爵、甘露之祥次之。"② 吕祖谦认为君子不但可以使很多灾祸消灭于未然，也有解救灾祸的能力。吕祖谦针对《左传》中公孙无知有宠于鲁僖公，从而导致襄公被弑的事迹阐发道："追论前日之失，而不能已今日之祸，君子不贵也。君子不幸立襄公之朝，宁肯徒咎既往，一无规画，拱手而待祸耶！天下无不可为之时，而无不可除之患。未然之前，吾则有防患之术，已然之后，吾则有救患之术。唯所遇何如耳。"③ 在这里吕祖谦认为灾祸一旦形成，君子就需要发挥自己的才能去解除祸患，而不应消极对待。吕祖谦认为，人才是一个国家强盛的根本所在，他举例道："如郑庄公有权谋，善用人，当时有祭仲、子封、原繁、泄驾、曼伯、子元之徒，皆为之用，故能以小而强。而其后有子皮、子产之徒出来。如卫之乱，石碏身殉国，定乱讨贼，维持社稷，而其后有史鳅、蘧瑗之徒出来。故季札有'卫多君子'之言，发源盖始于此。"④ 人才与君主之间，往往能互相成就，彼此扶持："魏文侯号为当时贤君，然所以号为贤君者，盖当时得卜子夏、田子方、段干木之徒相与扶持之故也。然亦是圣人之功，盖孔子培养许多贤才，

---

① 吕祖谦：《丽泽论说集录》卷七《门人集录孟子说》，《吕祖谦全集》第二册，浙江古籍出版社 2008 年版，第 176 页。

② 吕祖谦：《左氏博议》卷五《庄公六年》，《吕祖谦全集》第六册，浙江古籍出版社 2008 年版，第 97 页。

③ 吕祖谦：《左氏博议》卷六《庄公八年》，《吕祖谦全集》第六册，浙江古籍出版社 2008 年版，第 123—124 页。

④ 吕祖谦：《左氏传说》卷首《看左氏规模》，《吕祖谦全集》第七册，浙江古籍出版社 2008 年版，第 2 页。

在数十年之前散在诸国，以能使其君为贤君。如文侯问钟声心术微著，便有田子方救正。又如《乐记》载古乐今乐一段，可见文侯之贤，皆贤人扶持之力。"① 吕祖谦还特别提到史官作为一类人才，在世风败坏之际保存文明火种、传承文化上所发挥的重要作用。吕祖谦认为良史便能发挥这样的作用："百人醉而一人醒，犹可以止众狂；百礼废而一礼存，犹可以推旧典。春秋之时，王纲解纽，周官三百六十，咸旷其职，惟史官仅不失其守耳。"② 正是春秋时史官书法不隐，使得公道得以存续，"文、武、周公之泽既竭，仲尼之圣未生，是数百年间，中国所以不沦于夷狄者，皆史官扶持之力也。"③

其次，吕祖谦认识到人君在历史中的重要作用。吕祖谦认为《春秋》记述自平王始，是孔子重视君主的缘故："戎狄不知有王，未足忧也；盗贼不知有王，未足忧也，诸侯不知有王，未足忧也；至于名为君子者，亦不知有王，则普天之下知有王室者其谁乎？此孔子所以忧也，此《春秋》所以作也，此《春秋》所以始于平王也。"④ 人君之所以如此重要，有两方面原因：一是君权来自"天"，人君是天在人间的最高代表，"人君以天下为一体，万物盈于天地间，阖散盈虚，往来起伏，皆君心之发见也"。⑤ 天在现实社会中体现为忠孝仁义的伦理道德观，其中"忠"便是指臣子事君以忠，这是封建伦理道德的核心所在。君主的名分是来自天："天未尝以名分与人君，特寄之人君俾守之耳。与地广轮之博，版籍生齿之繁，甲兵乘卒之雄，象犀

---

① 吕祖谦：《丽泽论说集录》卷八《门人集录史说》，《吕祖谦全集》第二册，浙江古籍出版社2008年版，第220页。

② 吕祖谦：《左氏博议》卷八《庄公二十三年》，《吕祖谦全集》第六册，浙江古籍出版社2008年版，第182页。

③ 吕祖谦：《左氏博议》卷八《庄公二十三年》，《吕祖谦全集》第六册，浙江古籍出版社2008年版，第183页。

④ 吕祖谦：《左氏博议》卷一《隐公三年》，《吕祖谦全集》第六册，浙江古籍出版社2008年版，第8—9页。

⑤ 吕祖谦：《左氏博议》卷二十二《文公十四年》，《吕祖谦全集》第六册，浙江古籍出版社2008年版，第499页。

金缯之富，皆君之有，独名分者，非君之有也……殊不知天秩有礼，多多寡寡，不可乱也。假天之秩以为私惠，何以继天而子元元乎！"① 君主之所以能坐拥天下，是由于天给予了君主以人君的名分，正是因为人君有了"君"的名分，才能获得君子臣民的辅佐。对于这个道理，吕祖谦有更透彻的解析："以一人而制六合，下至众而上至寡也。群天下之所乐，萃天下之所贵，而集有之，虽悍疆很暴，屈首尊戴，无敢不驯者。以君臣之典叙于天，而儒者实品节扶持之也。"② 君主以一人之身，要面对觊觎自己地位的众多残暴精明之徒，其所以能使人顺服，就在于君权来自天，儒者帮助辅佐君主。二是君主对一个国家的兴衰具有不可替代的作用。吕祖谦认为，国家的兴衰需要君主具有自强自立的品质，他说："为国者当使人依己，不当使己依人。己不能自立，而依人以为重，未有不穷者也；所依者不能常盛，有时而衰；所依者不能常存，有时而亡。一旦骤失所依，将何所恃乎！"③ 历史上这样的教训比比皆是，宋国与当时的霸主晋国结盟以自固，结果却是"及陑于楚师之围，析骸而炊，易子而食，晋迫于狄，坐视而莫能救也"。④ 这是依靠外部力量的下场，依靠内部权臣呢？吕祖谦举了魏孝武帝的事迹："西魏孝武帝胁于高欢，日有篡夺之忧，所恃以为依者，宇文泰耳。一旦脱身虎口，杖策入关，舍所畏而得所依，天下之乐有过于是乎？然孝武之祸，不在于所畏之高欢，而在于所依之宇文泰。"⑤ 君主当自立的思想，对于当时的政治现实也极有意义。

① 吕祖谦：《左氏博议》卷七《庄公十八年》，《吕祖谦全集》第六册，浙江古籍出版社 2008 年版，第 148 页。

② 吕祖谦：《东莱吕太史文集》卷五《馆职策》，《吕祖谦全集》第一册，浙江古籍出版社 2008 年版，第 91 页。

③ 吕祖谦：《左氏博议》卷四《桓公十一年》，《吕祖谦全集》第六册，浙江古籍出版社 2008 年版，第 80 页。

④ 吕祖谦：《左氏博议》卷四《桓公十一年》，《吕祖谦全集》第六册，浙江古籍出版社 2008 年版，第 80—81 页。事见《左传·宣十五年》。

⑤ 吕祖谦：《左氏博议》卷四《桓公十一年》，《吕祖谦全集》第六册，浙江古籍出版社 2008 年版，第 81 页。事见《北史》本纪。

吕祖谦认为南宋对金一味的议和不能带来真正的和平，只有增强自身的政治军事实力，抵御侵略才能防止重蹈北宋的覆辙。君主还必须刚毅果决，否则必不能治，他以卦象为例说道："又其卦上刚而下柔，上刚则果决而有行，下柔则易使，如此而治蛊，则元善大亨而天下治矣。若是上柔下刚，君弱臣强，安能治天下之事？"① 在君臣关系中，君离不开臣的辅佐，但君主自身的智慧和素养还是最关键的。晋文公能成就霸业，与子犯的辅佐密不可分，但"子犯言子玉无礼"②"子犯请击秦"③二事，文公都表示了反对意见。吕祖谦由此感慨道："举此两事论之，人君虽有腹心谋臣，须是自识得治体。若使晋无子犯，霸业未必成。见得人材须要多，然人材虽多，亦要人君自理会得。若使文公从子犯之言与秦战，便是蹈惠公覆辙。举前一段，谋臣不厌多；举后一段，人材虽多，须是人君自识安危治乱之大体。"④人才虽然不厌多，但君主也要有足够的智慧去恰当使用。

再次，吕祖谦充分认识到民的重要性。吕祖谦肯定民决定一个国家的兴亡，他说："盖国之根本全在小民。其兴起亡，不在大族，不在诸侯，不在奸雄盗贼，止在小民之身。"⑤作为人君统治基础，民心的向背决定了君主能否继续统治。在《东汉精华》中，吕祖谦总结东汉之所以能兴盛起来的重要原因便是民心所向，他说："东汉之兴，以民心士心皆归。"⑥之所以东汉能得民心，其中一个原因是西

---

① 吕祖谦：《丽泽论说集录》卷一《门人集录易说》，《吕祖谦全集》第二册，浙江古籍出版社 2008 年版，第 28 页。

② 杨伯峻：《春秋左传注·僖公二十八年》，中华书局 1990 年版，第 457 页。原文为："子犯曰：'子玉无理哉！'"

③ 杨伯峻：《春秋左传注·僖公三十年》，中华书局 1990 年版，第 482 页。原文为："子犯请击之。"

④ 吕祖谦：《左氏传说》卷三《僖公三十年》，《吕祖谦全集》第七册，浙江古籍出版社 2008 年版，第 39 页。

⑤ 吕祖谦：《东莱书说》，《吕祖谦全集》第三册，浙江古籍出版社 2008 年版，第 298 页。

⑥ 吕祖谦：《东汉精华》卷一《统论》，《吕祖谦全集》第七册，浙江古籍出版社 2008 版，第 132 页。

汉政治待民宽仁，即便西汉灭亡了，仍民心思汉："高祖、文帝宽仁，得民心。元、成无虐政，民心固……士大夫视民心为去就，国家以士大夫为存亡。新室之末，民心思汉，名曰宗室，无不响应。"① 齐公子商人弑其君舍而篡其国，一般都认为是由于"昭公嫡庶不严，使商人乘隙以骋乱"，② 吕祖谦则认为是由于昭公动摇了民心所致："向若昭公之时，国势上尊，民志下定，则虽有悍戾过商人者，亦曷尝有觊觎之念哉！惟其贱正妃而叔姬无宠，轻冢嗣而子舍无威，邦本既摇，商人始动其无君之心，而骤施之计行矣。"③ 吕祖谦认为民还是社会财富的创造者，他说："天下之所以有侥幸而得帛者，以蚕妇阴为之织也；天下之所以有侥幸而得粟者，以农夫阴为之耕也。如使天下尽厌耕织，焚其机，斧其耒，则虽有巧术，何从而取帛？虽有巧计，何从而得粟？皆将冻于冬，而馁于涂矣。"④

综上可知，吕祖谦重人事思想，包含了对于人才、君主、民众之人为作用的普遍认识。在他的天人观中，"言天道而归于人道"，天主要体现的是一种法则，而人事才是历史发展的本质，离开了人事、人为，也就没有了历史。

第二节　历史通变思想

司马迁提出"通古今之变"的通变思想，成为后世史家认识和把握历史治乱兴衰的钥匙，吕祖谦对"通古今之变"提出了自己的理

---

① 吕祖谦：《东汉精华》卷一《统论》，《吕祖谦全集》第七册，浙江古籍出版社2008版，第131页。
② 吕祖谦：《左氏博议》卷二十二《文公十四年》，《吕祖谦全集》第六册，浙江古籍出版社2008年版，第498页。
③ 吕祖谦：《左氏博议》卷二十二《文公十四年》，《吕祖谦全集》第六册，浙江古籍出版社2008年版，第498页。
④ 吕祖谦：《左氏博议》卷十二《僖公十九年》，《吕祖谦全集》第六册，浙江古籍出版社2008年版，第290页。

解："若不自上古考之，无以知古之略、今之详；合古今，尽详略，然后可以继为万世之法。"① 所谓"合古今"，是要知晓历史源流，这是对《史记》以来"原始察终"史学思想的继承；所谓"尽详略"，主要是针对文献留存的多寡阐发的，上古文献数量上的"略"，是由于史家"以简编失实，所以不序"，② 而"今之详"，则是史家出于"博学详说"③，对于可以确信的史事记载详备的缘故。正是由于古代文献"略"，如果不从源头进行考察，就会忽略一些本已记载简略的上古事迹，那么对于制度沿革、风俗变迁等问题便难以有深入的认识。随着社会的进步和物质条件的变化，对过往历史的记述必然会不断增多，这就要求书"今"要详。

一 古今之"通"

首先要"有始衷终"。语出《左氏传说》，吕祖谦认为历史事件皆有始有终，"若看得始不见得衷，若见得衷不见得始，皆是见理不尽"④。这与司马迁在《史记》中"原始察终"的通变思想一脉相承。吕祖谦认为，要从纷繁的史事中梳理出事情的头绪，需要于细节中进行探求。如关于兵制的变革中徒兵何时出现的问题，吕祖谦就说："至于不说兵制，因而见之者，须当看也。如诸侯'败郑徒兵'，此虽等闲句，而三代兵制大沿革处可见于此。盖徒兵自此立，而车战自此浸弛也。"⑤ 在考察井田制的破坏过程后，对吕祖谦

---

① 吕祖谦：《左氏传说》卷十三《昭公十七年》，《吕祖谦全集》第七册，浙江古籍出版社 2008 年版，第 149 页。

② 吕祖谦：《左氏传说》卷十三《昭公十七年》，《吕祖谦全集》第七册，浙江古籍出版社 2008 年版，第 149 页。

③ 吕祖谦：《左氏传说》卷十三《昭公十七年》，《吕祖谦全集》第七册，浙江古籍出版社 2008 年版，第 149 页。

④ 吕祖谦：《左氏传说》卷二十《哀公二十七年》，《吕祖谦全集》第七册，浙江古籍出版社 2008 年版，第 214 页。

⑤ 吕祖谦：《左氏传说》卷首《看左氏规模》，《吕祖谦全集》第七册，浙江古籍出版社 2008 年版，第 3—4 页。

前代学者的论断提出了质疑。董仲舒认为："秦用商鞅变法，改帝王之制，除井田，民得买卖。"吕祖谦不同意这种观点，他说："人皆谓商君开阡陌大坏井田之制，曾不知其来之渐已久。若使元不曾坏，商君亦未能一旦尽扫去。"① 他认为井田制早已显示出衰败的迹象："郑子驷为田洫，而当时司氏、堵氏、侯氏、子师氏何为许多人皆丧田焉？以此观之，盖周之井田废坏，至此已见其端。"② 这时四家已侵占田地，将沟洫变为农田，之后"子产欲复郑田制，民谤以为取我田畴而伍之。此又见井田渐坏"。③ 由此可见井田制的崩坏早已有之，商鞅变法只是加速了这一过程。历史事件的发端往往由"微"到"著"，有一个发展过程，在微小之时，往往容易为人忽视。智襄子战败导致为韩赵魏所瓜分，吕祖谦认为智襄子的失败是由于"才能智勇过人"的结果。④《左传》中记载智襄子的第一件事，便是智襄子见齐师马骇，知道齐人的计谋，由此败齐军，吕祖谦认为从这里便埋下了智襄子覆亡的根源："殊不知此一战，正是他覆亡根本之始。"⑤ 智襄子展现出的"恃其智勇"⑥ 的性格，随着地位的升高，"自轻而重，自浅而深，却自因有功了渐渐去"，⑦ 最后骄纵放任，以致家族覆灭。这一评述很有见地。针对楚灵王亡

---

① 吕祖谦：《左氏传说》卷七《襄公十年》，《吕祖谦全集》第七册，浙江古籍出版社 2008 年版，第 91 页。

② 吕祖谦：《左氏传说》卷七《襄公十年》，《吕祖谦全集》第七册，浙江古籍出版社 2008 年版，第 91 页。

③ 吕祖谦：《左氏传说》卷七《襄公十年》，《吕祖谦全集》第七册，浙江古籍出版社 2008 年版，第 91 页。

④ 吕祖谦：《左氏传说》卷二十《哀公二十七年》，《吕祖谦全集》第七册，浙江古籍出版社 2008 年版，第 211 页。

⑤ 吕祖谦：《左氏传说》卷二十《哀公二十七年》，《吕祖谦全集》第七册，浙江古籍出版社 2008 年版，第 211—212 页。

⑥ 吕祖谦：《左氏传说》卷二十《哀公二十七年》，《吕祖谦全集》第七册，浙江古籍出版社 2008 年版，第 212 页。

⑦ 吕祖谦：《左氏传说》卷二十《哀公二十七年》，《吕祖谦全集》第七册，浙江古籍出版社 2008 年版，第 212 页。

国，吕祖谦评论说："灵王之亡，正缘楚最强盛之时，晋室既弱，诸侯皆在下风。边楚之国，如陈、如蔡，皆已相继吞灭。当时天下大势，尽归于楚。唯其如志，所以侈心无厌，亦速其亡。"① 吕祖谦指出楚灵王的灭亡过程，是伴随楚国的鼎盛开始的。这些认识，无疑体现了一种盛衰转化、盛衰互包的思想。

　　其次要能"旁通伦类"。事物之间的联系是普遍的，吕祖谦说："学者观古今之变，时俗之迁，亦当如此。看若看一事，止见得一事；看一人，止见得一人，非所谓旁通伦类之学。须当缘一人，见一国风俗，如闵子马可也。"② 看史要能触类旁通，见微知著，才能形成敏锐的洞察力，掌握历史变易的轨迹。吕祖谦的"旁通伦类"思想，尤其直接体现在对于文献汇聚之"通"上。他旁征博引，博采众家所长，对史料的采用往往进行多方考证和比对，得出较为合理的结论。以《大事记》为例，吕祖谦参考的文献有："今采《左氏传》、历代史、邵康节先生《皇极经世》、司马文正公《稽古录》、《资治通鉴目录》、《举要历》辑而广之，意所未安，参稽百代，颇为增损。"③ 值得注意的是，吕祖谦在所列文献的基础上，还"参稽百代，颇为增损"，在广泛占有资料的基础上，将自己对历史的认识表达出来，这与郑樵提出的"虽采前人之书，必自成一家言"④ 不谋而合。吕祖谦对文献的汇聚之通还体现在突破经史子集的分类藩篱，尤其是对经史典籍的运用，以经证史、以史明经的方法得到了广泛的运用。在《左氏传续说》中，吕祖谦引用了《诗》《书》《易》《穀梁传》《公羊传》《论语》《孟子》《周礼》《礼记》《仪礼》等经学著述，将典籍

　　① 吕祖谦：《左氏传说》卷十一《昭公十三年》，《吕祖谦全集》第七册，浙江古籍出版社 2008 年版，第 136 页。
　　② 吕祖谦：《左氏传说》卷十三《昭公十八年》，《吕祖谦全集》第七册，浙江古籍出版社 2008 年版，第 150 页。
　　③ 吕祖谦：《大事记》原序，《吕祖谦全集》第八册，浙江古籍出版社 2008 年版，第 3 页。
　　④ 郑樵：《通志》总序，中华书局 1987 年版，志一。

中所记载的史事加以运用，得出符合历史与逻辑的结论。例如对于采邑制度在先秦时期是如何发生变化的，吕祖谦从《礼记·王制》中找到了依据：

> 《王制》曰："天子之县内，诸侯禄也。外，诸侯嗣也。"古者王畿有六乡，六乡外有六县，六县外有都鄙，此古采地之制，未尝世袭，但世禄耳。自春秋以来，采地诸侯始世嗣。①

春秋以前的采邑制度，不是世袭而是世禄，自春秋诸侯开始世袭，其文献依据便是《王制》中的这段话。吕祖谦还从《诗经》《周易》中挖掘信息对历史进行考证和辨伪，这种汇聚文献之通实际上是从多种文献中对历史作出全面考察，寻找其中的内在联系，并找到相关的文献依据。

再次要把握时代特点。各时代有各时代的特点，所谓"秦之暴虐、汉之宽大"②，便是这种时代不同特点的体现。通观历史，还必须要注意把握各个时代的不同特点，才能对历史作出准确的认识与评判。吕祖谦认为齐太史书"崔杼弑其君"一事，需要结合当时风俗去评判。他说："齐崔杼弑庄公，其一时凶威虐焰，举国无一人敢御。太史书'崔杼弑君'，已自是难。崔杼杀太史，而其弟嗣书，则又难。二人死而其弟复嗣书，则尤难。且三人死而其弟又书，则愈难。南史氏执简以往，则又愈难。"③吕祖谦认为此事并不是偶然发生的现象，而是与当时良好的社会风气息息相关："大抵君子守正果坚，则小人虽有如此凶威虐焰，终不能移夺。然这里须看得非偶然如此。

---

① 吕祖谦：《左氏传续说》卷一《隐公十一年》，《吕祖谦全集》第七册，浙江古籍出版社 2008 年版，第 17 页。

② 吕祖谦：《东莱吕太史别集》卷十四《读史纲目》，《吕祖谦全集》第一册，浙江古籍出版社 2008 年版，第 561 页。

③ 吕祖谦：《左氏传说》卷八《襄公二十五年》，《吕祖谦全集》第七册，浙江古籍出版社 2008 年版，第 102—103 页。

盖文、武、成、康涵养数百年风俗，所以有此。"① 由此吕祖谦联想到宋代之所以能忠臣辈出，也与当时社会风气有关："且以本朝论之，自太祖、太宗、真宗以来，朝廷之上养成一个爱君忧国，犯颜逆耳底风俗，故一时忠臣辈出。当时如青苗、如市易、如保甲、如户役，争者殆未以一二计，固不可悉数。止以一事论之，李定以资浅入台，而宋敏求从之而去，李大林继之又去，苏颂又去，黜者相踵而争者方切。"② 这三位官员都是反对王安石变法以致辞官，吕祖谦将他们与齐国太史结合起来，"当是时，天下有三舍人之号，齐之三太史，即我宋之三舍人也。观三太史之事，当知文、武、成、康涵养风俗之所致。观三舍人之事，当知我祖宗涵养风俗之所致"。③ 这样的历史认识既重视时代特点，又运用对比方法，见解颇为独到。针对孔、孟对尊王的不同态度，吕祖谦也是结合时代背景加以论述，他说："孔子之时，周虽衰，天命未改，先王德泽尚在，诸侯尚有尊王室之心。孔子出来多说尊王，至作《春秋》以尊王为本。到孟子时分周为东、西，天命已改。孟子出来劝诸侯以王者，盖缘时节大不同了。大抵后世不考其时节不同，欲解说孟子不尊王，强取孟子一二事，终不能胜议论者之口。"④ 吕祖谦不拘泥于陈说，从春秋与战国不同"时节"出发，得出孟子不尊王乃王道衰微后的必然结果，这里倘若不了解春秋和战国不同的时代特点，便无法贴近历史事实做到"通古今之变"的认识。不同历史时期道德评价标准也会不同，当过往史书中的价值观念与当下不相吻合的时候，要历史地看待这一问题。如《左传》

① 吕祖谦:《左氏传说》卷八《襄公二十五年》,《吕祖谦全集》第七册,浙江古籍出版社 2008 年版, 第 103 页。
② 吕祖谦:《左氏传说》卷八《襄公二十五年》,《吕祖谦全集》第七册,浙江古籍出版社 2008 年版, 第 103 页。
③ 吕祖谦:《左氏传说》卷八《襄公二十五年》,《吕祖谦全集》第七册,浙江古籍出版社 2008 年版, 第 103 页。
④ 吕祖谦:《左氏传说》卷十七《昭公三十年》,《吕祖谦全集》第七册,浙江古籍出版社 2008 年版, 第 175—176 页。

中记载"楚王问鼎之大小轻重"一事，显示出楚庄王有篡天子之位的野心，但"楚庄王之在春秋时，皆谓之贤君。如《左氏》载其筑京观之事甚详，亦以为贤君"。① 那么《左传》中为何对谋逆之事不大书特书，反取小事赞美之呢？这是由于"当时之人，风声气习都不知君臣之大义，人皆有此患，视篡夺之祸，不以为怪，以为常事看了。"② 吕祖谦还从古今立国根基深浅的不同，总结出王朝衰败的迅速与否。他认为越国之所以用了二十年时间才灭了吴国，"以此见古人立国，其根本之固皆如此"。③ 后来的秦并六国，一统天下，却在陈胜、吴广起义后一两年灭国；隋实现南北统一，却也在两三年间灭亡，这是由于其根基并不深厚："所以如此，正缘无根本了。大抵观人之国，惟于国势危亡时，方见得根本厚薄。"④

二 古今之"变"

吕祖谦引用壶丘子与列子的对话说明"变"的重要性："壶丘子问于列子曰：'子好游乎？'列子对曰：'人之所游，观其所见；我之所游，观其所变。'此可取以为看史之法。"⑤ 他从列子的"观其所变"，得出了观察历史也应该要用这样的变易观点的认识。

首先，"变"是一种常态。吕祖谦认为，无论客观世界和主观世界，自然社会还是人类社会，都无时无刻不在变化当中。他从对《周易》的解读中得出变易的认识："刚柔相推，变在其中矣；系辞焉而

---

① 吕祖谦：《左氏传说》卷五《宣公三年》，《吕祖谦全集》第七册，浙江古籍出版社 2008 年版，第 66 页。
② 吕祖谦：《左氏传说》卷五《宣公三年》，《吕祖谦全集》第七册，浙江古籍出版社 2008 年版，第 66 页。
③ 吕祖谦：《左氏传说》卷二十《哀公二十二年》，《吕祖谦全集》第七册，浙江古籍出版社 2008 年版，第 211 页。
④ 吕祖谦：《左氏传说》卷二十《哀公二十二年》，《吕祖谦全集》第七册，浙江古籍出版社 2008 年版，第 211 页。
⑤ 吕祖谦：《丽泽论说集录》卷八《门人集录史说》，《吕祖谦全集》第二册，浙江古籍出版社 2008 年版，第 218 页。

命之。动在其中矣。吉凶悔吝者，生乎动者也；刚柔者，立本者也；变通者，趣时者也……天下之动，贞夫一者也。夫乾，确然示人易矣；夫坤，隤然示人简矣。爻也者，效此者也；象也者，像此者也。爻象动乎内，吉凶见乎外。功业见乎变，圣人之情见乎辞。天地之大德曰生，圣人之大宝曰位。"① 吕祖谦认为天地之间阴阳的消长是在不断变化的，事物的吉凶也是在变动的，能适时而变的人才能顺应时代潮流，建立功业。

其次，历史的"变"是不断进步发展的。理学家认为三代是天理流行的时期，王道德治达到鼎盛，而三代以后则是人欲横流的时期，霸道政治下世风日下，道德沦丧。这反映在历史观念中，实际上是一种历史复古论。吕祖谦反对这种论调，认为王霸并没有优劣之分，而是"王道霸业相为消长"②，"自古论王霸，皆曰王以德，霸以力。德与力是王霸所由分处。然而霸亦尝假德而行，亦未尝专恃力而能霸者"。③ 霸道政治也需要德政与之为辅，二者并不是截然相反的。认为霸道政治并非全无可取之处，"霸者之功不可厚诬。故夫子称管仲，曰：'微管仲，吾其被发左衽矣'，分明是如此。当时管仲虽有此功，非夫子不能知也。自后世观之，以为戎狄自强弱如此，后来如五胡乱华，怀、愍至于中国天子反为狄驱之青衣行酒。使当时有管仲，决不至此。以此知孔子之称美管仲，是灼知管仲之功如此也。"④ 管仲作为霸道政治的代表人物，吕祖谦充分肯定了他的历史功绩，相比于极为推崇三代的理学家，吕祖谦更多地从历史实际出发，更具进步意

---

① 吕祖谦：《古周易》卷八《系辞下传第六》，《吕祖谦全集》第二册，浙江古籍出版社 2008 年版，第 66 页。

② 吕祖谦：《左氏传说》卷一《隐公八年》，《吕祖谦全集》第七册，浙江古籍出版社 2008 年版，第 3 页。

③ 吕祖谦：《左氏传说》卷十二《昭公十三年》，《吕祖谦全集》第七册，浙江古籍出版社 2008 年版，第 139 页。

④ 吕祖谦：《左氏传说》卷十三《昭公十六年》，《吕祖谦全集》第七册，浙江古籍出版社 2008 年版，第 147 页。

义。针对是古非今者之论，吕祖谦说："常人之情，以谓今之事皆不如古，怀其旧俗而不达于消息盈虚之理，此所谓不'达于事变'者也。'达于事变'则能得时措之宜，方可'怀其旧俗'。若唯知旧俗之是怀，而不达于事变，则是王莽行井田之类也。"① 在此，吕祖谦提出了"达于事变"的概念。所谓"达于事变"，就是能认清事物和情势的变化，他认为一味唯古是尊的人，多是不能"达于事变"者，其结果往往会闹出王莽新政之类的笑话；而能认清情势变化之人，则能在吸取过往经验的基础上，提出符合当下情势的举措。吕祖谦认为不必事事都以祖宗之法为准，而是要注重于实效："祖宗之意，只欲天下安，我措置得天下安，便是承祖宗之意，不必事事要学也。"② 在此，吕祖谦认为先代的制度是为了当时天下的安定，不一定适应后世，因而"不必事事要学"，无论什么样的措施，一旦脱离了历史现实，就难以施行。吕祖谦还明确提出了"向前则有功"的进步历史观，他说："天下之事，向前则有功，不向前，百年亦只如此，盖往则有功也。天下之事，方其蛊也，皆有可畏之势，如大川之滔滔，然于此而往焉，则有事而可治矣。"③ 历史向前发展的趋势好比大川奔流而下，是不可遏止的，人只有顺应其势，积极迎接未来，才能有所作为。吕祖谦说："天下之事，若不向前，安能成其大？如士人为学，有志伊、周事业，也须是向前去。"④ "苟一于无所往，则安能建大事，立大业，成大功哉？"⑤ 正是由于历史是前进的，因

---

① 吕祖谦：《丽泽论说集录》卷三《门人所记诗说拾遗》，《吕祖谦全集》第二册，浙江古籍出版社 2008 年版，第 113 页。

② 吕祖谦：《丽泽论说集录》卷一《门人集录易说上》，《吕祖谦全集》第二册，浙江古籍出版社 2008 年版，第 30 页。

③ 吕祖谦：《丽泽论说集录》卷一《门人集录易说上》，《吕祖谦全集》第二册，浙江古籍出版社 2008 年版，第 28 页。

④ 吕祖谦：《丽泽论说集录》卷一《门人集录易说上》，《吕祖谦全集》第二册，浙江古籍出版社 2008 年版，第 31 页。

⑤ 吕祖谦：《丽泽论说集录》卷二《门人集录易说下》，《吕祖谦全集》第二册，浙江古籍出版社 2008 年版，第 98 页。

而对于后人来说，总会遇到前人没有遇到的新问题，对此吕祖谦认为："视前代未备者，固当激厉而振起；其远过前代者，尤当爱护而扶持。"① 即对于前人没有做好的地方，后人当"激厉而振起"；对于前人所不具备的东西，更是要"爱护而扶持"，使之发挥更大的作用。

综上所述，吕祖谦的历史认识论是建立在贯通与变易的基础上的，既有"通"的意识，又有"变"的意识。同时，这种"通"与"变"不是对立而是统一的，"变"中有"通"，"通"中有"变"。由此可见，吕祖谦的历史通变思想是将历史作为动态的、变易的、发展的全过程来加以把握的。

第三节　史学求真思想

求真是我国古代史学的优良传统。传统史学所谓求真，主要包含两层含义：一是对客观历史秉笔直书，也就是史家提倡的善恶必书的实录精神；二是追求历史撰述符合道德和伦理标准，这是一种道义之真。② 在吕祖谦的史学思想中，求真也表现出了这二重性，一方面注重据事直书，具有疑古辨伪精神；另一方面以义理作为历史评判标准，宣扬纲常伦理道德。

一　秉笔直书的实录精神

刘知幾认为"善恶必书，斯为实录"③，实录精神即是要求史家要将历史中的美行与丑陋如实记载下来，准确地反映客观历史事实。

---

① 吕祖谦：《东莱吕太史文集》卷三《淳熙四年轮对劄子二首》，《吕祖谦全集》第一册，浙江古籍出版社 2008 年版，第 59—60 页。
② 汪高鑫：《中国古代史学的"求道"理念》，《史学史研究》2014 年第 1 期。
③ 刘知幾著，浦起龙释：《史通通释》卷十四《惑经》，上海古籍出版社 1978 版，第 402 页。

吕祖谦史学继承了传统史学秉笔直书书法，具有实录的精神。

首先，正统观念蕴含的直书精神。宋代正统观念流行，而"大居正"与"大一统"便是这一时期正统观所奉行的主要原则。前者强调天理标准，后者多从国家是否统一立论。吕祖谦的正统观往往能从历史实际出发。如在《三国志详节》中关于三国正统问题，吕祖谦从历史事实出发，继承了陈寿以曹魏为正统的做法，这与同时代他的好友朱熹在《资治通鉴纲目》中继承习凿齿以蜀汉为正统的做法不同。四库馆臣认为，以蜀汉为正统的做法往往与当时时代背景息息相关："以理而论，寿之谬万万无辞。以势而论，则凿齿帝汉顺而易，寿欲帝汉逆而难。盖凿齿时晋已南渡，其事有类乎蜀，为偏安者争正统，此孚于当代之论者也。寿则身为晋武之臣，而晋武承魏之统，伪魏是伪晋矣。其能行于当代哉？此犹宋太祖篡立近于魏，而北汉、南唐亦近于蜀，故北宋诸儒皆有避而不伪魏。高宗以后偏安江左近于蜀，而中原魏地全入于金，故南宋诸儒乃纷纷起而帝蜀。此皆当论其世，未可以一格绳也。"① 由此可以看出，南宋以蜀汉为正统，与金入住中原地区、南宋偏安江南有密切关系。正因此，南宋史家自然要以蜀汉为正统。也正是从这种正统观念出发，朱熹批评司马光《资治通鉴》中的纪年书法："汉建安二十五年之初，汉尚未亡，今便作黄初元年，夺汉太速，与魏太遽，大非春秋存陈之意，恐不可为法也。"② 与朱熹和南宋史家普遍不同，吕祖谦从历史事实而非现实需要出发，视曹魏为正统。《三国志详节》在书法上立魏帝"纪"，将蜀、吴入"列传"；记事详《魏志》，略《蜀志》《吴志》；将裴注中有关习凿齿《汉晋春秋》尊蜀抑魏的内容阙而不录，如有关刘备的记载，裴注引《汉晋春秋》："先主虽颠沛险难而信义愈明，势逼事

---

① 纪昀：《四库全书总目提要》卷四十五《正史类一》，河北人民出版社 2000 年版，第 1245 页。

② 朱熹：《晦庵先生朱文公文集》卷三十三《答吕伯恭》，《朱子全书》第 21 册，上海古籍出版社、安徽教育出版社 2002 年版，第 1455 页。

危而言不失道。追景升之顾，则情感三军；恋赴义之士，则甘与同败。观其所以结物情者，岂徒投醪抚寒含蓼问疾而已哉！"① 这些裴注补充的事迹，《详节》均未采用。

为了避免纪年上无谓的正闰之争，吕祖谦主张采用甲子纪年的方法。《大事记》中作有《岁目》，以干支纪年列了从周敬王三十九年（公元前481年）到周世宗显德六年（959年）的年代，逢甲子则记之。吕祖谦对采用哪一位帝王年号纪年颇有深意，反映了他的实录思想。在东周灭亡前，一直以周王年号记春秋战国这段时期，公元前256年周赧王被杀，东周灭亡后，则以秦始皇年号为首，六国年号续之，这与董仲舒、刘歆、班固以来持"摈秦"主张者将秦皇朝排除于历史统序之外的做法截然不同。在《解题》卷六《秦昭王五十二年》下，吕祖谦说道："是岁秦既灭周，故以秦年统诸国。"② 灭周到秦统一六国，"海内无主三十余年"③，这时"秦固未尝敢称天子"④，但吕祖谦仍以秦为六国之首，这种尊重历史事实的实录精神可见一斑。吕祖谦还肯定《史记》《汉书》以吕后纪年的方式。在《解题》卷九《汉高皇后吕氏元年》下，吕祖谦说道："此少帝之元年也。而《史记》《汉书》皆以为高后元年者，盖四年太后废少帝，立恒山王为帝，以太后制天下事，不复改元，则此元固可以谓之高后之元也。"⑤ 吕祖谦在此说明，少帝元年后实际上是吕后执掌天下之权柄，且之后并没有改元，因而以吕氏元年记

---

① 陈寿撰，裴松之注：《三国志》卷三十二《蜀书·先主传》，中华书局1982年版，第878页，转引自《汉晋春秋》。

② 吕祖谦：《大事记·解题》卷六《秦昭王五十二年》，《吕祖谦全集》第八册，浙江古籍出版社2008年版，第440页。

③ 吕祖谦：《大事记·解题》卷六《秦昭王五十二年》，《吕祖谦全集》第八册，浙江古籍出版社2008年版，第440页。

④ 吕祖谦：《大事记·解题》卷六《秦昭王五十二年》，《吕祖谦全集》第八册，浙江古籍出版社2008年版，第441页。

⑤ 吕祖谦：《大事记·解题》卷九《汉高皇后吕氏元年》，《吕祖谦全集》第八册，浙江古籍出版社2008年版，第599页。

之。应该指出的是，吕祖谦《大事记》中的纪年方法受司马迁影响甚深，"书法视太史公所录"，① 对于《史记》一书，吕祖谦是非常推崇的，他认为"史公高气绝识，包举广而兴寄深"，② 朱熹亦认为："伯恭之学，大概尊《史记》。"③《史记》的书法和实录精神，自然会对吕祖谦有重要影响。

其次，重视史料的考信。吕祖谦出于史学求真，重视史料考信，考信方法多种多样。以《大事记》为例，"《通释》三卷，若网若纲，有条不紊，而要义格言，悉原经典，择精而语详，非漫无根据者比。"④ 不仅《通释》如此，《解题》中吕祖谦亦是引经据典，所引书目有二十余种。仅"周慎靓王四年韩与赵、魏伐秦"条，"《解题》曰：三晋同攻秦，而《韩世家》《张仪传》《战国策》独言秦败韩申差，斩首八万。《秦年表》虽书与韩、赵战，而亦不及魏焉。岂非韩师独大败，赵败而不甚，魏虽同约而未尝同战耶？《秦纪》书此战为详，而载于去年，与六国伐秦并为一事。"⑤ 此处吕祖谦综合已有的记载，认为秦"虏韩将申差，败赵公子渴，斩首八万二千"，⑥ 魏国虽名义上参与伐秦，却由于其他原因并未在战争中受到损失，吕祖谦的论断是在对资料进行了详尽的搜集和比对之后作出的。《周慎靓王二年》下所载的"魏襄王问孟子"一条，吕祖谦引苏辙《古史》来说明之，后朱熹的《孟子集注》亦是采信吕氏作法，他对《大事记》

---

① 吕祖谦：《大事记》原序，《吕祖谦全集》第八册，浙江古籍出版社 2008 年版，第 3 页。

② 王应麟，武修成、赵庶洋校证：《玉海艺文校证》卷十二《汉史记》，凤凰出版社 2013 年版，第 527 页。

③ 黄宗羲、全祖望：《宋元学案》卷五十一《东莱学案》，中华书局 1986 年版，第 1676 页。

④ 吕祖谦：《大事记》附录，《吕祖谦全集》第八册，浙江古籍出版社 2008 年版，第 899 页。

⑤ 吕祖谦：《大事记·解题》卷四《周慎靓王四年》，《吕祖谦全集》第八册，浙江古籍出版社 2008 年版，第 361 页。

⑥ 吕祖谦：《大事记·解题》卷四《周慎靓王四年》，《吕祖谦全集》第八册，浙江古籍出版社 2008 年版，第 361 页。

记载的严谨深有体会，说："其书甚妙，考订得子细，大胜《诗记》。此书得自由，《诗》被古说压了。"① 这种重视考信的严谨学风，大大提高了吕祖谦史著的史学价值。

具体来讲，一是采取本书互校法。即以一部史书中的本纪、列传、年表等进行互校，如《周安王十五年》"秦伐蜀"条下，"《解题》曰：《本纪》书秦伐蜀，《年表》书蜀伐秦取南郑，今从《本纪》"②，这是以本纪辨年表；《周显王四十五年》"秦张仪伐魏"条下，"《解题》曰：《本纪》去年书'取陕'。按《张仪传》：'仪相秦四岁，立惠王为王。居一岁，为秦将，取陕，筑上郡塞。'当从《年表》书于今年"③，这是以列传辨本纪；《秦始皇十年》"逐客"条下，"《解题》曰：《李斯传》云：'韩人郑国来间秦，作渠而觉。秦宗室大臣请一切逐客。'方是时，吕不韦专国，不韦亦客也，孰有敢言逐客者乎？《本纪》载于吕不韦免相后，得之矣"④，这是以本纪中的记载来纠正列传中的记述。二是采取各书互相对照法。如《秦始皇十年》"用茅焦谏"条，"《解题》曰：按《本纪》：'齐人茅焦说秦王曰：'秦方以天下为事，而大王有迁母太后之名，恐诸侯闻之，由此倍秦也。'秦王乃迎太后于雍而入咸阳，复居甘泉宫。《说苑》所载，其辞多浮夸，且未见所以动始皇者。《本纪》所书，简而实矣。《战国策》载顿弱面诋始皇不孝，'始皇勃然而怒'。顿弱告以'山东战国有六，威不掩于山东，而掩于母。'始皇乃霁怒问战国可兼之计。然则始皇所重者，独兼并诸侯耳。茅焦所以能复太后者，特以诸侯倍

---

　　① 吕祖谦：《大事记》附录，《吕祖谦全集》第八册，浙江古籍出版社 2008 年版，第897 页，转引自《朱子语类摘录》。

　　② 吕祖谦：《大事记·解题》卷二《周安王十五年》，《吕祖谦全集》第八册，浙江古籍出版社 2008 年版，第 283 页。

　　③ 吕祖谦：《大事记·解题》卷四《周显王四十六年》，《吕祖谦全集》第八册，浙江古籍出版社 2008 年版，第 354 页。

　　④ 吕祖谦：《大事记·解题》卷六《秦始皇十年》，《吕祖谦全集》第八册，浙江古籍出版社 2008 年版，第 458 页。

秦恐之，非能以母子天性感悟之也。"① 在此处吕祖谦将《史记》与《说苑》《战国策》中的记载进行对比，从历史人物的行为动机中，认为《史记》中的记载"简而实矣"，《说苑》与《战国策》则存在失信之处。为了最大程度保证所述历史的真实性，吕祖谦在利用文献考证时候，往往不拘泥于一本书、一个出处，而是尽可能全面地网罗文献，其考证有理有据。如《秦始皇十四年》"桓齮取赵平阳"条下，"《解题》曰：以《年表》《世家》考之，去年桓齮攻平阳，杀扈辄。今年桓齮定平阳、武城、宜安。李牧与战，却之，赵封牧为武安君。《通鉴》用《李牧传》，并载于去年，不知《牧传》特终言之也。《史记正义》曰：'武城，即贝州武城县。宜安，在恒州藁城县西南。肥，在恒州藁城县西，春秋时肥子国。'"② 此处吕祖谦在详细考证了《年表》《世家》的记载后，不但考证出了《资治通鉴》的年代错误，还进一步指出《资治通鉴》所载取材于《李牧传》，吕祖谦对历史考证的严谨与功力可见一斑。对于存疑的地方，吕祖谦亦不妄下定论，而是指出问题，留待后人挖掘。如在《周显王十八年》"魏归赵邯郸"条下，"《解题》曰：'《皇极经世》书赵伐魏，魏归赵邯郸。'当考。"③《周威烈王元年》"郑共公薨"条下，"《解题》曰：按《世家》，共公在位三十年，薨当在此年，而《年表》于威烈王三年始书幽公改元，必有一误。今两存之。"④

此外，吕祖谦的直书其事的实录精神还表现在不任情褒贬、不妄加评论历史事件和历史人物上。如《大事记》一书的编纂，就非常

---

① 吕祖谦：《大事记·解题》卷六《秦始皇十年》，《吕祖谦全集》第八册，浙江古籍出版社 2008 年版，第 458 页。
② 吕祖谦：《大事记·解题》卷六《秦始皇十四年》，《吕祖谦全集》第八册，浙江古籍出版社 2008 年版，第 461—462 页。
③ 吕祖谦：《大事记·解题》卷三《周显王十八年》，《吕祖谦全集》第八册，浙江古籍出版社 2008 年版，第 321 页。
④ 吕祖谦：《大事记·解题》卷一《周威烈王元年》，《吕祖谦全集》第八册，浙江古籍出版社 2008 年版，第 260 页。

重视奉行这一原则。吕祖谦说："《大事记》者，列其事之目而已，无所褒贬抑扬也。"① 对历史事实的尊重可见一斑。四库馆臣也说："所学终有根柢，此书亦具有体例，即如每条下各注从某书修云云，一一具载出典，固非臆为笔削者可及也。"②

二　追求史学的道义之真

史学所谓道义之真，是指史家对于历史的一种价值判断与认识。自孔子作《春秋》始，就以"明王道""制义法"为己任，通过史义以严篡弑之诛，整饬社会道德。孔子肯定董狐"赵盾弑其君"书法，许之以良史，也是对其史学追求道义之真的一种赞许。在传统史学中，宣扬纲常伦理道德和天命王权思想，即是所谓道义之真的主要内涵。吕祖谦追求史学的道义之真，也明显具有此二重性。由于前文已对吕祖谦的天命王权思想作了论述，此不赘言。以下着重对吕祖谦史学道义之真的道德属性作出论述。

首先，以纲常伦理道德作为历史评判标准。吕祖谦指出，"自古所建立国家，维持天下，大纲目不过数事，如三纲、五常、天叙、天秩之类，圣人作书亦如此"③。将纲常伦理道德视为维持国家统治的基础。吕祖谦强调士农工商各守自己的等级名分，则是一个国家的立国之本。他说："吾闻国家之立也，本大而末小，是以能固，故天之建国，诸侯立家，卿置侧室，大夫有贰宗，宗士有隶，子弟庶任工商，各有分亲，皆有等衰，是以民服事其上，而下无觊觎。"④ 又说：

---

① 吕祖谦：《大事记·解题》卷一《周敬王三十九年》，《吕祖谦全集》第八册，浙江古籍出版社 2008 年版，第 231 页。

② 纪昀：《四库全书总目提要》卷四十七《编年类》，河北人民出版社 2000 年版，第 1306 页。

③ 吕祖谦：《左氏传续说》卷一《隐公元年》，《吕祖谦全集》第七册，浙江古籍出版社 2008 年版，第 4 页。

④ 吕祖谦：《左氏传续说》卷二《桓公二年》，《吕祖谦全集》第七册，浙江古籍出版社 2008 年版，第 20 页。

"此数句皆是《左传》中大纲目，学者惟经历久，看书多，然后深晓得。"①

纲常伦理道德标准固然是传统史学臧否历史的重要尺度之一，但在吕祖谦的史著中，尤其是关于《左传》的系列著作中，不少地方甚至将纲常伦理道德作为绝对的衡量尺度。如《桓公二年》"宋督弑君与大夫"条，吕祖谦是这样评价宋督的："观其论督有无君之心，而后动于恶，此左氏识见高远处。盖人心各有所主，使宋督有尊君之心，决不敢为弑逆之事。惟此心一荡，则纵横放肆，无所忌惮。盖督之杀孔父与殇公，乃为恶之末流。其有无君之心，乃为恶之根本。圣人所以过位变色，入门鞠躬，夫岂繁文末节哉？盖所以养尊君之心也。"② 这里吕祖谦将三纲五常与道德修养结合起来，人们只有不断完善和提升自我的道德水准，才能维持社会秩序的正常运转，反之则便是作恶之徒。在论证诸侯国的统治性质时，吕祖谦也以道德标准来评价之。如在解释为何晋会吞并中原诸侯国时，吕祖谦说："盖缘晋不是先王所封，乃是宗族作乱，自封桓叔于曲沃，其后恃其诈力，自覆本宗。以诈力为常事，不复有先王之制，故敢吞灭中国。盖缘他都是诈力，无规矩典刑了。若是他国，如齐非不灭谭，灭遂，亦不减于晋，然尚有畏惮者，盖齐是太公后，先王所封之国。所谓典章文物，法度尚在。"③ 吕祖谦以齐国与晋国对比，认为相比晋，齐尚有法度，原因在于晋的政权来自宗室之乱，其统治手段更是"诈力"，因而毫无规矩。对于郑庄公和唐太宗这种有政治才能但有道德瑕疵的君主，吕祖谦认为："当庄公之初，杀弟囚母，虽是天下极恶，缘其权谋智略有以掩之，固不甚觉。及其季年，公子互争，兵革不息，病弊至此

① 吕祖谦：《左氏传续说》卷二《桓公二年》，《吕祖谦全集》第七册，浙江古籍出版社2008年版，第20页。

② 吕祖谦：《左氏说》卷一《桓公二年》，《吕祖谦全集》第七册，浙江古籍出版社2008年版，第5—6页。

③ 吕祖谦：《左氏传说》卷一《桓公八年》，《吕祖谦全集》第七册，浙江古籍出版社2008年版，第9—10页。

始露。大抵人之一身，于少壮时戕贼其血气，虽有疾，亦自可以支持。及其老也，血气既衰，百病俱作。如唐太宗初间，内则肃清华夏，外则荡涤羌戎，虽有杀兄戮弟、闺门大恶，亦缘贞观之治有以掩之，故不甚见。及一传高宗，百弊俱出。学者切不可于一事二事上错放过不理会。虽其初未甚觉，其后终不可掩也。"①吕氏认为在庄公、太宗盛年之时，其功业可以将他们做下的恶行掩盖，但终有一日会导致"百弊俱出"。吕祖谦认为，不知义理者还会遭杀身之祸。在《昭公十七年》"高渠弥杀昭公"下，他说："郑庄公聚权谋之臣于朝，虽可以立一时之功，快一时之意，然只庄公可制服之。才至庄公薨，百态交作，都无一豪节义。如渠弥之弑昭公，如祭仲之逐厉公，都不知义理所在。盖此曹平日只理会得权谋，上有人制服，则为用而不敢肆，上既无人，则自用其权谋，自择其便利，何所不至耶？君子非不欲快一时之意用权谋之士也，所以独取忠厚长者，盖为长久之计耳。"②吕氏认为，唯有以德治国才能长久，只知权谋不知有德行则必定很快覆灭，"不知义理所在"是无法长治久安的。

其次，以王、霸之道评论政治成败。吕祖谦虽然不一味否定霸道政治，却也认为王、霸之道是有区别的。"王者忧名，伯者喜名"，王者期盼天下太平，"使汤、武幸而居唐、虞之时，无害可除，无功可见，汤自汤，武自武，民自民，交相忘于无事之域，则圣人之志愿得矣。功因乱而立，名因功而生，夫岂吾本心耶？是故云霓之望，非汤之盛也，乃汤之不幸也"。③对于齐桓公存邢救卫之事，吕祖谦认为齐桓公明显具有霸者之心。认为齐桓公在邢、卫遭受狄人入侵两年后才开始出兵相救，其用心在"以为当二国之始受兵，吾亟攘夷狄而

① 吕祖谦：《左氏传说》卷一《桓公十五年》，《吕祖谦全集》第七册，浙江古籍出版社 2008 年版，第 11—12 页。

② 吕祖谦：《左氏传续说》卷二《桓公十七年》，《吕祖谦全集》第七册，浙江古籍出版社 2008 年版，第 39 页。

③ 吕祖谦：《左氏博议》卷九《僖公二年》，《吕祖谦全集》第六册，浙江古籍出版社 2008 年版，第 208—209 页。

却之，则亦诸侯救灾恤邻之常耳。其迹必不甚奇，其事必不甚传，其
恩必不甚深，曷足以取威定伯哉！先饥而后食之，则其食美；先渴而
后饮之，则其饮甘。今吾坐养其乱，待其社稷已颓，都邑已倾，屠戮
已酷，流亡已众，然后徐起而收之，拔于危蹙颠顿之中，置于丰乐平
泰之地，是邢、卫之君无国而有国，邢、卫之民无身而有身也。深仁
重施，殆将浅九渊而轻九鼎矣。故其功名震越，光耀赫然，为五伯
首。向使绝之于萌芽，则名安得如是之著耶！"① 很显然，在吕祖谦
看来，齐桓公这种做派，都是"喜名"之私心所致。

王、霸之别还是德、力之别，德政能长治久安，力政往往易于衰
败。吕祖谦说："大抵王霸之分，王以德，霸以力。以德为尚，则终
始如一。以力为尚，未有始盛而终不衰者。"② 当然，王霸并不是截
然分开的，霸中也有"德"的因素。吕祖谦说："自古论王霸，皆曰
王以德，霸以力。德与力是王霸所由分处。然而霸亦尝假德而行，亦
未尝专恃力而能霸者。"③ 他举例说："如晋文公之霸，所谓出定襄
王，入务利民，伐原以示之信，大蒐以示之礼，皆是依傍德而行。惟
文公以德辅力，故能一战而霸。到得平公以后，全无德，全恃力，不
知霸虽是力，亦必假德方能立。以此知维持天下者，其可斯须去德
邪？"④ 吕祖谦认为，霸道如能假德而行，则能较为持久，否则并不
能立，这就将王霸还原到了德行的层面。

再次，肯定礼对于治国安邦的重要作用。吕祖谦认为，礼是天道的
体现，是社会秩序的保证。他说："礼有上下，有尊卑，有邻国往来之

---

① 吕祖谦：《左氏博议》卷九《僖公二年》，《吕祖谦全集》第六册，浙江古籍出版
社 2008 年版，第 209—210 页。
② 吕祖谦：《左氏传说》卷四《文公元年》，《吕祖谦全集》第七册，浙江古籍出版
社 2008 年版，第 48 页。
③ 吕祖谦：《左氏传说》卷十二《昭公十三年》，《吕祖谦全集》第七册，浙江古籍
出版社 2008 年版，第 139 页。
④ 吕祖谦：《左氏传续说》卷十二《昭公十三年》，《吕祖谦全集》第七册，浙江古
籍出版社 2008 年版，第 139 页。

礼，此皆是天道如此。君子之不虐幼贱，畏于天也。盖自人言之，则有贵贱强弱，有许多般。自天言之，天下皆是受天之一气，乌可以其幼贱而虐之？《左氏》此等议论，皆有源流。须当深沉细看。"① 在吕祖谦看来，礼之所以重要，在于既能确定贵贱尊卑，又能不使幼贱之人遭受虐待。吕祖谦还引入"定命""致敬"的概念，指出为人常存君子之心，便可与天地相交融。他说："所谓'以定命'者，此心操之常存，则与天地流行而不息。一或舍之而不存，则便堕于私意人欲中，天命便至于壅遏而不流行。能者养之以福，不能者败以取祸。福则不言取，而祸言取者，何故？此心常操而存，则心广体胖，怡愉安泰。福本自内有，若一欲败度，纵败礼，则祸自外来。故祸言取而福不言取。是故君子勤礼，小人尽力……所谓'勤礼莫如致敬'，最是下工夫处。人能致敬，则动作威仪，皆合于礼。"② 这里所谓天命，即是天理；所谓"致敬"，则是"勤礼"的具体体现。吕祖谦希望君子能"定命"以存理，"致敬"以"勤礼"，从而实现社会和谐。吕祖谦认为，礼是社会各阶层和个人都应该遵守的。具体来讲，礼主要包括以下几个方面："为学须识义、利、逊、悌、廉、耻六个字，于此守之，不失为善。人于此上行之而著，习矣而察，便是精义妙道。"③ 这就是说，学习礼至少可以"不失为善"，再往上学习则能领悟更高的"道"。在对礼的论说中，吕祖谦还引入了"仁"的概念："盖仁者人也。仁之一字已自尽了，更说礼字，又可以知其等差高下。天下之理，除了仁与礼，更有甚事？"④ 吕祖谦视仁与礼为天下至理。

---

① 吕祖谦：《左氏传续说》卷六《文公十五年》，《吕祖谦全集》第七册，浙江古籍出版社 2008 年版，第 145 页。

② 吕祖谦：《左氏传说》卷六《成公十三年》，《吕祖谦全集》第七册，浙江古籍出版社 2008 年版，第 80 页。

③ 吕祖谦：《丽泽论说集录》卷九《门人所记杂说》，《吕祖谦全集》第二册，浙江古籍出版社 2008 年版，第 245 页。

④ 吕祖谦：《丽泽论说集录》卷七《门人集录孟子说》，《吕祖谦全集》第二册，浙江古籍出版社 2008 年版，第 197 页。

从礼的价值论出发，吕祖谦肯定了礼对于治国安邦的重要作用。他考察了孔子定礼仪的影响，认为如果以此来治理国家则必有所成：

> 哀公欲立嬖妾，使宗人衅夏献其礼。对曰："无之。"公怒，问："何故无之？"乃以礼对。此见得鲁秉周礼。他宗人尚能执礼如此。固是秉周礼。然亦是见仲尼风化所及。且以立夫人一事论之，仲子是妾，天王归其赗，则固以仲子为夫人矣。成风是妾，僖公以所生之故，尊为夫人。当时之宗人初不曾谏。以此见仲尼风化所及。若就宗人论之，如前此夏父弗忌为宗伯，跻臣于君。所谓宗伯，岂能守礼？孔子自卫反鲁，删《诗》《书》，定礼乐，其风化之余者尚可见。当整顿礼之初，见于宗人能守；当整顿乐之初，见于大师挚之适齐。惟夫圣人一振礼乐，虽贱有司亦能守如此。使自为政，则三年有成，信何难者？①

在这里吕祖谦将礼仪与社会风气联系起来，孔子删《诗》《书》，定礼乐之后，社会风气由此一变，倘若以孔子所定的礼仪为政，则于国家治理必有所成。

礼仪的作用尤其体现在乱世时期稳定人心，使人保有基本的道德规范。吕祖谦说：

> 天下同知畏有形之寇，而不知畏无形之寇。兵革者，有形之寇也……欲之寇人，甚于兵革；礼之卫人，甚于城郭。而人每不能守礼者，特以欲之寇人，无形可见，故狎而玩之耳。殊不知有形之寇其来有方，其至有时，犹可御也。至于无形之寇，游宴之中，有陷阱焉；谈笑之中，有戈矛焉；堂奥之中，有虎豹焉；乡

① 吕祖谦：《左氏传说》卷二十《哀公二十四年》，《吕祖谦全集》第七册，浙江古籍出版社 2008 年版，第 213 页。

邻之中，有戎狄焉。藏于杳然冥然之间，而发于卒然忽然之际。
非圣人以礼为之防，则人之类灭久矣。①

在此，吕祖谦认为礼是圣人用来抵御道德沦丧的武器，如果没有礼，
则文明可能早就灭亡，人便也不复为人了，礼的重要性可见一斑。

第四节　史学致用思想

强调经世致用，是中国古代史学的又一优良传统。《尚书》的
"殷鉴"思想，《易传》的"君子多识前言往行以蓄其德"之说，汉
初史学的"过秦"思潮，唐初史学的"以隋为鉴"，杜佑《通典》的
"将施有政"思想，司马光《资治通鉴》的历史鉴戒思想，顾炎武史
学的"引古酬今"思想，等等，都体现了传统史学的致用特性。纵
观吕祖谦的史学致用思想，主要表现在如下几个方面。

一　以史为鉴

吕祖谦说："书已尽，变方出；书已陈，变方新。非告往知来
者，殆未足与议也。"② 这里所谓"书"，当然主要是指史籍。史著
是鉴往知来的载体，同时史家著史，也必须以鉴往知来为旨趣。吕
祖谦说："百工治器，必贵于有用。器而不可用，工弗为也。学而
无所用，学将何为也邪？"③ 史学便是"器"，其学是要用于现实生
活中的。如果治史不关心史学的用处，则"工弗为也"。吕祖谦说：
"大抵看史见治则以为治，见乱则以为乱，见一事则止知一事，何

---

① 吕祖谦：《左氏博议》卷五《桓公十八年》，《吕祖谦全集》第六册，浙江古籍出
版社 2008 年版，第 101 页。
② 吕祖谦：《左氏博议》卷二十《哀公八年》，《吕祖谦全集》第六册，浙江古籍出
版社 2008 年版，第 460 页。
③ 吕祖谦：《丽泽论说集录》卷十《门人所记杂说二》，《吕祖谦全集》第二册，浙
江古籍出版社 2008 年版，第 263 页。

取？观史当如身在其中，见事之利害，时之祸患，必掩卷自思，使我遇此等事，当作如何处之。如此观史，学问亦可以进，知识亦可以高，方为有益。"[1] 他认为，史学应当紧密联合实际，而读者可以做到历史与现实的统一，就是从历史的经验教训中取长补短，思考如何以史为鉴。

吕祖谦从历史的盛衰之变中，总结出居功自傲则功业必不能持久的道理。齐桓公首建霸业，却于数年之间酿成"尸虫出于户"的惨状，与他后期的自傲是分不开的。"《僖公》中卷，正是桓公末年霸业渐渐衰处，故号令纪纲，到此与前日甚不同。举城鄙一段便见得。役人病，夜登丘而呼曰：'齐有乱。'不果城而还。夫以桓公节制之盛，初时一个服楚、迁邢、封卫、会诸侯，投之所向，无不如意。及至末年，欲做一件事也做不得。同一桓公也，何故昔强今弱如此？盖桓公自葵丘之会，志得意满，自放纵，故霸业渐衰。"[2] 桓公的放纵，使得管仲积累下来的政治遗产很快被耗尽："管仲之事，盖积数十年而成。桓公之骄，止一日而坏。"[3] 晋自萧鱼之会后，也经历了霸业由盛到衰的过程："萧鱼未会之前，君臣兢兢，上下一心，唯恐不及，同力以兴霸业。"之后则"君臣之间志得意满，且以乐赏魏绛，言'八年之中，九合诸侯，如乐之和，无所不谐'，其君之骄可见于此。如戚之会，范宣子假羽毛于齐，齐人有之已僭了，悼公不能正其罪。今宣子假羽毛而私有之，以一大夫而僭天子之礼，则其臣子骄亦可知，而悼公之衰堕亦可见。"[4] 君臣上下的骄傲自满，终于导致晋国霸业走向衰败。

---

① 吕祖谦：《丽泽论说集录》卷八《门人集录史说》，《吕祖谦全集》第二册，浙江古籍出版社 2008 年版，第 218 页。

② 吕祖谦：《左氏传说》卷三《僖公十六年》，《吕祖谦全集》第七册，浙江古籍出版社 2008 年版，第 34 页。

③ 吕祖谦：《左氏传说》卷二《庄公十五年》，《吕祖谦全集》第七册，浙江古籍出版社 2008 年版，第 18 页。

④ 吕祖谦：《左氏传说》卷七《襄公十四年》，《吕祖谦全集》第七册，浙江古籍出版社 2008 年版，第 92 页。

吕祖谦认为，要从历史中吸取经验教训是非常困难的，这是因为首先要正确地认识历史就非常不容易："天下之事，远近隐显之所在，初未尝有定名。古非远也，今非近也；古之事非隐也，今之事非显也：惟吾心之所见如何耳。"① 吕氏认为，历史的古今是相对的，发生久远的事情未必不好理解，发生在当下的事情也并非容易吸取教训，是否能从历史中吸取教训，取决于人们能不能发明本心，看到事物本质。他举了三个人的事迹说明："今之所谓甚近而易见者，莫如身之所亲历也。惠王身被子颓篡夺之祸，而复宠子带；郑伯身见子颓遍舞之僭，而复奏备乐；襄王身经子带召戎之变，而复亲戎狄。身遇之而复身蹈之，何耶？人心蔽于此者怠于彼。惠王蔽于爱。故虽近被篡夺之害，已如异世而忘之矣；郑伯蔽于侈，故虽近见遍舞之僭，已如异世而忘之矣；襄王蔽于忿，故虽近经召戎之变，已如异世而忘之矣。是三君者，心一有所蔽，虽耳目之所亲接者，视之惘然如异世事。况欲责纣使鉴数百年前之桀，责幽、厉使鉴数百年前之纣，难矣哉！"② 发生在惠王、郑伯、襄王身上的祸事，他们亲身经历之后依然未能从中吸取教训，何况百世之后？这三位诸侯王之所以重蹈覆辙，是由于他们的本心被私情蒙蔽了，看不到事情的本质。而对于后人来说，则容易被史事蒙蔽判断："处当世之事而蔽于私情，则虽易见之祸，有不能见焉；论异世之事而蔽于陈迹，则虽易见之理，有不能见焉。惠、襄、郑伯既蔽于私情，而不能见其祸矣；后世论之，亦未免蔽于陈迹也。"③ 也就是说，后世观史，不能被历史现象蒙蔽，要从现象看到本质。以子带之乱论之，吕祖谦认为周襄王召子带返周并不是祸乱的根源："子带之不可绝，政如戎之不可通也。富辰教襄

① 吕祖谦：《左氏博议》卷七《僖公二十五年》，《吕祖谦全集》第六册，浙江古籍出版社 2008 年版，第 156—157 页。

② 吕祖谦：《左氏博议》卷七《僖公二十五年》，《吕祖谦全集》第六册，浙江古籍出版社 2008 年版，第 157 页。

③ 吕祖谦：《左氏博议》卷七《僖公二十五年》，《吕祖谦全集》第六册，浙江古籍出版社 2008 年版，第 157 页。

王亲其所亲，疏其所疏，本无二说。使襄王纳其谏而不与狄通，则子带何自而成其恶乎？苟与狄通，虽无子带，犹不免于乱也。"[1] 子带之乱的本质，是与夷狄相通，希望借夷狄之力所致，"唐之回纥，晋之契丹，始借其力，终罹其患。彼二国者，亦岂有子带之衅召之邪？为襄王者，当以与狄通为悔，不当以召子带为悔也。故曰富辰之召子带，本无可悔。"[2]

二 以史明理

吕祖谦的"致用"之学，还有一个基本方面，是由历史说明天理的永恒性，宣扬修身养性的重要，这就是"言性命必究于史"的思想。[3] 吕祖谦反对对理学概念作过多纯理论性的探讨，主张为学要与个人修养和社会需求相结合。"学者推求言句工夫常多，点检日用工夫常少，此等人极多。然或资质敏利，其言往往有可采者，则不免资其讲论之益；而在我者躬行无力，又无以深矫其弊。"[4] 对于当时学者只注重从经典注释中寻求真理而忽视日常生活中的修养，吕祖谦一方面认为其言论"往往有可采者"，另一方面则又为"无以深矫其弊"而忧心。在吕氏为其书院制定的《乾道五年规约》中，首条即是："凡与此学者，以讲求经旨、明理躬行为本"，[5] 把对理学的求索与"躬行"相结合，付诸实践，这是他整个书院教育的核心思想。书院的学规吕祖谦制定于乾道三年（1167年），并在乾道五年（1169年）、乾道六年（1170年）、乾道九年

---

① 吕祖谦：《左氏博议》卷七《僖公二十五年》，《吕祖谦全集》第六册，浙江古籍出版社 2008 年版，第 158 页。

② 吕祖谦：《左氏博议》卷七《僖公二十五年》，《吕祖谦全集》第六册，浙江古籍出版社 2008 年版，第 158 页。

③ 吴怀祺：《吕祖谦的史学》，《史学史研究》1992 年第 2 期。

④ 吕祖谦：《丽泽论说集录》卷九《门人所记杂说一》，《吕祖谦全集》第二册，浙江古籍出版社 2006 年版，第 246—247 页。

⑤ 吕祖谦：《东莱吕太史别集》卷五《乾道五年规约》，《吕祖谦全集》第一册，浙江古籍出版社 2006 年版，第 360 页。

（1173 年）又进行了修订完善。相比较于朱熹所制定的书院学规，吕祖谦更注重对具体事务的规范，包括对学生在书院求学时的日常活动、与宗族和亲友之间的礼仪等都有详细的规定。他还劝诫朱熹在教学中不但要注重致知，还要注意力行："致知、力行，本交相发工夫，初不可偏。学者若有实心，则讲贯玩索，固为进德之要。其间亦有一等后生，推求言句工夫常多，点检日用工夫常少。虽便略见彷佛，然终非实有诸己也。默而成之，不言而信，存乎德行，训诱之际，愿长存此意。"① 不但要于学问上求索，日常生活中的修己亦可不少。

　　吕祖谦认为，为学旨在修养道德，而完善道德需要身体力行。吕祖谦说："为学须是以圣人为准的，步步踏实地，所以谓'学不躐等'。"② 他指出："圣贤千言万语，会其有极，归其有极，皆在乎致知。致知是见得此理，于视听、言动、起居、食息、父子、夫妇之间，深察其所以然，识其所以然，便当敬以守之。"③ 圣贤之言，是要贯彻于日常践履之中才有效用，而要踏实为学，则需克服偏狭："论学之难，高者其病堕于玄虚，平者其末流于章句。二者之失，高者便入于异端，平者浸失其传，犹为惇训故，勤行义。轻重不同，然要皆是偏。"④ 吕祖谦对当时学者的弊端认识很深刻，高者容易堕入玄虚之中，最终流于佛学或禅学中；平者容易困于章句之间，而最终湮没失传。而要避免为学的这两个弊端，则需要"勤行义"，在行动中掌握义理。吕祖谦认为"行"会促进"知"的升华："致知、力行

---

① 吕祖谦：《东莱吕太史别集》卷八《与朱侍讲》，《吕祖谦全集》第一册，浙江古籍出版社 2006 年版，第 430 页。

② 吕祖谦：《丽泽论说集录》卷十《门人所记杂说二》，《吕祖谦全集》第二册，浙江古籍出版社 2008 年版，第 259 页。

③ 吕祖谦：《丽泽论说集录》卷五《门人集录礼记说》，《吕祖谦全集》第二册，浙江古籍出版社 2008 年版，第 153 页。

④ 黄宗羲、全祖望：《宋元学案》卷五十一《东莱学案》，中华书局 1986 年版，第 1667 页。

不是两事，力行亦所以致其知，磨镜所以镜明。"①

个人德性的完善有助于经邦济世。吕祖谦认为，教育学子以"三德三行"来"立其根本"，"根本既立"之后，还需要"教以国政"，"使之通达治体"。之所以还需要"教之国政"，是因为"科举之说兴，学者视国家之事，如越人视秦人之肥瘠，漠然不知，至有不识前辈姓名者。异时一旦立朝廷之上，委之以天下之事，便都是杜撰"②。将国家大事交给只知科举考试，对前言往行、国家治理一窍不通之徒，指望有好的结果是不可想象的。

吕祖谦认为学史要以明理为目的。他认为史学要达到"事为吾用"的境界，这就要从古今繁杂的史事中总结出普遍适用的"理"，而不是见一事则议论一事：

> 君子之论事，必使事为吾用，而不使吾为事所用。古今之事所当论者，不胜其多也。苟见事之难者，亦从而谓之难；见事之易者，亦从而谓之易。甚者反迁就吾说以就其事，岂非为事所用乎？所贵乎立论者，盖欲发未明之理，非徒议已见之迹也。若止论已见之迹，是犹言火之热，言水之寒，言盐之咸，言梅之酸，天下之人知之，何假于吾说乎？惟君子之立论，信己而不信人，信心而不信目，故能用事，而不用于事。见在此之事，则得在彼之理；见在前之事，则得在后之理。众人徒知是事，而君子独知事外之理焉。③

吕祖谦认为议论史事要注意以下几点：其一不能"吾为事用"，也就

---

① 吕祖谦：《丽泽论说集录》卷十《门人所记杂说二》，《吕祖谦全集》第二册，浙江古籍出版社 2008 年版，第 260 页。
② 吕祖谦：《丽泽论说集录》卷四《门人集录周礼说》，《吕祖谦全集》第二册，浙江古籍出版社 2008 年版，第 141 页。
③ 吕祖谦：《左氏博议》卷二《桓公五年》，《吕祖谦全集》第六册，浙江古籍出版社 2008 年版，第 37 页。

是说不能随事而发议论，这是因为随事而发的议论是浅显的，对此进行阐发是完全没有意义的；其二是"立论以心"，也就是用自己体悟出来的"理"来解释史事，而不是被史事支配，君子要"独知事外之理"。

三　以史事功

吕祖谦的学术思想中包含经制事功的成分。全祖望说："乾、淳之际，婺学最盛。东莱兄弟以性命之学起，同甫以事功之学起，而说斋则为经制之学。考当时之为经制者，无若永嘉诸子，其于东莱、同甫，皆互相讨论，臭味契合，东莱尤能并包一切。"① 当时永嘉诸子如陈亮、唐仲友、陈傅良、叶适等人与吕祖谦在事功思想上颇为相合，在史学的致用上，尤其能体现出吕氏的事功色彩。吕祖谦重视对历代制度史的研究。在《历代制度详说》中，吕祖谦对官职、赋役、盐法、兵制等方面的制度进行了系统的考察，这些制度涉及社会生活的各个方面。吕祖谦还编有《左氏类编》一书，对《左传》中的官制、地理、财用、军事等方面加了归类整理。吕祖谦对历代制度的研究，目的是要人们对制度之学有更多地思考，能为国计民生提供更好的方式方法，他说："自周迄于今日，因革损益，或事轻而官重，或官轻而事重，或分或合，或简或繁。且如汉九卿，较周六官，一官所掌今归几卿，一卿所掌昔隶几官，统体孰正孰偏？出纳孰壅孰决？参考孰疏孰密？丞相、御史统九卿，与周三公六卿、其意同异优劣如何？每代皆当如此推究。"②

以"荒政"一条为例，《历代制度详说》首先对古今"荒政"的不同作了论述：

---

① 黄宗羲、全祖望：《宋元学案》卷六十《说斋学案》，中华书局 1986 年版，第 1954 页。
② 吕祖谦：《东莱吕太史别集》卷十四《读史纲目》，《吕祖谦全集》第一册，浙江古籍出版社 2008 年版，第 562 页。

论荒政古今不同，且如移民易粟，孟子特指为苟且之政，已非所以为王道，秦、汉已下却谓之善政。汉武帝诏令水潦移于江南，方下巴蜀之粟致之江陵。唐西都至岁不登，关中之粟不足以供万乘，荒年则幸东都……大抵荒政统而论之，先王有预备之政，上也；使李悝之政修，次也；所在蓄积，有可均处，使之流通，移民移粟，又次也；咸无为，设糜粥，最下也。虽然，如此各有差等，有志之士随时理会，便其民。①

在此吕祖谦将不同时期的荒政措施与当时情况详细做一梳理，指出其中的不同和利弊。认为这些荒政举措虽然效果大小有别，但只要是参酌实际情况，即为有益之举。同时吕祖谦对当下和今后可以采取哪些办法进行了总结：

今则所论可行者甚多，试举六七条。且如汉载粟入关中，无所传，后来贩粟者免税，此亦可行之法……此六七条，皆近时可举而行者。自此推之，不止六七条。亦见历世大纲，须要参酌其宜于今者。大抵天下事虽古今不同，可行之法古人皆施用得遍了，今但则举而措之耳。然法固善，而徒善不足以为政，徒法不能以自行。②

吕祖谦认为，虽然古今不同，但荒政的举措大抵无出其外，重要的是要善于推行，因为"徒善不足以为政，徒法不能以自行"，关键是执行者执行得好才能有好的效果，这就将致用思想更加落到实处。

---

① 吕祖谦：《历代制度详说》卷八《荒政》，《吕祖谦全集》第九册，浙江古籍出版社 2008 年版，第 110—111 页。

② 吕祖谦：《历代制度详说》卷八《荒政》，《吕祖谦全集》第九册，浙江古籍出版社 2008 年版，第 111 页。

吕祖谦还重视将自己在史书中得到的政治经验运用于现实生活中。《历代制度详说》序言说："自性理之说兴，世之学者歧道学、政事为两途，孰知程、朱所以上接孔、孟者，岂皆托之空言，不如载之行事之深切著明也。"① 吕祖谦反对道学的空谈性理，主张"不如载之行事"，将所学用于政事，为学与施政相辅相成。如他以史为据，指出臣子有向君主进谏的义务，他说：

古今以人君拒谏为忧，吾以为未知所忧也。

首人君之恶者，拒谏居其最，置是而不忧，将何忧？曰：君之拒谏可忧，而非人臣之所当忧也。君臣同体，君陷于恶，臣不为之忧，将谁忧？曰：君有君之忧，臣有臣之忧，未闻舍己之忧而忧人之忧者也。

人臣之忧，在于谏之未善，不在于君之未从。谏之道难矣哉！诚之不至，未善也；理之不明，未善也；辞之不达，未善也；气之不平，未善也；行之不足以取重于君，未善也；言之不足以取信于君，未善也；坐以待旦，夜以继日，其所忧者，惟恐吾未尽谏之之道，亦何暇忧其君之从与拒乎！不忧术之未精，而徒忧病之难治，天下之拙医也；不忧算之不多，而徒忧敌之难胜，天下之庸将也。臣之纳谏者，苟尤君而不尤己，不能导君而使自从，徒欲强君而使必从，其流弊终至于鬻拳胁君而后止耳。鬻拳岂欲胁君哉！告而不听，故出于强，强而不听，故出于胁，君愈不听，而愈求之于君，曾不知反求吾纳谏之道尽欤不尽欤。谏，吾职也；听，君职也；吾未能尽其职，乃欲越其职以必君之听，其可乎！②

---

① 吕祖谦：《历代制度详说》附录，《吕祖谦全集》第九册，浙江古籍出版社 2006 年版，第 169 页。

② 吕祖谦：《左氏博议》卷七《庄公十九年》，《吕祖谦全集》第六册，浙江古籍出版社 2008 年版，第 159—160 页。

在此吕祖谦认为，君臣在谏议之事上各有职分：臣子有劝谏的义务，但是否纳谏则是君主的事情，臣子不能强迫君主听从之。在乾道六年（1170 年）吕祖谦曾写给皇帝两篇很有名的奏议：

> 臣所以愿陛下深察之也，大抵欲实任此事，必不轻受此责。盖成败利钝，其责将皆归于一身，故先尽其所疑，极其所难，再三商榷，胸中了然无惑，然后敢以身任之，虽死不惮。彼随声响和，无所疑难者，岂所见真如是之同哉！特欲偷取一时之快，以钓爵秩，势迫事急，又为他说自解而去，独遗陛下以忧劳，初非实有殉国捐躯之志也。陛下方广揽豪杰，共集事功，政患协心者之不多。臣岂劝陛下尽疑其迎合而轻弃之哉！唯愿陛下精加考察，使之确指经画之实，以何事为先，以何事为次，意外之祸若之何而应，未至之患者之何而防，周密详审，一无所遗，始加采用，则尝试侥幸之说不敢复陈于前矣。然后与一二大臣合群策，定成算，次第行之，无愆其素。大义之不伸，大业之未复，臣弗信也。①

吕祖谦将自己的谏议之道发挥在这篇轮对劄子中，他向孝宗提出了"合群策，定成算"的主张，选用务实有用的经世之才，则必能收复失地。

---

① 吕祖谦：《东莱吕太史文集》卷三《乾道六年轮对劄子二首》，《吕祖谦全集》第一册，浙江古籍出版社 2008 年版，第 55—56 页。

结　　语

吕祖谦是南宋杰出的史学家，一生著述颇丰，在历史编纂学、历史文献学、历史教育和史学思想等方面都取得了重要成就。在历史编纂上，吕祖谦广泛运用编年体、人物传记体、类书、史钞等史书体裁进行历史写作，在史学实践中对这些史书体裁、体例进行创新和灵活运用；在历史文献学上，重视历史典籍的整理、分类、考辨、解读和应用；在历史教育上，重视童蒙教育与书院教育，编撰大量历史教材，具有丰富的历史教育理论；在史学思想上，对于天人关系、历史发展变易、史书书法以及史学目的等都有系统阐发。总体来看，吕祖谦的史学成就是多方面的，在中国史学发展史上占有重要的地位。具体而言，吕祖谦的史学贡献主要表现在以下几个方面。

第一，发展了传统历史编纂学。吕祖谦在一生治史实践中，通过灵活运用和推陈出新各种史书体裁、体例，发展了传统历史编纂学。他的《左氏博议》《左氏传说》《左氏传续说》之"左氏三传"，从叙事的完整性、以类编次等方面进一步完善了史论体史书；《大事记》融合纪传体史书的优点后，创立"大事记""解题""通释"为一体的编撰体例，将史事的贯通、历代典籍的会通融于一体，对传统编年体史书体裁进行了创新；《欧公本末》和《历代制度详说》吸收了《通典》的编撰体例并有所发展，将史论与制度沿革区分开来，进一步发展了类书体史书；《十七史详节》在保留"十七史"的基本框架下，通过删减篇幅，同时吸收诸家史论和注解，而成为宋代史钞体的代表著作；《两汉精华》则将史钞与史论紧密结合起来，将两汉的历史大势呈现出来，充分体现了对史钞体的灵活运用。

第二，通俗史学具有广泛的影响。吕祖谦从来不是空谈学问、脱离社会实际的象牙塔学者，相反，他一直致力于史学的通俗化，扩大史学的影响力。他为诸生课试而作的《左氏博议》一书影响很大，历代流传下来的版本多达 20 余种，甚至朝鲜半岛和日本都有刊刻之本。《左氏博议》的成功与科举考试密不可分，清末王树之在重刻的《左氏博议》序跋中说："是书明天理人欲之分，理乱得失之迹，古今事为之变，典章名物之繁，英光浩气，伸纸直书，按之圣贤精微之奥，不爽毫厘。得是书而读之，于以扩其识，晰其理，畅其机，无卑靡庞杂之习，具海涵地负之观，真升堂入室之阶梯也。"① 该书以深入浅出的议论、详实有据的史事，对学子应试作文帮助极大，因而流传极广，显示出极其旺盛的生命力。吕祖谦还重视历史教材的编写。教材为讲学之用，南宋书院的繁荣使得对教材的需求日盛，正是由于这种现实需求，吕祖谦在讲学之余非常重视历史教材的编写，主要编有《丽泽论说集录》《历代制度详说》等，受众很广。由于这些教材只是作为书院讲学之用，并非以出版为目的，因而在体例的完整性、论述的规范性方面还有所欠缺。尽管如此，这些教材在吕祖谦身后一直广泛流传，并被刊刻出版，对普及历史知识起到了重要作用。

第三，开启了浙东史学之先河。吕祖谦创立浙东婺学，是南宋理学家中最重史学的学者，并对浙东地区重史风气的养成有重要影响，浙东史学重视文献、重视典章制度、强调经史并重的学术特色，在吕祖谦身上已初现端倪。吕祖谦与朱熹、张栻、陆九渊、陈亮、叶适等当世学者皆有交游活动，他对史学的重视虽然招至朱熹的多次批评，

---

① 吕祖谦：《左氏博议》附录，《吕祖谦全集》第六册，浙江古籍出版社 2008 年版，第 581 页。

但不可否认，吕祖谦与他们在探讨学术的过程中，使得越来越多的学者认识到史学的价值。吕祖谦的门生弟子众多，仅《宋元学案》所载便达88人之多，像葛洪、吕祖俭、叶适、陈傅良、楼钥、楼昉等人皆出其门下。门生弟子受学于吕祖谦，自然会受到其重史思想的影响，勤奋治史成为吕门学术的重要特点。在浙东地区，由吕祖谦开端，吕祖俭、陈亮、陈傅良、叶适等人继之，到王应麟集吕学之大成，胡三省又为王应麟的门人，逐渐形成了浙东史学流派。吕祖谦作为开风气之先者，奠定了浙东史学"言性命必究于史"和经世致用的学术特点。

第四，推进《左传》学的研究。吕祖谦关于《左传》学的著作多达九部，在吕祖谦的史著中分量很重。吕氏之所以选择《左传》进行阐发，是由于《左传》作为解经著作具有鲜明的史学色彩，这与吕祖谦重经亦重史的学术思想不谋而合。吕祖谦重视对《左传》的研读，还在于他认为《左传》学是一门有用之学，他说："《左氏》一书，接三代之末流，五经之余派，学者苟尽心于此，则有不尽之用矣。故今特言其大槩耳。"①《左传》中的史事，对于个体发展和国家兴亡都有深刻的现实意义。吕祖谦因其在《左传》学上取得的巨大成就，而成为两宋时期《左传》学研究大家。他借由对《左传》的阐发，将自己对史学的见解与心得方法注入其中，赋予了《左传》学新的活力。吕氏的《左传》学具有以下特点：重视历史文献的归类，重视典章制度的考证与解析，重视对历史文献细节进行深度挖掘，重视对文献内在逻辑进行阐释，以及重视典籍之间的互相关系的梳理等。

第五，丰富和发展了传统史学思想。吕祖谦作为著名的思想家，他的史学思想丰富而深邃。同时不主一师，兼收百家的学术风格，使

---

① 吕祖谦：《左氏传说》卷首《看左氏规模》，《吕祖谦全集》第七册，浙江古籍出版社2008年版，第4页。

得吕祖谦的史学思想颇具辩证色彩。吕祖谦论天人关系，既肯定天理作为宇宙最高法则对历史的支配作用，又强调人在历史发展中的重要作用；吕祖谦论王、霸之道，认为王、霸之道既相互联系，又互为消长，推行霸道亦需要结合王道，这种观念较之简单以三代、汉唐来区分王霸之道者，无疑更富有历史洞见；吕祖谦的致用思想非常突出，吕氏家学中便有重视践履的传统，在致用思想之下，学术思想便能冲破门户的藩篱，凡有用之学皆可为己所用，故而他对陈亮的事功之学，陈傅良、叶适的经制之学皆有所吸收；吕祖谦重视制度的研究，在他的多部著述中，皆对于古今制度沿革非常关注，他希望借由此引发大家去思考制度的优劣得失，因时因地制宜；吕祖谦以史学与理学一身二任，故而其理学以匡扶世道人心、整顿风俗为己任，其史学则重视以纲常伦理道德为历史评判标准。

吕祖谦所取得的史学成就，是南宋乾淳年间学术繁荣的一个缩影。在吕祖谦身上，交织着家学传承、时代思潮、学人间的学术交流与思想碰撞等因素，在这些社会历史条件的作用下，形成了吕祖谦史学的独特性。具体而言，吕祖谦的史学具有以下几个特点：

第一，深受家学影响。吕氏家学有两个最重要的特征，一是"稽诸中原文献之所传"。吕氏家学中包含有北宋诸子的学术传承，融汇关学、洛学、欧阳修、王安石、司马光等人的学术思想，在宋室南渡之后，"中原文献之传"的重要意义便凸现出来，全祖望认为："中原文献之传独归吕氏，其余大儒弗及也。"[①]"中原文献之传"具体到吕祖谦的史学上，包含以下几个方面：一是史学的文献功底深厚，学问扎实。吕祖谦融汇诸家之说，于经、史、子、集无所偏滞，对文献的解读讲求务实，不尚空谈，在义理史学大行其道的南宋时期，却非常重视文献的考订与训诂。二是对北宋诸子学术

---

① 黄宗羲、全祖望：《宋元学案》卷三十六《紫微学案》，中华书局 1986 年版，第 1234 页。

思想的继承与回应。在史书的撰述上，吕祖谦的《唐鉴音注》，便是对范祖禹《唐鉴》所作的音韵训诂之作；《欧公本末》采用"以文存人"的撰述方法，将当时学者留存的文集资料作为史书的一部分，反映出一代文人风貌；《大事记》与《资治通鉴》和《考异》关系紧密，吕祖谦在《解题》的自注中说："自此卷以后，凡事之本末，当求之《通鉴》。训释名义，参考同异，搜补缺遗，当求之《解题》。本末全在《通鉴》者，《解题》更不重出。《通鉴》虽已载，《解题》间有训释参考，或《通鉴》未备，《解题》间有增补者，本末皆书。余见《通鉴》。"① 可见《大事记》与《资治通鉴》的密切关系之一斑。二是"多识前言往行以畜其德"，这是吕氏家学的又一显著特征。史书对于"前言往行"的记载无疑是最为丰富的，要"多识"，就必须要大量阅读史书，由此形成一种重史精神。"多识前言往行"的目的则是"畜德"，"这个德，包含的内容很多。道德、品德、学问、知识都在内。"② 简言之，即是提升个人的素养。这样一种"畜德"思想直接影响了吕祖谦的经史观，促成其经史并重思想的形成。

第二，重视历史教育。相比于同时代的理学家兼史学家朱熹的史学以"会归一理之纯粹"为目的，吕祖谦的历史教育虽然也重视通过读史以明理，重视史学的道德评判，却也认为史学不但蕴含有义理，有补于整饬世道人心，而且具有直接的历史借鉴与资政功能，具有经世的价值。吕祖谦的史书编撰，多以学子为撰述对象，他们往往初涉史学，史学修养还不很深，故而在行文上讲求务实，不务新奇，同时注重对读史方法的总结。如吕祖谦在《解题》中，便对学子读起来困难的《史记·年表》作了解读，对于历代制度沿革这样的难

---

① 吕祖谦：《大事记·解题》卷二《周威烈王二十三年》，《吕祖谦全集》第八册，浙江古籍出版社 2008 年版，第 277 页。

② 白寿彝：《关于史学工作在教育上的作用和史学遗产的整理——1981 年 10 月 14 日在武汉师范学院讲话》，《白寿彝史学论集》（上），北京师范大学 1994 年版，第 229 页。

点也进行了梳理和归纳。吕祖谦重视总结和传授读史方法，他认为读史需识"统体""大纲"，这是从大的方面对历史发展进行的把握；读史还要有次序，有详略，这是从为学之序的方面来说；读史需"作有用看"，这是读史的出发点，以此为目的，则史学方能为有用之学。

　　第三，重视史学经世致用功能。吕祖谦在历史教育思想上之所以主张将读史"作有用看"，是因为他深知史学是一门有用之学。具体而言，史学对于个人来说，能从中获取各类历史知识，培养良好品德，教会立身处世方法，树立正确的是非观念，一言以蔽之，全面提高人的素养，这与吕氏家学所倡导的"多识前言往行以畜其德"主张是相一致的。对于民族国家来说，史学记载的是关乎国家兴衰、生民休戚的大事，蕴涵着丰富的治理国家的经验教训；史学具有关于民族关系发展及其走向的叙述，蕴含有丰富的民族思想，等等。正因此，吕祖谦的史学重视对于历代典章制度的总结，重视对于历史治乱兴衰之理的探讨，具有强烈的事功色彩，继承和发展了传统史学的经世致用思想。

　　第四，主张经史并重。伴随着宋代理学的兴起，学术上出现一股荣经陋史的思潮。以二程、朱熹为代表的理学派和以陆九渊为代表的心学派，普遍具有先经后史、经重史轻的思想倾向。吕祖谦作为南宋重要的理学家，吕学的代表人物，与朱熹的朱学、陆九渊的陆学并称于世。相比于其他理学家，吕祖谦明显表现出更加重视史学的学术思想特点，在经史关系上主张经史并重。吕祖谦认为"六经"本就是史料，可谓开启了明清"六经皆史"说的先河。吕祖谦之所以主张经史并重，一则经史之间本来就关系密切，以经解史与以史证经，是经史相互影响的基本形式，二者不可或缺；二则"得中原文献之传"的家学特点，养育了吕祖谦的重史精神；三则现实中理学在整顿社会风气上具有重要作用，同时史学又具有资治和借鉴功能，二者在经世致用上无法偏废。

　　吕祖谦在史学研究上所取得的多方面成就，成为宋代史学的重要组成部分。吕祖谦通过接续北宋以来的学术传统，并在南宋特定社会与思潮的背景下，形成了自己独具特色的史学。吕祖谦的史学对当时与后世史学的发展都产生了重要影响，在中国史学史上占有重要的地位。

参考文献

一　古籍文献

班固撰，颜师古注：《汉书》，中华书局 1962 年版。

陈傅良：《止斋文集》，文渊阁四库全书本。

晁公武：《郡斋读书志》，上海古籍出版社 1990 年版。

程颢、程颐：《二程集》，中华书局 1981 年版。

陈亮：《陈亮集》（增订本），中华书局 1987 年版。

陈寿撰，裴松之注：《三国志》，中华书局 1959 年版。

陈振孙：《直斋书录解题》，徐小蛮、顾美华点校，上海古籍出版社 2015 年版。

丁丙：《善本书室藏书志》，清光绪刻本。

杜大珪：《名臣碑传琬琰集》，文渊阁四库全书本。

董诰：《全唐文》，中华书局 1983 年版。

范祖禹：《唐鉴》，上海古籍出版社 1981 年版。

胡宏：《胡宏集》，中华书局 1987 年版。

洪迈：《容斋随笔》，吉林出版集团有限责任公司 2014 年版。

黄震：《黄氏日钞》，文渊阁四库全书本。

黄宗羲、全祖望：《宋元学案》，中华书局 1986 年版。

纪昀编：《四库全书总目提要》，河北人民出版社 2000 年版。

孔子：《论语》，中华书局 2006 年版。

李慈铭：《越缦堂读书记》，商务印书馆 1959 年版。

凌迪知：《万姓统谱》卷七十五，文渊阁四库全书本。

林俊：《见素集》，文渊阁四库全书本。

陆九渊：《陆九渊集》，中华书局 1980 年版。

李焘：《续资治通鉴长编》，中华书局 2004 年版。

吕陶：《净德集》，文渊阁四库全书本。

刘勰著，范文澜释：《文心雕龙注》，人民出版社 1958 年版。

刘昫：《旧唐书》，中华书局 1978 年版。

李心传撰，徐规点校：《建炎以来朝野杂记》，中华书局 2000 年版。

李心传撰，胡坤点校：《建炎以来系年要录》，中华书局 2013 年版。

吕希哲：《吕氏杂记》，文渊阁四库全书本。

梁玉绳等撰：《史记汉书诸表订补十种》，中华书局 1982 年版。

李幼武：《宋名臣言行录》，文渊阁四库全书本。

留正等：《增入名儒讲义皇宋中兴两朝圣政》，北京大学图书馆古籍
　　图书馆藏。

刘知幾著，浦起龙释：《史通通释》，上海古籍出版社 1978 年版。

林之奇：《拙斋集》，文渊阁四库全书本。

吕祖谦：《吕祖谦全集》（十六册），黄灵庚、吴战垒主编，浙江古籍
　　出版社 2008 年版。

吕祖谦：《十七史详节》（八册），黄灵庚主编，上海古籍出版社 2008
　　年版。

马端临：《文献通考》，中华书局 1986 年版。

孟子撰，万丽华、蓝旭译注：《孟子》，中华书局 2006 年版。

欧阳修：《欧阳文忠公文集》，四部丛刊本。

欧阳修：《新唐书》，中华书局 1975 年版。

瞿镛：《铁琴铜剑楼藏书目录》，《续修四库全书》本，上海古籍出版
　　社 2002 年版。

司马光：《资治通鉴》，中华书局 1956 年版。

司马光：《稽古录》，中国友谊出版公司 1987 年版。

司马迁：《史记》，中华书局 1982 年版。

苏轼：《苏轼文集》，中华书局 1986 年版。

脱脱：《宋史》，中华书局 1985 年版。

王明清撰，田松清点校：《挥麈录》，上海古籍出版社 2012 年版。

王鸣盛：《十七史商榷》，中华书局 2010 年版。

汪应辰：《文定集》，学林出版社 2009 年版。

王应麟：《困学纪闻》，辽宁教育出版社 1998 年版。

魏齐贤、叶棻：《五百家播芳大全文粹》，文渊阁四库全书本。

薛居正：《旧五代史》，中华书局 1976 年版。

徐梦莘：《三朝北盟会编》，上海古籍出版社 2019 年版。

徐松：《宋会要辑稿》，上海古籍出版社 2014 年版。

杨士奇：《东里文集》，文渊阁四库全书本。

叶适：《习学记言序目》，中华书局 1977 年版。

叶适：《叶适集》，中华书局 1961 年版。

袁枢：《通鉴纪事本末》，中华书局 1964 年版。

郑樵：《通志》，中华书局 1987 年版。

赵汝愚：《宋朝诸臣奏议》，上海古籍出版社 1999 年版。

张栻：《张栻全集》，长春出版社 1999 年版。

朱熹：《朱子全书》，上海古籍出版社、安徽教育出版社 2002 年版。

朱熹、赵师渊撰，李孝国等注解：《资治通鉴纲目》，中国书店 2021
年版。

章学诚撰，叶长青注：《文史通义注》，中华书局 1985 年版。

张孝祥：《于湖集》，文渊阁四库全书本。

赵翼：《廿二史札记校证》，中华书局 2013 年版。

郑瑶、方仁荣：《景定严州续志》，文渊阁四库全书本。

二 研究著作

白寿彝：《白寿彝史学论集》，北京师范大学出版社 1996 年版。

白寿彝：《中国史学史》，北京师范大学出版社 2008 年版。

白寿彝：《史学概论》，中国友谊出版社 2012 年版。

步近智等：《中国学术思想史稿》，中国社会科学出版社 2007 年版。

陈荣捷：《近思录详注集评》，华东师范大学出版社 2007 年版。

陈荣捷：《朱子新探索》，华东师范大学出版社 2007 年版。

陈寅恪：《金明馆丛稿二编》，上海古籍出版社 1980 年版。

陈钟凡：《两宋思想述评》，东方出版社 1996 年版。

邓广铭：《陈龙川传》，生活·读书·新知三联书店 2007 年版。

邓洪波：《中国书院史》，东方出版中心 2006 年版。

杜海军：《吕祖谦文学研究》，学苑出版社 2003 年版。

杜海军：《吕祖谦年谱》，中华书局 2007 年版。

冯友兰：《中国哲学史》，中华书局 1961 年版。

何炳松：《浙东学派溯源》，上海古籍出版社 2012 年版。

何根海、汪高鑫：《中国古代史学思想史》，合肥工业大学出版社
　　2004 年版。

何俊等：《南宋思想史》，上海古籍出版社 2008 年版。

黄俊杰主编：《儒学的气论与工夫论》，华东师范大学出版社 2008 年版。

侯外庐等：《宋明理学史》，人民出版社 1984 年版。

何忠礼：《南宋政治史》，人民出版社 2008 年版。

梁启超：《儒家哲学》，中华书局 1936 年版。

梁启超：《中国近三百年学术史》，生活·读书·新知三联书店 2006
　　年版。

刘咸炘：《刘咸炘论史学》，上海科学技术文献出版社 2008 年版。

罗莹：《宋代东莱吕氏家族研究》，人民出版社 2011 年版。

[美] 刘子健：《中国转向内在——两宋之际的文化转向》，赵冬梅
　　译，江苏人民出版社 2012 年版。

刘昭仁：《吕东莱之文学与史学》，文史哲出版社 1986 年版。

牟宗三：《从陆象山到刘蕺山》，吉林出版集团有限公司 2010 年版。

聂崇岐：《宋史丛考》，中华书局 1980 年版。

潘富恩、徐余庆：《吕祖谦思想初探》，浙江人民出版社 1984 年版。

潘富恩、徐余庆：《吕祖谦评传》，南京大学出版社 1992 年版。

潘富恩：《潘富恩自选集》，重庆出版社 1999 年版。

钱穆：《宋明理学概述》，中华文化出版社 1953 年版。

钱穆：《宋代理学三书随劄》，生活·读书·新知三联书店 2006 年版。

田浩：《朱熹的思维世界》，陕西师范大学出版社 2002 年版。

束景南：《朱子大传："性"的救赎之路》，复旦大学出版社 2016 年版。

王凤贤、丁国顺：《浙东学派研究》，浙江人民出版社 1993 年版。

王国维：《宋代之金石学》，上海书店 1983 年版。

汪高鑫：《中国经史关系史》，黄山书社 2017 年版。

吴怀祺：《宋代史学思想史》，黄山书社 1992 年版。

吴怀祺：《中国史学思想通史·宋辽金卷》，黄山书社 2002 年版。

吴怀祺：《中国史学思想史》，商务印书馆 2007 年版。

许道勋：《中国经学史》，上海人民出版社 2006 年版。

徐儒宗：《婺学之宗——吕祖谦传》，浙江人民出版社 2005 年版。

杨伯峻：《春秋左传注》，中华书局 1990 年版。

尹达：《中国史学发展史》，中州古籍出版社 1985 年版。

杨殿珣：《中国历代年谱总录》，中华书局 1992 年版。

姚荣松：《中国历代思想家吕祖谦》，（台湾）商务印书馆 1999 年版。

余英时：《朱熹的历史世界》，生活·读书·新知三联书店 2004 年版。

张涤华：《类书流别》，商务印书馆 1985 年版。

张君劢：《新儒学思想史》，中国人民大学出版社 2006 年版。

浙江省武义县政协文史资料委员会编：《吕祖谦与浙东明招文化》，
社会科学文献出版社 2006 年版。

张岂之主编：《中国学术思想编年（宋元卷）》，陕西师范大学出版社
2006 年版。

诸祖耿：《战国策集注汇考》，凤凰出版传媒集团凤凰出版社 2008 年版。